Sperrige Landsleute

Grabkapelle auf dem Württemberg, in der Wilhelm I. neben seiner zweiten Frau Katharina beigesetzt wurde.

Karl Moersch

Sperrige Landsleute

Wilhelm I. und der Weg zum modernen Württemberg

DRW-Verlag

ISBN 3-87181-373-7

Umschlag: Bernd Bürkle
Gestaltung: Peter Stecher
Gesamtherstellung: Karl Weinbrenner & Söhne GmbH & Co.

Bestellnummer: 373

Inhaltsverzeichnis

I. Der ehrgeizige Monarch 9

II. Die große Not 16
Regen, Kälte und Hochwasser 18
Wohltätigkeit und staatliche Eingriffe 21
»Ziehet dahin, wo Jesus ruft« 23
Emigration im Innern 29

III. Erbe eines rückständigen Agrarlandes 33
Sammlung der Pioniere 35
Wildschaden – das uralte Thema 39
Gründung in Hohenheim 41
Neuanfang beim Weinbau 42

IV. Bedürfnisse des Volkes 47
Anleitung zur Arbeit 48
Industriepolitik als Preisaufgabe 50
Kleine Schritte ins Maschinenzeitalter 53
Widerstreit der zollpolitischen Interessen 59
Zichorie und Ersatzkaffee 63

V. Abschied vom Schreiberstaat 67
Eine moderne Organisation 70

VI. Württembergs Freude – Metternichs Argwohn 75
Wettlauf mit der Zeit 78
Rückversicherung beim Zaren 80

VII. Die Affäre List 84
Professor in Tübingen 86
Gewählt und wieder entfernt 88
Unter Anklage 92

VIII. König Wilhelms Trias-Politik 98
Ratgeber Wangenheim 101
Eine provozierende Publikation 105
Verona und die Folgen 109
Gespräch mit Zar Alexander 111
Ein anderer Außenminister 113

IX. Beschränkte Pressefreiheit 117
Zensoren und Zensur 119
Lohbauer – ein Herausforderer 122
Jugendfreundschaft mit Mörike 125
Ein Sonderdruck aus Pforzheim 130

X. Gestärkte Opposition 134
Spannung zwischen König und Abgeordneten 138
Neuwahlen in unruhiger Zeit 142

XI. König und Kirchenoberhaupt 144
In Konkurrenz mit Österreich 146
Favorit Ignaz Heinrich von Wessenberg 150
Vertauschte Fronten 154
Gesetz statt Konkordat 156

XII. Des Königs eigene Kirche 161
Komplizierte Rechtsverhältnisse 162
Strauß – Störer des Kirchenfriedens 165
Zwei Lager in der Kirche 173
Das Veto gegen eine Landessynode 176
Ein neues Gesangbuch 179
Die guten Dienste der Pietisten 184

XIII. Mühsame Schulreform 188
Tradition und Schulkompetenz 191
Die Not der Lehrer 196
Der staatliche Herrschaftsanspruch 199
»Bildung ist Brot« 201

XIV. Demokratisch-literarische Opposition 208
Zimmermann – Mitglied der Linken 212
Seeger – Literat und Demokrat 218
Pfau – der Schweigsame 222
Demokraten und Altliberale 227
Haußmann – der Wortführer 229
Die Reutlinger Versammlung 231

XV. Vermittler beim Kaisertreffen 236
Nützliche Verwandtschaften 238
Stephanie statt Eugenie 241

XVI. »Der Salomo unter den Fürsten« 245
Eine mutterlose Kindheit 246
Der Vater-Sohn-Konflikt 249
Eine bayerisch-württembergische Heirat 254
Brautwerbung in Wien 258
Ein aufgeklärter Konservativer 262

Literaturverzeichnis 265

Orts- und Personenregister 267

Bildnachweis 270

Das Erbe Wilhelms I.: Württemberg als Königreich, in der napoleonischen Zeit vergrößert um die neuwürttembergischen Gebiete und die alten Reichsstädte.

Der ehrgeizige Monarch

Aus dem alten, evangelischen Herzogtum Württemberg mit einer Fläche von 9500 Quadratkilometern und 650000 Einwohnern war am Ende der napoleonischen Kriege ein ganz neuer, konfessionell gemischter Staat geworden: das Königreich Württemberg.

Im Jahr 1812 wohnten hier 1379500 königliche Untertanen, etwa eine Million gehörten der evangelischen Landeskirche an, rund 400000 waren Katholiken. Ein Zuwachs von 700000 Einwohnern und nahezu 10000 Quadratkilometer Fläche ergab sich aus der Einverleibung von Reichsstädten, reichsunmittelbaren Herrschaftsgebieten, vorderösterreichischen und kirchlichen Territorien. Begründet wurde die Ausdehnung und Abrundung des alten Herzogtums unter anderem damit, daß das Haus Württemberg im Frieden von Lunéville seine im Elsaß und an der Burgundischen Pforte gelegenen Besitzungen – unter anderem die Grafschaften Mömpelgard (Montbéliard) und Hoburg sowie die Herrschaft Reichenweiher – an Frankreich verloren hatte.

Napoleons Macht und Frankreichs Interessen verdankte der Kurfürst und Herzog Friedrich die mit Beginn des Jahres 1806 erlangte Königswürde. Vier Mitglieder des Hauses Württemberg haben diese Königskrone im Verlauf von 112 Jahren getragen. Zwischen 1819 und 1918, also 99 Jahre lang, war das Königreich Württemberg ein Verfassungsstaat mit monarchischer Spitze.

Unter den württembergischen Königen ragt Wilhelm I. allein schon wegen seiner langen, 48 Jahre dauernden Regierungszeit hervor. Der Sohn und Nachfolger des zuweilen mit harter Hand regierenden Königs Friedrich setzte entschlossen fort, was sein machtbewußter Vater begonnen hatte: die Modernisierung Württembergs und die Schaffung eines einheitlich verwalteten Staates, der aus vielen ganz unterschiedlichen Teilen zusammengefügt worden war. Im Rückblick darf man die von Wilhelm I. vollbrachte Leistung durchaus bewundern. Dank seiner Beharrlichkeit, seines Fleisses und seiner hohen Intelligenz erreichte das Königreich Württemberg in den nahezu fünf Jahrzehnten der wilhelminischen Herrschaft den Rang eines Staatswesens, dessen markante Stimme im Konzert der so unterschiedlichen Territorien des Deutschen Bundes stets präsent war.

In unserer Zeit sind überall im Land noch Spuren zu entdecken, die wir dem Wirken des zweiten der vier württembergischen Könige verdanken. Am deutlichsten findet man diese Spuren in Stuttgart. Hier erinnern uns der Königsbau, das Wilhelmspalais, die Wilhelma samt Wilhelma-Theater, der Rosenstein – Schloß und Park –, und vor allem die imposante Grabkapelle auf dem Rotenberg an König Wilhelm I. Nicht vergessen seien aber auch das »Landwirtschaftliche Hauptfest« auf dem Cannstatter Wasen und das damit verbundene »Cannstatter Volksfest«.

Wie kaum ein anderer Fürst in Deutschland war Wilhelm I. von Württemberg bei seinen Zeitgenossen umstritten. Er sei, so las man in Nachrufen aus der Feder von Landsleuten, wohl der klügste unter den Königen, Großherzögen und Herzögen im Deutschen Bund gewesen. Nichtwürttembergische Historiker, vor allem preußische, haben König Wilhelm I. dagegen meist kritisch gewürdigt und ihm vorgeworfen, daß er sich und die Kraft seines Landes weit überschätzt habe und in allem, was die Beziehungen zu den anderen Gliedstaaten des Deutschen Bundes betraf, nicht deutsch, sondern württembergisch gedacht habe.

Das Widersprüchliche in den Urteilen der Zeitgenossen, aber auch in den Urteilen einer späteren Geschichtsschreibung – die bis in unsere Zeit oft immer noch von der preußischen Historikerschule beeinflußt oder gar geprägt ist –, läßt sich leicht erklären: In Württemberg zählen vor allem Wilhelms Verdienste für die Wohlfahrt des Königreiches: sein Engagement für die Landwirtschaft, für ein modernes Schul- und Bildungswesen und sein Sinn für Gewerbeförderung und Industrialisierung – um nur einige wichtige Gebiete zu nennen. Außerhalb Württembergs, speziell bei den Bewunderern eines preußisch-deutschen Machtstaates, erinnerte man sich stets daran, daß dieser eigenwillige, ja starrköpfige württembergische König von einer Unterordnung unter jeglichen Führungsanspruch Preußens und des Hauses Hohenzollern partout nichts wissen wollte und statt dessen der Idee eines eigenen Bundes der sogenannten rein deutschen Staaten anhing, eines Bundes, der sein eigenes, spezifisch deutsches Gewicht in einem Dreibund mit den nicht rein deutschen Großmächten Preußen und Österreich durchaus in die Waagschale bringen könne.

Der bekannteste unter Wilhelms literarischen Kritikern war im vergangenen Jahrhundert der Historiker und politische Schriftstel-

Das Stuttgarter Wilhelmspalais, als »Prinzessinnenpalais« für die Töchter Marie und Sophie aus der Ehe mit Katharina geplant und von Giovanni Salucci erbaut, wurde 1840 fertiggestellt. Heute beherbergt das Gebäude, nach dem Zweiten Weltkrieg wieder aufgebaut, die Stadtbibliothek. Darunter: Ebenso wie das Wilhelmspalais erinnert die Wilhelma an Württembergs zweiten König. Hier das Wilhelma-Theater.

ler Heinrich von Treitschke. Für ihn blieb Wilhelm von Württemberg ein »hochmütiger« Fürst, unter dessen »geschickten Händen sich der gefürchtete württembergische Verfassungsvertrag als ein Werk von untadeliger Harmlosigkeit« erwiesen habe. Treitschkes Abneigung galt vor allem einem König, der es wagte, für sich den gleichen Anspruch auf Souveränität geltend zu machen, den man einem preußischen König oder dem österreichischen Kaiser und König stets kritiklos zugestand. Wilhelms Abneigung gegen das Verlangen der Demokraten nach einer Volksregierung störte einen Treitschke allerdings nicht.

Um so mehr stieß sich daran ein Historiker, der im Jahr 1930 ein umfassendes zweibändiges Werk über die »Geschichte der deutschen Revolution von 1848/49« publiziert hat: Veit Valentin. Dieser, Sproß einer preußisch-hugenottischen Familie, verlor 1933 als »Linker« seinen Lehrstuhl in Berlin und emigrierte in die USA. Valentin hatte sich mit seiner Art, Geschichte zu lehren, bei den Konservativen und bei den Nationalisten unbeliebt gemacht: Geschätzt war er als Mitarbeiter indes bei demokratischen, linksbürgerlichen Blättern wie der »Frankfurter Zeitung«, die wiederum seit ihrer Gründung im Jahr 1856 mit den württembergischen Demokraten und dem nicht-preußischen Freisinn politisch eng verbunden war. In seiner immer noch maßgeblichen Darstellung der Ereignisse von 1848/49, die in der Zeit der Weimarer Republik entstand, nennt Veit Valentin den württembergischen König Wilhelm I. »eine der merkwürdigsten Gestalten der damaligen deutschen Fürstenwelt«. Wilhelm, der »Vielgeschäftige«, habe »die Pose des treuherzigen Soldaten« über alles geliebt. Als sich Veit Valentin mit diesen Vorbemerkungen in Rage gebracht hatte, verstieg er sich zu der Behauptung: »Wilhelm I. von Württemberg war ein falscher Biedermann, ein Gschaftlhuber, den der Teufel ritt, immer und überall zu diplomatisieren und zu intrigieren, der durch seinen persönlichen Charme auch manchen augenblicklichen Erfolg errang, der auf die Dauer aber zu nichts kommen konnte, weil er mit unwirscher Naivität die anderen immer für dümmer hielt als sich selbst und vor lauter Plänen und Ränkeschmieden nicht merkte, daß er durchschaut wurde. So wollte er politisch meist das Entgegengesetzte. Gerne wäre er ein recht moderner Fürst gewesen und suchte den Geruch der liberalen Denkweise hart und dickköpfig, sah aber sein Handeln despotischem Gehabe ziemlich ähnlich.«

Der gewiß nicht konservative Preuße Veit Valentin ergänzte – 66 Jahre nach Wilhelms Tod – die Kritik an dem zweiten der vier württembergischen Könige mit der Bemerkung: »Preußen eine ehrliche Stütze zu sein, wäre ihm schmachvoll erschienen. So sprach er mancherlei von Deutschtum und vom Fortschritt, nur eines meinte er stets ehrlich dabei: Württembergs Vergrößerung.« Sein schönes Land sei ihm, lesen wir bei Valentin, »zu klein und zu einfach gewesen«. »Größeres glaubte er sich vorbehalten: Stab und Lorbeer eines deutschen Feldmarschalls, ja die kaiserliche Krone wäre ihm genehm gewesen.«

An solchen Urteilen und Behauptungen sind mehrere Dinge bemerkenswert. Da ist zum einen verblüffend, daß ein bedeutender Geschichtsschreiber auch nach dem Ende des preußisch-deutschen Kaiserreiches gar nicht auf die Idee kam, genauer zu prüfen, ob denn die vielgerühmte Gründung eines sogenannten kleindeutschen Reiches im Jahr 1871 mit der gesamten Großmacht- und Nationalstaatspolitik des 19. Jahrhunderts nicht schon von Anfang an den Keim verheerender Kriege in Europa in sich getragen habe und deshalb im Ansatz verfehlt gewesen sei, jedenfalls vor der Geschichte keinen Bestand gehabt habe. Zum anderen bleibt uns Veit Valentin als Kritiker Wilhelms I. die Antwort auf die Frage schuldig, ob es denn wirklich so unstatthaft sei, zu wünschen, daß in einem Staatenbund die Führung oder die Sprecherrolle nicht automatisch *der* Regierung oder *dem* Monarchen zufalle, in dessen Staat die meisten Einwohner leben.

Für die meisten deutschen Historiker, Veit Valentin selbstverständlich eingeschlossen, galten preußische und deutsche Interessen als deckungsgleich. Der Deutsche Bund war in solchem Politik- und Geschichtsverständnis kein Bund von Gleichen, sondern ein Instrument preußischer – oder österreichischer – Großmachtinteressen. Eben dies hat Wilhelm I. von Württemberg zeitlebens gestört und zur Suche nach einem eigenen Weg veranlaßt. War er deshalb ein Illusionär? Vielleicht insofern, als er zuweilen den Wert seiner nahen Verwandtschaft zum russischen Herrscherhaus überschätzt hat: Zar Alexander I. war sein Schwager und sein Vetter zugleich. Schwager war der Zar durch Wilhelms Ehe mit der Zarentochter Katharina, der Schwester Alexanders I., ein direkter Vetter war er, weil die Zarenmutter Maria Feodorowna, geboren als Sophie Dorothea von Württemberg, die Schwester seines Vaters, König Friedrichs, gewesen ist.

Die engen verwandtschaftlichen Beziehungen zwischen den Höfen von Stuttgart und St. Petersburg erleichterten zwar den Kontakt zwischen der Regierung des Zaren und dem württembergischen König, an den speziellen Großmachtinteressen Rußlands änderten sie jedoch nichts, und so mußte denn das relativ kleine Königreich Württemberg in Konfliktfällen immer wieder erleben, daß dem russischen Zaren das Einvernehmen mit dem österreichischen Kaiser, vertreten durch Fürst Metternich, sowie der Interessenausgleich mit dem Königreich Preußen wichtiger waren als die Unterstützung einer eigenständigen württembergischen Politik.

Daß Wilhelm I. unter diesen Umständen dennoch viele Jahre lang eine Arrondierung, also Vergrößerung seines Königreichs, den Südweststaat vorwegnehmend, zu einem schwäbisch-alemannischen Königreich angestrebt hat, erscheint bei nüchterner Betrachtung der damaligen Zeitumstände nicht so phantastisch, wie uns ein Heinrich von Treitschke oder ein Veit Valentin einreden wollten. Gerade die Geschichte Preußens ist auch nach dem Wiener Kongreß nichts anderes als eine Geschichte ständiger Expansionen oder »Arrondierungen« – man denke nur an Schleswig-Holstein als Kriegsbeute von 1864 oder an die Einverleibung des Königreichs Hannover nach Preußens Sieg über Österreich und den Deutschen Bund im Krieg von 1866. Eine Vergrößerung seines Königreichs wollte Wilhelm I., anders als das Königreich Preußen, in keinem Fall durch einen Krieg erreichen, sondern durch Bundesbeschlüsse und, um es mit einem modernen Wort zu sagen, durch »Fusionsverhandlungen« mit den betreffenden deutschen Staaten. Dabei hat der König von Württemberg seine Möglichkeiten sicherlich falsch eingeschätzt. Ob seine Ideen deshalb so verwerflich gewesen sind, wie die Kritiker gemeint haben, ist bis heute strittig.

Keineswegs streiten läßt sich indes über die Erfolge, die Wilhelm I. von Württemberg als Modernisierer des noch jungen Königreichs erzielt hat. Dafür wurde er in Veit Valentins Darstellung der gescheiterten Revolution von 1848/49 sogar ein wenig gelobt: »Was Wilhelm I. von Württemberg für die Landwirtschaft und für die Volksschule, für ein gesundes Steuerwesen und für den Zollunions-Gedanken getan, war zumindest recht und gut – auch das geschah auf eine bürokratisch-heftige Art, doch es geschah.«

ser, kalter Sommer gefolgt, und Mitte Oktober, zwei Wochen vor dem Tod des ersten Königs, kündigte sich der Winter bereits mit dem ersten Frost an, ehe die ohnedies geringe Kartoffelernte auch nur halbwegs eingebracht war. Ein schlimmer Winter stand bevor, daran zweifelte niemand. Schon hatten die Preise für Brot- und Futtergetreide eine Höhe erreicht, die zuletzt im Dreißigjährigen Krieg verzeichnet worden war. König Friedrich hatte auf die Hilferufe aus dem Land kaum reagiert. Er ließ die Händler gewähren, die man überall im Land wegen des Kornwuchers zu hassen begann. Weiterhin ging manche Wagenladung württembergischen Getreides in die Nachbarländer, nach Bayern und in die Schweiz, wo man ebenfalls unter der geringen Ernte litt, aber noch eher als Württemberg in der Lage war, die rasch erhöhten Preise zu bezahlen.

Schon acht Tage nach dem Tod seines Vaters demonstrierte Wilhelm I. Entschlossenheit und handelte. Am 8. November 1816 erließ er eine »Königliche Generalverordnung«, die er mit dem Kommentar versah: »Zur Beruhigung unserer Untertanen und zur Sicherstellung ihrer Bedürfnisse«. Es war die erste und zugleich entscheidende Amtshandlung des jungen Königs.

Wilhelm verfügte eine Erhöhung der Ausfuhrzölle für Getreide und jede Art von Nahrungsmitteln. Die Akzise, die Verkaufssteuer, für Futter- und Brotgetreide wurde aufgehoben, ebenso die Einfuhrzölle auf »notwendige Lebensmittel« bis zum 1. August des kommenden Jahres storniert. Den herrschaftlichen Güterverwaltungen und den kirchlichen Gütern untersagte der König den Verkauf von Getreide ins Ausland – also in benachbarte Staaten wie Bayern und die Schweiz – ebenso wie den sogenannten Fruchthändlern. Als ganz einschneidend erwies sich die Bestimmung, die dem Handel den Fruchtkauf in Privathäusern und privaten Märkten verbot, so daß die Händler fortan Getreide nur auf öffentlichen Märkten, auf den Fruchtkästen der königlichen Kammern und bei den Gutsherren aufkaufen durften.

Eine andere Bestimmung sollte die Versorgung mit Kartoffeln verbessern. Verboten war nun das Herstellen von Kartoffelschnaps. Wer dieser Vorschrift zuwiderhandelte, dem drohte eine hohe Geldstrafe, im Wiederholungsfall eine dreimonatige Haftstrafe. Der König beließ es nicht bei Verboten und Strafandrohungen. Er bemühte sich, zunächst ohne wirklichen Erfolg, um Getreidekäufe in den Nord- und Ostseehäfen. Nach einem halben Jahr erst trafen im Mai

1817 einige Lieferungen aus den Rheinlanden ein, zu einer Zeit, in der die Not schon ganz schlimm geworden war.

Will man ergründen, weshalb die Mißernte eines einzigen Jahres so schwerwiegende Folgen in Württemberg und in großen Teilen Süd- und Südwestdeutschlands haben konnte, muß man ein wenig zurückblicken. Die Schwierigkeiten begannen schon im Jahr 1811, also fünf Jahre früher. Die Erträge fielen damals auf etwa die Hälfte eines normalen Erntejahres. Sie stiegen zwar 1812 wieder ein wenig an, fielen dann aber erneut in den Jahren 1813 bis 1815. Hinzu kamen in jenen Jahren immer wieder Lieferungen des Staates Württemberg für Truppen, die anfangs noch zusammen *mit* Napoleons Streitmacht, kurz darauf aber *gegen* die französischen Verbände kämpften. Die durchziehenden kaiserlich-österreichischen Truppen benötigten für ihre Soldaten, für ihre Zugpferde und für die Kavalleriepferde ebenso Brot- und Futtergetreide wie andere Verbände – darunter auch russische –, die von Süddeutschland aus nach Frankreich vorrückten.

Württemberg mußte immer wieder liefern, und es mußte seine eigenen Truppen und die der Verbündeten versorgen. Das hatte zur Folge, daß sich nicht nur die öffentlichen Kassen leerten, sondern auch die Getreidespeicher. So kam es, daß man im eigentlichen Katastrophenjahr 1816/17 kaum mehr auf nennenswerte Vorräte zurückgreifen konnte. In Bayern, in Hessen, in Baden befand man sich in einer ganz ähnlichen Notlage wie in Württemberg. Daß der Geldmangel als Folge der langen Kriege, die schon in den neunziger Jahren des vorangehenden Jahrhunderts begonnen hatten, eine frühzeitige Ergänzung der Getreide- und Futtermittelvorräte erschwerte oder verhinderte, muß ebenfalls bedacht werden.

Regen, Kälte und Hochwasser

Über die extremen Witterungsverhältnisse im Katastrophenjahr 1816 informieren persönliche Aufzeichnungen aus den verschiedenen Teilen Württembergs. Besonders ausführlich und detailliert hat ein Laichinger Bürger festgehalten, was er damals erlebt und was von anderen berichtet worden ist. Im Juni, so lesen wir, »hat es immer geregnet ... Es blitzt und donnert und hagelt meistens auch, und dann wird es wieder kalt. Viele haben erst am 1. Juni die Sommerfrucht in den Boden bringen können. So etwas hat man wohl kaum je erlebt.« Von anderen Chronisten wird immer wieder auf Überschwemmungen hingewiesen, die im Monat Juli vor allem im Neckartal, im Donautal und in den Schwarzwaldtälern große Schäden anrichteten.

»Es wächst nichts, es ist zu kalt«, lautet der Tenor vieler Berichte, die vom Juli 1816 handeln. Im Remstal begann die Kirschenernte erst am 20. August, im Lenninger Tal Ende August. Das Getreide wurde schließlich im September gelb, aber nun drohte ein »unerhörter Mäusefraß«. Während der Getreideernte Mitte September gab es wieder eine Regenperiode. In den Gebirgsgegenden erntete man das letzte Getreide erst in der zweiten Oktoberhälfte.

Die Kartoffelernte brachte ebenfalls einen Mißerfolg. Menge wie Güte ließen »alles zu wünschen übrig«. Man mußte oft mit halbreifen Feldfrüchten vorliebnehmen. Ruhrerkrankungen waren die Folge. In der Laichinger Handschrift ist dazu vermerkt: »Man hat den kleinen Kindern auch Erdbira geben müssen, und davon sind dann viele krank geworden. Es gab Durchfall bei ihnen und viele sind daran gestorben.« Wer die alten Kirchenbücher befragt und die Sterbefälle der Jahre 1816 und 1817 genauer betrachtet, der wird bestätigt finden, was der Laichinger Chronist notiert hat.

Andere Unterlagen aus dieser Zeit weisen auf die Dezimierung des Viehbestandes hin. »Viele Stücklein müssen gemetzget werden, weil ihnen das ungesunde Futter nicht taugt«, heißt es fast gleichlautend in vielen Berichten. Daß bei derartiger Witterung auch kaum Wein zu erwarten war, ist leicht zu verstehen. Im Neckartal »gibt es nirgends reife Trauben«, notiert ein Beobachter. Aus einer Löwensteiner Chronik erfahren wir: »Der aus steinharten Beeren erzeugte Wein ist nur mit Obstmost vermischt trinkbar«, und in den »Württembergischen Jahrbüchern« wird festgestellt: »In den meisten Weingegenden wurde nicht einmal eine Kelter geöffnet, und wo noch etwas Wein gewonnen wurde, da war er ganz ungenießbar.« Die Statistik der Königlichen Oberfinanzkammer beweist, was hier gesagt wird. An Teil- und Zehntgefällen erhielt diese Behörde im Jahr 1816 nur noch 654 Eimer Wein im Gegensatz zu 16842 Eimern im Jahr 1811.

Die große Teuerung und die Not erreichten im Winter 1816/17 einen Höhepunkt, es war in Württemberg seit dem Dreißigjährigen Krieg sicherlich der schlimmste Winter. Deshalb sprach man davon noch lange Zeit. In der Laichinger Handschrift heißt es, daß man an Weihnachten »einen Kleienbrei für ein Festessen genommen« habe. Von benachbarten Orten werde berichtet, daß die »Leute ins Wurzelgraben gehen, um Gemüse daraus zu kochen«, was angesichts der hohen Preise für Brot und auch andere Nahrungsmittel nicht verwundert. So wird denn auch im »Württembergischen Jahrbuch« vermerkt, daß man »Gras, Klee, Wurzeln« als Gemüseersatz koche und als warmes Getränk am Morgen »einen Absud von Heublumen« zu sich nehme. Bekannte Wissenschaftler, wie der Tübinger Professor und Universitätskanzler Johann Heinrich Ferdinand Autenrieth, suchten nach Ersatz-Nahrungsmitteln. So entstand Autenrieths »Gründliche Anleitung zur Mehl- und Brotbereitung aus Holz« als eine sonderbare Frucht der Wissenschaft.

Es scheint, daß im wesentlichen nur eines der vielen Rezepte damals die Erwartungen halbwegs befriedigt hat, das Rezept, das der Pfarrer Fortunat Fauler von Heudorf im Amt Riedlingen am Jahresende 1816 verbreitete. Pfarrer Fauler propagierte das Herstellen eines Kartoffel- und Rübenbrotes »zum besten der ärmeren Volksklassen«. Der Vorschlag des Kirchenmannes, gedruckt in Riedlingen, verbreitete sich rasch im Land, zumal die benötigten Rüben in ausreichender Menge geerntet worden waren. So notiert denn auch der Laichinger Chronist über Pfarrer Faulers Brot: »Der Herr Schulmeister hat auch das Riedlinger Brot gebacken; es ist gut, und ich wäre froh, wenn wir genug davon hätten.« Die Regierung in Stuttgart nahm ebenfalls Notiz von der Drucksache aus Riedlingen und wies amtlich und öffentlich auf die Nützlichkeit des Kartoffel- und Rübenbrotes hin. Das »Riedlinger Brot« sei, so hieß es in einer Bekanntmachung, geprüft und für »gut« befunden worden.

Im Jahr 1817, als man wegen besserer Wetterbedingungen wieder zu hoffen begann, drohte der kommenden Ernte eine neue Gefahr: der Felddiebstahl. Er betraf zunächst nicht die eigentliche Ernte, sondern die Saat, vor allem bei Kartoffeln. Überall im Land registrierte man solche Diebstähle. Ob die verschärften Strafen, die die Gerichte für diese Vergehen verhängten, irgend etwas bewirkt haben, ist in den Chroniken nicht vermerkt. Wohl aber erfahren wir, daß man mit Erfolg der Bettelei begegnet sei, indem man die Bettelnden, die sich in Gruppen zusammengefunden hatten, polizeilich festgesetzt und in ihre Oberamtsbezirke zurücktransportiert habe.

Als segensreich empfand man im ganzen Königreich die seit Dezember 1816 bestehenden Speiseanstalten. König Wilhelm hatte ihre Gründung angeregt, um so die Armenhilfe zusammenzufassen, die es bereits in verschiedener Form als Initiative der Kirchenkonvente und der örtlichen Armen-Deputationen gab. In den Speiseanstalten sollten »alle Armen und Bedürftigen gespeist werden«. Der König verlangte dafür allerdings eine Gegenleistung: die Arbeit in den landwirtschaftlichen Staatsbetrieben, in der Forstwirtschaft und beim Wegebau. Die Pflicht zu öffentlichen Arbeiten hielt viele Arbeitslose von der Bettelei ab.

Wohltätigkeit und staatliche Eingriffe

Die Einrichtung der Speise- oder »Suppenanstalten«, verbunden mit öffentlichen Arbeiten, fand rasch ein starkes, positives Echo. Das veranlaßte König Wilhelm, einer Anregung seiner Gemahlin Königin Katharina zu folgen und die Gründung von Wohltätigkeitsvereinen anzuordnen.

Der königliche Erlaß sah für jede Gemeinde des Landes einen derartigen Verein vor, der sich der Armen und Bedürftigen annehmen sollte. Die unterschiedlichen »Armen-Institute« wurden auf diese Weise zusammengefaßt mit dem Argument: »Die durch Krieg und Mißwachs so sehr vermehrte Anzahl von Notleidenden erfordert eine vervielfachte Hilfe und Aufsicht, und wir haben daher dem uns vorgelegten Plan zu Wohltätigkeits-Vereinen für das gesamte Königreich, als den Zeitumständen ganz angemessen, unsere Genehmigung erteilt.« An der Spitze der zentralen Leitung der Vereine stand Königin Katharina. Der König erwartete von den Verwaltungen der kirchlichen Stiftungen Hilfe durch »außerordentliche Mittel und Beiträge«.

Eine andere, ebenfalls wirksame Gründung, die im Januar 1817 stattfand, betraf die »Befreiung der landwirtschaftlichen Bevölkerung vom Geldwucher«. Zur Unterstützung der überschuldeten Bauern richtete das Land auf Anregung des Verlegers Johann Heinrich Cotta eine Hilfskasse ein. Sie gab Darlehen an Landwirte, die »einen guten Leumund« hatten, was amtlich beglaubigt sein mußte. Auch für diese Darlehen wurden Zinsen berechnet, aber sie waren niedrig, so daß man hochverzinsliche Kredite damit ablösen konnte. Die Gemeinden bürgten der staatlichen Hilfskasse. In kurzer Zeit vergab die Hilfskasse Darlehen in Höhe von insgesamt 140000 Gulden. Der Geldwucher, so heißt es in zeitgenössischen Aufzeichnungen, sei damit weitgehend beendet worden.

Die Eindämmung des sogenannten »Kornwuchers« glückte nicht ganz so rasch. Erst als die Regierung mehr und mehr im Ausland aufgekauftes Getreide ins Land bringen konnte, ergab sich die Möglichkeit, die Preise auf den zehn württembergischen Getreidemärkten mit staatlichen Warenangeboten nach unten zu drücken. Den Getreidehandel schaltete man dabei durch den Direktverkauf an die Verbraucher weitgehend aus. Die staatlichen Verkäufer blieben mit ihren Preisen stets um wenige Gulden unter den Preisen des privaten Handels. Um den Getreideverkauf durch Strohmänner der Händler zu unterbinden, mußten die Ortsvorsteher einem Käufer Zeugnisse ausstellen und ihm bestätigen, daß er nur für den eigenen Bedarf kaufe, also kein Händler sei.

Eine am 16. Februar 1817 erlassene Verordnung sollte den Fruchtkauf in Mühlen und Privathäusern verhindern. Ausgenommen von dem Verbot waren Bäcker und Mehlhändler, die für ihr eigenes Gewerbe kauften, auch sie mußten amtliche Bescheinigungen vorweisen. Auf den Fruchtmärkten durften Getreidehändler erst dann kaufen, wenn die Bäcker und Mehlhändler zuvor ausreichend Gelegenheit zum Kauf gehabt hatten. Als sich im Frühjahr 1817 die Frage stellte, wie man denn für genügend Saatgetreide und Saatkartoffeln sorgen könne, beschloß der Geheime Rat die Bereitstellung von besonderen Darlehen für den Ankauf von Saatfrucht. Der König selbst verfügte Ende April 1817, daß die »Vorräte der herrschaftlichen Fruchtkästen freizugeben« seien, und zwar zugunsten solcher Personen, die die »hohen Fruchtpreise« nicht bezahlen können und »sich hierüber mit obrigkeitlichen Zeugnissen ausweisen«.

Trotz all dieser Maßnahmen blieb die Not im Frühjahr 1817 groß, dies veranlaßte den Monarchen, am 7. Mai eine sogenannte »Fruchtsperre im ganzen Königreich« anzuordnen. Verboten war nun »die Ausfuhr aller Gattungen von Getreide und Kartoffeln, sowie dessen, was aus denselben bereitet wird«. Das betraf Malz, Mehl, Gries, Brot, Branntwein, Bier und Essig. Um das Verbot durchzusetzen, verstärkte man die württembergischen Grenzkontrollen durch Soldaten. Zur Bekämpfung der Spekulation ordnete der König wenige Wochen nach der »Fruchtsperre« eine allgemeine »Bestandsaufnahme sämtlicher Lebensmittelvorräte« an, eine Maßregel, die in der Ständekammer keine Mehrheit erhielt. Wilhelm setzte sich über den Einspruch der Kammer hinweg und ließ in allen Orten sämtliche Nahrungsmittelvorräte erfassen. Die Meldungen der Besitzer wurden von Magistratspersonen und Mitgliedern der Wohltätigkeits-Vereine nachgeprüft. Im Zweifelsfalle schickte man eine Abordnung von drei oder vier Männern zu den Besitzern von Nahrungsmitteln. Die Kontrolleure sollten Verstecke aufspüren. Das nicht angegebene Quantum wurde amtlich konfisziert. Verbunden mit dieser Bestandsaufnahme war der Erlaß einer Preisverordnung mit vorgeschriebenen Höchstpreisen.

Als Fazit aller dieser königlichen Eingriffe in das Wirtschaftsleben notierte ein Bauer im Fränkischen: »Er ist ein weiser König, der für seine Untertanen sorgt; nur wer selber Getreide verkaufen und einen Vorteil haben möchte, zetert jetzt, hilft aber alles nichts.« Später erhielt Wilhelm I. im Land den Ehrentitel »Rex agricolorum« – König der Landwirte. Verdient hatte er sich diese Auszeichnung schon in den ersten Monaten seiner Herrschaft.

»Ziehet dahin, wo Jesus ruft«

Zu dem Erbe, das Wilhelm I. am 30. Oktober 1816 antrat, gehörte auch eine mancherorts erkennbare Opposition der Frommen im Lande. Man trauerte dem alten Gesangbuch nach, das Herzog Friedrich, dem späteren ersten württembergischen König, als dem Oberhaupt der evangelischen Landeskirche so sehr mißfallen hatte, daß er es durch ein neues Gesangbuch ersetzen ließ, in dem manches, wegen seiner drastischen Sprache beliebte Kirchenlied fehlte. Weit mehr noch haderte man mit der Obrigkeit wegen der neuen Liturgie, die König Friedrich 1809 einführen ließ. Darin fanden sich nicht mehr die altvertrauten Texte und Gebete zur Taufe, zur Eheschließung, zur Konfirmation usw., sondern solche, die der Oberhofprediger und Theologieprofessor Friedrich Gottlieb Süskind auf Anordnung des Königs ausgewählt oder neu formuliert hatte. Die altvertraute Kirchensprache war nun geglättet und den Bedürfnissen des Vernunftzeitalters angepaßt. Man mußte dank amtlicher Instruktion dem »Bösen« entsagen, und durfte auf königlichen Befehl den »Teufel« nicht mehr beim Namen nennen. Die Sprache des Volkes war nicht mehr erlaubt.

Zunächst gab es dagegen wenig Widerspruch, aber dann regten sich die Pietisten. Beispielhaft für die beginnende Opposition waren besonders vier Orte: Benningen am Neckar, Hülben, Mägerkingen und Hausen an der Zaber. Dort vermischten die Kirchenbesucher immer wieder die neuen mit den alten Texten. Man »entsagte dem Bösen«, setzte aber beispielsweise sogleich hinzu: »... und dem Teufel auch«, obwohl dies ein Verstoß gegen die königlichen Vorschriften war.

Als Wilhelm mit der Königswürde auch das Amt des obersten Repräsentanten der evangelischen Kirche zufiel, rumorte es wegen der ungeliebten neuen Kirchensprache in vielen Gemeinden noch immer. Der Oberkirchenrat war so klug gewesen, gewisse Eigenmächtigkeiten in einigen Gemeinden und von einzelnen Mitgliedern nur zu rügen, aber keine weiteren Konsequenzen zu ziehen. Man wollte den stets gefürchteten kirchlichen Separatismus nicht weiter provozieren. Dieser freilich hatte sich schon ein gutes Jahr vor König Friedrichs Tod auf eine nicht erwartete Weise bemerkbar gemacht.

Die Unzufriedenheit mit den Anordnungen des Stuttgarter Kirchenregiments verband sich mit der Erinnerung an die Weissagungen, die der allseits verehrte Johann Albrecht Bengel (1687–1752) einst niedergeschrieben und verkündet hatte. Bengels bekanntestes Werk »Die erklärte Offenbarung Gottes« erschien im Jahr 1740. Darin entwickelte Bengel den Gedanken, daß »für die Herrlichkeit Gottes keine Zeitschranke gesetzt sei, wohl aber für den vorangehenden, zur Herrlichkeit führenden Jammer«. Nach langen Studien und Überlegungen stand für Bengel fest, daß die Zahl 676 in Offenbarung 13,18 eine genaue Zeitbestimmung sei. Er errechnete daraus die Wiederkunft Christi und den Anbruch des »Tausendjährigen Reiches« auf das Jahr 1836. Die von Philipp Matthäus Hahn konstruierte, vielbewunderte astronomische Uhr zeigte denn auch dieses Datum des Weltuntergangs und des Gerichts an. Da Bengel auch von der großen Not und vom »Tier aus dem Abgrund« gesprochen hatte, dessen Erscheinen neben anderem einmal die Endzeit ankündigen würde, gelangten die frommen Verehrer des Johann Albrecht Bengel während und am Ende der napoleonischen Zeit ohne weitere Schwierigkeiten zu dem Schluß, daß mit Napoleon die Endzeit schon begonnen habe. Diese Überzeugung festigte sich noch *vor* der großen Not der Jahre 1816 und 1817, erhielt dann aber mit deren Beginn zusätzliche Glaubwürdigkeit. Man müsse sich ohne Säumen auf die zu erwartenden Ereignisse vorbereiten, hieß es damals in pietistischen Zirkeln.

Friedrich Fuchs aus Schwaikheim hat diese Vorbereitung bereits zu Lebzeiten König Friedrichs verlangt und die Obrigkeit mit Vorwürfen attackiert. Er mußte dafür eine Zeitlang auf dem Hohenasperg büßen. Die Haft änderte nichts an seinen Überzeugungen. Im Gegenteil: Nach seiner Entlassung begann er 1815 offen die Auswanderung zu propagieren. Das Ziel war die Nähe des biblischen Berges Ararat. Die Kirchenoberen im Dekanat Waiblingen registrierten diese Absichten fast erleichtert. Im Visitationsbericht liest man, daß »im nächsten Jahr« – also 1816 – die Zahl der Separatisten in Schwaikheim kleiner werde, »indem mehrere im Begriff sind, nach Kaukasien auszuwandern«.

Fuchs hatte nach der Haftentlassung einen Auswanderungsverein gegründet, dem sich auch Familien und Einzelpersonen aus einigen der umliegenden Ortschaften anschlossen. Wegen der notwendigen Pässe nahm Fuchs mit der russischen Gesandtschaft in Stuttgart Kontakt auf. Bei der königlichen Regierung reichte man Auswanderungsgesuche ein, die im Namen des Königs großzügig bewilligt wurden. Man habe, heißt es, die »eigensinnigen Separatisten« gerne scheiden sehen. Die Anhänger des Friedrich Fuchs verkauften im Sommer 1816 all ihr Hab und Gut und machten sich im September auf den Weg, in einer Zeit also, in der man schon mit einem Hungerwinter rechnen mußte.

Aus anderen Gegenden weiß man, daß die drohende oder bereits spürbare Not die damalige Auswanderung erheblich gefördert hat. Das Hauptmotiv der Sehnsucht nach dem neuen Leben im Kaukasus war aber überall die Endzeiterwartung. Dementsprechend rüsteten sich denn auch die Schwaikheimer aus, die ihre Heimat zunächst in Richtung Ulm verließen, um dann donauabwärts nach Wien und ans Schwarze Meer zu gelangen. Sie hätten an Sachen nur »das Notwendigste« mitgeführt, hat ein Chronist berichtet, von Büchern neben der Bibel den »Hoffnungs- und Glaubensblick« des Pfarrers Johann Jakob Friedrich aus Winzerhausen, der später erster Pfarrer in Korntal wurde, Johann Heinrich Jung-Stillings »Grauen Mann« und die »Erbauungsstunden« des Philipp Matthäus Hahn über die Offenbarung des Johannes. Nach der Überwindung vieler Schwierigkeiten, bedingt durch zwei Quarantäne-Aufenthalte am Schwarzen Meer und den Mangel an Vorräten und Geld, trafen die Auswanderer schließlich an Silvester 1816 in der deutschen Kolonie Großliebental bei Odessa ein. An den Zaren richtete man von dort aus die Bitte, einen Ort für die Niederlassung im Kaukasus zu bestimmen, der zum Weinbau geeignet sei. Im Frühjahr wollte man die Reise dorthin beginnen.

In Württemberg verbreitete sich rasch die Kunde von der Ankunft der Schwaikheimer bei den Landsleuten in der Nähe von Odessa. Nun begannen die Reisevorbereitungen an mehreren Orten. Zwei Brüder, Johann Philipp und Johann Jakob Koch, waren die Hauptinitiatoren. Der eine wohnte in Schluchtern, der andere in Marbach am Neckar. Sie forderten zur Gründung einer »brüderlichen Auswandererkolonie der Kinder Gottes« auf und warben überall um den Beitritt. In den Kirchenakten liest man von dem »schwärmerischen Charakter« dieser Aufforderungen, wo die Rede sei vom »Auszug aus Babel« und der von Gott gebotenen »Vorbereitung auf das Tausendjährige Friedensreich«.

Die Vorzüge Rußlands, das ja zuvor schon unter der Regierung der Kaiserin Katharina deutschen Kolonisten viele Privilegien, wie eine Steuerbefreiung, gewährt hatte, pries man in hohen Tönen. In die »Harmonie« – so nannten sich nun die einzelnen Auswanderungsvereine – könnten keine »Unbekehrten und noch in Sünde lebende Menschen« aufgenommen werden, hieß es in Johann Jakob Kochs Programm der Marbacher Gruppe. Damit auch die Armen dem Ruf Gottes folgen konnten, erhob man von den Wohlhabenden eine Umlage von zehn Prozent ihres Gesamtvermögens. Mit diesem Geld füllte man die Reisekasse. Kochs Aufruf ging von Hand zu Hand. Nach kurzer Zeit hatten sich 130 Familien für die Auswanderung in den Kaukasus angemeldet.

Koch sprach von den nach »Osten eilenden Zionisten«. Im ganzen altwürttembergisch-evangelischen Landesteil war die Auswanderung in den Kaukasus plötzlich ein Thema, das die Menschen fast ebenso beschäftigte wie die zu jener Zeit immer drängender werdenden Sorgen um das tägliche Brot. Da und dort ging man in den neuen »Harmonien« über die Marbacher Grundsätze hinaus und propagierte die Gütergemeinschaft nach dem Vorbild der urchristlichen Gemeinden. Die Esslinger »Harmonie der Gläubigen«, geführt von Johannes Reuer und Johann Georg Frick, orientierte sich an diesen urchristlichen Vorbildern.

Die königliche Regierung erhielt am Ende mehrere tausend an Wilhelm I. gerichtete Auswanderungsgesuche, von denen heute noch die meisten in den staatlichen Archiven einzusehen sind, geordnet nach den alten Oberamtsbezirken. Die in gut lesbarer Schrift verfaßten Gesuche sind weitgehend inhaltsgleich, entworfen wohl von nur wenigen Personen, die für ihre Glaubensgenossen Schreib- und Formulierungshilfe leisteten.

Zu den Raritäten des Ludwigsburger Staatsarchivs gehört das Manuskript eines Gedichts aus jener Zeit. Das Blatt findet man nicht in irgendeinem literarischen Nachlaß, sondern in den Polizeiakten des Oberamts Nürtingen, im Jahrgang 1816/17. Der Verfasser des Poems mit dem Titel »Abschiedslied« war der Stuttgarter Tuchweber Conrad Bub oder Buob. Er hatte mit seinem Lied, das ein wenig dem berühmten Schubartschen »Kap-Lied« nachempfunden war, für die Auswanderung in den Kaukasus erfolgreich geworben, weshalb Bub für kurze Zeit in Haft genommen und das Manuskript seines Werbeliedes als Beweisstück zu den Vernehmungsakten genommen wurde. Bubs Opus beginnt mit den Zeilen:

Auf Brüder, Schwestern freuet euch
Bald kommt die frohe Zeit ...

Die zweite Strophe lautet:

Verlaß die Weltgesinnten gern
Samt ihrem eitlen Tand
Und zieht dahin, wo Jeses ruft
Sei es zum Leben, sei's zur Gruft,
Wir sind in seiner Hand.

Die sechste Strophe ist den Daheimgebliebenen gewidmet:

Lebt wohl ihr Freunde, die noch Pflicht
Zum Vaterlande hält,
Lebt wohl, besuchet uns bald dort
An dem von Gott bestimmten Ort
Sobald es ihm gefällt.

Der Tuchweber Conrad Bub, der behauptete, er sei als Soldat in Napoleons Armee schon einmal im Orient gewesen und habe auch den Kaukasus kennengelernt, war sich bewußt, daß eine öffentliche Aufforderung zum Verlassen des Königreichs Württemberg dem König mißfiel. Um die Obrigkeit zu besänftigen, fügte er in sein insgesamt zwölfstrophiges Werk die Worte ein:

Auch bitten wir aus Herzensgrund
Für unseres Königs Heil,
Beschützt ihn vor Gewalt und List,
Gott, der Du Gott der Stärke bist
Und der Gerechten Heil.

Im Kaukasus, so heißt es am Schluß des Abschiedsliedes, gibt es dann »zu bauen das neue Vaterland, / Gott laß es bald geschehn«.

Der Wunsch des Conrad Bub hat sich im Verlauf der Jahre 1817 und 1818 erfüllt. Sieben neue Orte gründeten die württembergischen Auswanderer damals im südlichen Kaukasus. Die Namen dieser Orte sind schon deshalb in Württemberg nicht ganz vergessen, weil in unserer Zeit viele tausend Rußlanddeutsche aus Kasachstan, Usbekistan oder Westsibirien nach Südwestdeutschland gekommen sind, deren Vorfahren bis zum Zweiten Weltkrieg in den Siedlungen Alexanderdorf, Annenfeld, Elisabethtal, Helenendorf, Katharinenfeld, Marienfeld, Petersdorf und Neu-Tiflis lebten.

Zu den Gründern dieser Orte gehörten hauptsächlich Auswanderer aus dem heutigen Rems-Murr-Kreis, aus dem Gebiet um Reutlingen und aus dem württembergischen Nordschwarzwald. Stalins Tochter Swetlana hat an diese schwäbische Auswanderung erinnert, als sie in ihrem Buch »Dreizehn Briefe an einen Freund« auf die Abstammung ihrer Großmutter hinwies, die wiederum von ihrer Großmutter, der aus Wolfsölden bei Affalterbach stammenden Margarete Aichholz, schwäbische Backrezepte geerbt hatte und außerdem streng im christlichen Glauben der Vorfahren erzogen worden war. Diese Margarete Aichholz veranlaßten einst allem Anschein nach zwei Gründe zur Auswanderung: religiöse und familiäre. Als Bauerstochter durfte sie nach den damaligen Vorschriften einen Knecht, den Vater ihrer beiden Kinder: der 1808 geborenen Katharina und des 1811 geborenen Jakob, nicht heiraten. Das mag der Hauptgrund dafür gewesen sein, daß sie sich zum Verlassen der Heimat entschloß. Die religiöse Überzeugung der Margarete Aichholz, die wohl Voraussetzung für die Aufnahme in einen der Auswanderervereine war, begünstigte den Beschluß zur Auswanderung.

Nicht alle der insgesamt 7000 oder 8000 Auswanderer jener Jahre kamen ans Ziel. Einige blieben in Ungarn, andere in der Gegend von Odessa. Viele tausend starben unterwegs. Überlebt hat am Ende nur jeder dritte oder vierte, der mit großen Hoffnungen und Erwartungen seine württembergische Heimat verlassen hatte. Etwa 2000 Personen gehörten zu den Gründern der acht Schwabenkolonien im Kaukasus. Man schuf blühende Ortschaften in einem fruchtbaren Land, die Familien hatten viele Kinder und blieben den alten religiösen Überzeugungen treu. Das alte württembergische Gesangbuch wurde weiter benützt, die altvertrauten Texte und Gebete gehörten zum Gottesdienst – nicht die neue Liturgie. Man holte sich bis zum Beginn des Ersten Weltkriegs immer wieder Pfarrer aus der Heimat, ausgebildet an der Universität Tübingen.

Ihre württembergische Staatsangehörigkeit und ihre gemeindlichen Bürgerrechte, zu denen Versorgungsansprüche gehörten, haben alle Auswanderer vor dem Verlassen aufgeben und eine entsprechende Verzichtserklärung für sich und ihre Nachfahren unterschreiben müssen. Sie waren Bürger eines anderen Staates geworden, behielten aber in dem Vielvölkerstaat ihre – kulturelle – deutsche Nationalität. Das änderte sich auch nicht mit der Gründung der Sowjetunion, jedenfalls nicht in den ersten 23 Jahren der Existenz dieses Staatswesens. Josef Stalin befahl dann zu Beginn des Krieges, den Hitler 1941 gegen die Sowjetunion provozierte, die Zwangsumsiedlung der Kaukasus-Kolonien in die zentralasiatische Region.

Der Georgier Stalin, in zweiter Ehe mit der Urenkelin einer Württembergerin verheiratet, mißtraute den frommen Kolonisten und diskriminierte sie kollektiv. Bürgerrechte, die die Vorfahren einst im fremden Land erworben hatten, galten nun, 125 Jahre nach der Ankunft der Siedler, nichts mehr. Wiederum 50 Jahre danach, in manchen Fällen auch schon einige Jahre früher, sind die Nachfahren der Auswanderer, die im Jahr 1836 das Ende der Zeit als Nichtsündige erwarten wollten, Rückwanderer geworden, deren schwäbische Familiennamen da und dort schlüssige Hinweise auf die Heimatorte der Vorfahren erlauben.

Emigration im Innern

König Wilhelm hat sich im Jahr 1817 und in späterer Zeit stets bemüht, die Auswanderungswilligen von ihrem Vorhaben abzubringen. Die Regierung machte immer wieder auf die Gefahren und Risiken einer Reise in unbekannte Länder aufmerksam – meist ohne Erfolg. Die religiöse Überzeugung war stärker als alle amtlichen

Hinweise und Argumente. Selbst die Nachrichten über die Seuchen, die mehr als die Hälfte der Kaukasus-Auswanderer vor dem Erreichen ihres Zieles hinweggerafft hatten, bewirkten nicht allzuviel. Wilhelm I., der zwar an der Spitze der evangelischen Landeskirche stand, aber in Fragen der Religion nicht besonders engagiert war, begann zu begreifen, daß die Macht eines Monarchen im Bereich des Religiösen ziemlich eng begrenzt ist.

Um neue, schwere Konflikte innerhalb der Landeskirche zu verhindern, war der König bereit, ein Vorhaben zu genehmigen, das einen Sonderstatus für eine Gruppe von »Brüdern« vorsah, die sich um einen Ostelsheimer Pfarrerssohn, den Notar und Leonberger Bürgermeister-Amtsverweser Gottlieb Wilhelm Hoffmann, geschart hatten. Der Sproß eines keineswegs streng pietistischen Elternhauses berichtete später, er sei als Jüngling während seiner Ausbildung in Merklingen »bekehrt« worden. Nun, mitten in der Hungerzeit, kündigte Hoffmann an, er wolle zusammen mit Gleichgesinnten eine Kolonie gründen, wo man ungehindert ein »gottgefälliges Leben« führen könne. Ebenso wie bei den Auswanderern, die im Kaukasus ihre »Kolonie« gegründet hatten, erwarteten die Hoffmann-Anhänger die »Wiederkunft des Herrn« im Jahr 1836 und übernahmen damit Bengels Vorausberechnung für den Beginn des »Tausendjährigen Friedensreiches«. Mit der offziellen evangelischen Landeskirche hatte man sich hauptsächlich wegen der Gesangbuchfrage und der neuen Liturgie überworfen. Napoleon war für Hoffmann und seine Freunde der personifizierte Antichrist.

Einen ersten Plan für die Gründung von selbständigen »Brüdergemeinden« legte Gottlieb Wilhelm Hoffmann König Wilhelm am 28. Februar 1817 vor. Hoffmann unterschied in seiner Eingabe an den König zwischen drei verschiedenen Motiven, die zu der amtlicherseits nicht erwünschten Auswanderung führten: einmal die »Schwärmerei« der sogenannten Separatisten – davon distanzierte sich Hoffmann –, zum andern die wirtschaftliche Not und zum dritten nannte er den Gewissenszwang, dem sich viele Gläubige in Württemberg durch die von König Friedrich eingeführte Liturgie und durch das Verbot mancher alter Kirchenlieder ausgesetzt fühlten. Als erfahrener Verwaltungsmann berief sich Hoffmann in seiner Eingabe an König Wilhelm auf einen wichtigen Präzedenzfall, nämlich auf das Privileg, das König Friedrich im Jahr 1806 für die Gründung einer Herrnhuter Kolonie in Königsfeld im Schwarzwald erteilt hatte.

Auf Wunsch des Oberkirchenrats und des Innenministeriums mußte Hoffmann seinen Plan noch genauer umschreiben. Die Beamten fanden scharfsinnig heraus, daß der Leonberger Notar nicht mehr und nicht weniger im Sinn habe als eine kleine »Theokratie«, also einen »Staat im Staate«. Schließlich verlangten die Regierungsinstanzen einige Änderungen in Hoffmanns Konzept. Allerdings betraf dies nicht die Prinzipien, so daß Hoffmann damit einverstanden sein konnte. Insgesamt lag kaum mehr als ein Jahr zwischen Hoffmanns Petition und der am 12. März 1818 erteilten königlichen Genehmigung seines Vorhabens.

Ursprünglich hatte Hoffmann die Staatsdomäne Hohenheim im Auge. Da der König damit aber selbst plante, erwarb man schließlich das Rittergut Korntal im Oberamt Leonberg. Im Jahr 1819 – nur zwei Jahre, nachdem sich Hoffmann an König Wilhelm gewandt hatte – begann der Aufbau jener Brüdergemeinde, die im Schwäbischen als »Heiliges Korntal« sprichwörtlich geworden ist. Einige Jahre darauf kam es im Oberland zu einer weiteren Gründung durch Hoffmann und seine Freunde. Zu Ehren des Königs nannte man diese Kolonie »Wilhelmsdorf«. Wie in Korntal siedelten dort Pietisten aus zahlreichen Gemeinden des Landes, vornehmlich solche allerdings, die in den Realteilungsgebieten am mittleren Neckar als Landwirte nur eine unzureichende Existenzgrundlage besaßen.

Das »königliche Privileg«, die Rechtsgrundlage der Gründung einer Brüdergemeinde in Korntal, ist von Wilhelm I. am 22. August 1819 unterschrieben worden. Diese Gründungsurkunde beschreibt sowohl die kirchliche als auch die bürgerliche Gemeindeverfassung und enthält die Namen der 68 Familien, die als erste die Gemeinde gebildet haben. Bei genauerem Betrachten entdeckt man, daß Hoffmann und seine Freunde recht gut mit der am Beginn des Dreißigjährigen Krieges von Johann Valentin Andreä publizierten Schrift »Christianopolis« vertraut gewesen sein müssen, also mit Andreäs Utopie einer »Christenstadt«. Die kirchliche Verfassung der Brüdergemeinde Korntal ist neben manch anderem vor allem deshalb bemerkenswert, weil sie die Unterstellung unter den Oberkirchenrat ausschloß und nur eine Staatsaufsicht durch das damalige Kirchen- und Schulministerium vorsah. In der Gestaltung des Gottesdienstes war man in Korntal ebenso frei wie in der Wahl der Prediger und der Lehrer.

Die Gründung dieser kleinen »Theokratie« ganz in der Nähe von Stuttgart war ein Experiment, das einige Kirchenobere damals mit Argwohn betrachtet haben. Möglich wurde die Gründung des »Heiligen Korntal« jedoch, weil König Wilhelm darin eine Möglichkeit sah, einen Teil der aus religiösen Motiven opponierenden Untertanen im Land zu halten und mit Hilfe einer »Emigration im Innern« der Auswanderungssucht – so gut es ging – entgegenzuwirken.

Die Brüdergemeinde Korntal, gegründet von Gottlieb Wilhelm Hoffmann: Ansicht von Norden; darunter: der Betsaal.

Erbe eines rückständigen Agrarlandes

Bis weit ins 19. Jahrhundert blieben Land- und Forstwirtschaft die Haupterwerbsquellen der Bevölkerung. Über 40 Prozent der Erwerbstätigen waren beim silbernen Regierungsjubiläum König Wilhelms im Jahr 1841 noch immer mit der Produktion von Nahrungsmitteln oder der Verarbeitung von Holz beschäftigt. An der Feststellung, daß die »Landwirtschaft die Hauptgrundlage des Wohlstandes der Nation« sei, hatte sich somit bis zur Jahrhundertmitte nichts geändert. Im Vergleich zu einigen anderen deutschen Territorien war Württemberg immer noch ziemlich arm und – was Gewerbe und Industrie betraf – sogar rückständig. Nachteilig wirkten sich bei der Modernisierung des Landes vor allem zwei Dinge aus: die verkehrsungünstige Lage des Königreichs – etwa im Vergleich zum Großherzogtum Baden – und der Mangel an Bodenschätzen in einem Land, das keine »Berge silberschwer« besaß, wie zum Beispiel Sachsen.

Man mußte die meisten wichtigen Rohstoffe auswärts kaufen und auf langen, beschwerlichen Wegen ins Württembergische transportieren, da der Neckar oberhalb von Heilbronn nur bedingt schiffbar war. Unter diesen Umständen galt es noch viele Jahre nach dem Regierungsantritt König Wilhelms als sicher, daß Württemberg im wesentlichen als Agrarland eine Zukunft habe. Der König selbst, an allem, was in Technik und Wirtschaft irgendeinen Fortschritt versprach, von Anfang an interessiert, ließ bei mancherlei Gelegenheiten keinen Zweifel daran, daß die Modernisierung der Landwirtschaft unter vielen wichtigen Dingen das wichtigste sei.

Die Hungersnot von 1816/17 mag zu dieser Ansicht erheblich beigetragen haben, aber allein ausschlaggebend für Wilhelms landwirtschaftliches Engagement waren diese Erfahrungen nicht. Am Anfang der Regentschaft König Wilhelms fehlte es an Alternativen. Es war nicht abzusehen, wie sehr die in jener Zeit aufkommenden Maschinen zusammen mit der Nutzung der Dampfkraft und anderen technischen Neuerungen sowie die zunehmende Arbeitsteilung auch in der gewerblich-handwerklichen Produktion einmal zum Wohlstand beitragen würden.

Wenn Zeitgenossen von Wilhelm I. berichten, sein sicherer Verstand sei bei der Regierungsarbeit stets mit Nüchternheit gepaart gewesen, so ist dem König doch mehr als einmal bescheinigt worden, daß er – als guter Fragesteller bekannt und auch gefürchtet – bei der Erörterung landwirtschaftlicher Themen eine kaum erwartete Leidenschaft zeigte. Zeitlebens sei bei ihm eine Schwäche für seine Rinder- und Schafzucht, vor allem aber für die Pferdezucht auf den königlichen Domänen erkennbar gewesen. Das Land profitierte davon. Beim Nutzvieh lassen sich in den ersten Jahrzehnten des königlichen Interesses für alles Landwirtschaftliche bemerkenswerte Erfolge statistisch nachweisen: Die Tierproduktion erzielte alsbald Überschüsse, der Bestand an Nutzvieh vergrößerte sich in Württemberg von 1813 – und nach den großen Rückschlägen am Anfang von Wilhelms Regierung – bis 1852 um mehr als 38 Prozent. Die allgemeine Versorgung mit Nahrungsmitteln verbesserte sich demgegenüber in mehreren Jahrzehnten nur ganz allmählich. Mehrmals während der langen Regentschaft König Wilhelms erlitt die Agrarwirtschaft schwere Rückschläge, so in der Mitte der zwanziger Jahre, als relativ gute Ernten einen starken Preisverfall nach sich zogen, und ganz besonders in der zweiten Hälfte der vierziger Jahre, als die unerwartet auftretende Kartoffelkrankheit zu einer schweren Versorgungskrise beitrug, Hungerkrawalle hervorrief und bis in die fünfziger Jahre hinein eine erneute Auswanderungswelle begünstigte. Das hatte zur Folge, daß sich allein von 1846/47 an die Bevölkerung im Vergleich zum Jahr 1840 um 70000 Personen verringerte. In fast allen Teilen des Landes registrierte man im Verlauf von etwa sieben Jahren einen deutlichen Rückgang der Einwohnerzahl. Wieweit diese, 1846 beginnende schwere Ernährungskrise die am Ende gescheiterte Revolution von 1848 begünstigt hat, ist nicht exakt zu belegen. Zusammenhänge gibt es: Man darf jedenfalls nicht übersehen, daß die damaligen Hungerrevolten die politische Opposition ermutigt und angestachelt haben.

Wenn irgend etwas das anfänglich starke Interesse König Wilhelms für eine leistungsfähige Landwirtschaft auch im Rückblick rechtfertigt, dann ist es die Erfahrung der Not und ihrer Folgen in der Mitte der vierziger Jahre. Damals zeigte sich besonders deutlich, wie sehr politische Instabilität und Teuerung durch mangelnde Versorgung mit Nahrungsmitteln einander bedingen.

Sammlung der Pioniere

Neben den Erlassen, mit denen Wilhelm schon wenige Tage nach Regierungsantritt gegen den Getreidewucher und andere Übel vorging, ist vor allem *eine* Initiative zu erwähnen, mit der der König, zusammen mit seiner Gemahlin Königin Katharina, auf lange Sicht eine Verbesserung der landwirtschaftlichen Produktivität erreichen wollte. Im Blick hatte man dabei »gebildete Landwirte, Ökonomen und Naturforscher«. Das Herrscherpaar wollte sie in einem Landwirtschaftlichen Verein, geleitet von einer Zentralstelle, zusammenfassen. Auch die Gründung einer landwirtschaftlichen Versuchsstation gehörte zu dem königlichen Projekt. Der Aufruf zu alldem erging am 1. August 1817. Als Ort der Versuchsanstalt, die zugleich als Ausbildungsstätte für Landwirte vorgesehen war, nannte der Aufruf eine königliche Domäne, »deren Verwaltung einem wissenschaftlich gebildeten und zugleich praktischen Ökonomen anvertraut werden wird«. Wörtlich las man in dem Aufruf auch: »Jeder vaterländische Landwirt und Ökonom ist hierdurch eingeladen, sich um Aufnahme in diesen Verein bei der Centralstelle zu melden, mit der Anzeige, auf welche Weise er zu dem beabsichtigten Zwecke nützlich mitzuwirken gedenkt.«

In älteren Darstellungen der württembergischen Epoche fehlt fast überall der Hinweis darauf, daß der Grundgedanke, der das Königspaar Wilhelm und Katharina bei der Schaffung eines landwirtschaftlichen Vereins und einer Zentralstelle geleitet hat, schon in früheren Jahren im Land diskutiert worden war. Unter anderem in den Publikationen eines landwirtschaftlich engagierten Theologen, des Pfarrers Johann Gottlob Steeb von Grabenstetten. Steeb, im Jahr 1742 in Nürtingen geboren, Sproß einer schon lange in Bittenfeld bei Waiblingen ansässigen Familie, starb 1799 im Alter von 57 Jahren. Sein Lebenswerk bestand aus Schriften, in denen er eine Verbesserung der landwirtschaftlichen Erträge durch Futterpflanzen wie den Esper (auch Esparsette oder »ewiger Klee« genannt) propagierte und die Albbauern mit moderneren Anbaumethoden vertraut machen wollte. Steeb widmete sich auch der Nelken- und Bienenzucht und schrieb Abhandlungen über die Schafzucht. Vor allem aber sammelte der Pfarrer von Grabenstetten genaue Daten über Klima und Bodenbeschaffenheit. Er wollte so eine sichere Grundlage für Modernisierungskonzepte schaffen. Gestützt auf Erfahrungen schlug Steeb die Gründung einer landwirtschaftlichen Gesellschaft vor, die er »Ökonomische Societät« nannte. Ihr Zweck war »die Hebung des Volkswohlstandes« durch die Ausbildung von Landwirten und durch Beratung der Landwirtschaft insgesamt. In der »Societät«, die noch zu Steebs Lebzeiten gegründet wurde – er selbst übernahm den Vorsitz –, wirkten außer Landwirten auch Pfarrer und Verwaltungsbeamte mit. In einem Nachruf würdigte man den tatkräftigen und ideenreichen Theologen als »Apostel des Espers« und einen der »ersten Verbesserer unserer vaterländischen Landwirtschaft«.

Da Steebs Wirken auch in den Stuttgarter Amtsstuben beachtet worden war, konnte man im Jahr 1817, also 18 Jahre nach seinem Tod, bei der Gründung eines landwirtschaftlichen Vereins und einer Zentralstelle sicherlich auf manche Anregung zurückgreifen, die der Pfarrer von Grabenstetten hinterlassen hatte. Das schmälert nicht die Verdienste, die sich das Königspaar mit dieser Initiative erwarb, zeigt aber, daß sich König Wilhelm als Kronprinz sorgfältig auf die Regentschaft vorbereitet und sich – wie man mit gutem Grund annehmen kann – mit den alten »Vorgängen« und Schriften befaßt hat, die in und außerhalb Württembergs über eine Verbesserung der landwirtschaftlichen Produktion geschrieben worden waren.

Mancher Fürst in Deutschland und anderswo hat in jungen Jahren das Erbe seiner Väter ohne ausreichende Vorbildung angetreten, für Wilhelm I. trifft dies nicht zu. Er war in hohem Maße sachkundig und von Anfang an zielstrebig, als er mit 35 Jahren die Regentschaft übernahm. Auch die Idee einer »Erziehung durch Vorbild«, die Johann Heinrich Pestalozzi zur Maxime aller Pädagogik erhoben hatte, dürfte dem jungen König vertraut gewesen sein. Seine landwirtschaftlichen Initiativen förderte er durch eine Neugestaltung der königlichen Familiendomänen in Stuttgart, Scharnhausen, Stetten, Stammheim, Lauffen, Winnenden, Herrenberg und Altshausen. Erfahrene Landwirte, nicht nur Verwalter, übernahmen leitende Funktionen und hatten die Aufgabe, für verbessertes Saatgut zu sorgen, die Fruchtfolge aufzulockern und den Viehbestand zu verbessern. Die bewußte Umgestaltung der im Land verteilten königlichen Güter zu Mustergütern sollte zu einem Wettbewerb unter den Landwirten beitragen.

Jeweils beim »Landwirtschaftlichen Hauptfest«, das König Wilhelm I. jährlich am 27. September, seinem Geburtstag, feiern ließ,

Johann Gottlob Steeb, Pfarrer in Grabenstetten, gehörte zu den Pionieren einer modernen Landwirtschaft in Württemberg.

Das von Tischbein gemalte Bildnis der jungen Großfürstin Katharina von Rußland, der späteren Königin von Württemberg, hängt im Ludwigsburger Schloß.

zeichnete man diejenigen Württemberger öffentlich aus, die sich dem Wettbewerb gestellt und die vom König formulierte Preisaufgabe am besten gelöst hatten. Dabei machte man bei der federführenden Zentralstelle keinen Unterschied zwischen Verbesserungen oder Erfindungen, die die Landwirtschaft direkt oder die Industrie, im wesentlichen den Gerätebau, betrafen. »Nützliche Maschinen und Kunstwerkzeuge« wollte man prämieren. Für die beste, von einem Württemberger erfundene »Maschine zu einem gemeinnützigen landwirtschaftlichen oder hauswirtschaftlichen Zweck oder technischem Gebrauch« stiftete der König 40 Dukaten und übergab dem Gewinner des Hauptpreises eine silberne Erinnerungsmedaille. Die beste »chemische Entdeckung« war mit 30 Dukaten dotiert und einer Silbermedaille. Die »Einführung und Verbreitung neuer Kulturen, welche auf den Privat- und Nationalwohlstand einen wesentlich nützlichen Einfluß haben« lobte der König entsprechend den Empfehlungen der Zentralstelle des Landwirtschaftlichen Vereins mit 20 Dukaten und einer Silbermedaille aus.

Die jährliche Preisverleihung bildete den Höhepunkt des Festes auf dem Cannstatter Wasen. Neben der öffentlichen Prämierung von herausragenden Leistungen, von der sich das Königspaar eine »volkserzieherische« Wirkung versprach, leistete man durch die Auszeichnungen, die auf Württemberger beschränkt waren, auch einen Beitrag zur Schaffung eines gemeinsamen Bewußtseins, also zur Zusammenführung von Alt- und Neu-Württembergern. Die Landwirte und die großen landwirtschaftlichen Güter in den neuwürttembergischen Territorien waren keineswegs rückständig, sondern dem Fortschritt aufgeschlossen und oft leistungsfähiger als die kleinen Betriebe, die in Altwürttemberg als Folge der erbrechtlich bedingten Besitzzersplitterung vorherrschten.

Neben dem »Landwirtschaftlichen Hauptfest« ist eine andere Initiative Wilhelms I. auch heute noch aktuell: die württembergische Pferdezucht, seit langem verbunden mit dem Gestüt Marbach an der Lauter. Als Kronprinz hatte sich Wilhelm auf den Gütern Scharnhausen und Weil bei Esslingen dieser Sache angenommen. Als König schuf er im Dezember 1817 eine offizielle Einrichtung, die für eine systematische Arbeit auf diesem Gebiet im ganzen Königreich verantwortlich sein sollte: die Landesgestütskommission. Diese Kommission regelte das Beschälwesen in einer »Königlich Württembergischen Beschälordnung«. Der gute Ruf der württembergischen Pferdezucht, der alsbald weit über die Grenzen des Königreichs hinausdrang und auch in unserer Zeit noch existiert, ist untrennbar mit dem starken Interesse verbunden, das der junge König Wilhelm diesem besonderen Zweig der Landwirtschaft entgegengebracht hat.

Wildschaden – das uralte Thema

Die württembergische Geschichte war über lange Zeit auch bestimmt durch Bauernklagen über Wildschäden. Besonders laut jammerten die Geschädigten einst über Herzog Ulrich und dessen im ganzen Land rücksichtslos jagende Hofleute, die mit ihren Pferden die Felder niedertrampelten und oft die Ernten verwüsteten. Obwohl das Wild sehr oft überhandnahm, war es den Bauern verboten, die äsenden Tiere von ihrem Besitz zu verjagen oder gar das Wild selbst zu erlegen. Man fühlte sich der Willkür jagdversessener Adeliger, vor allem aber des Herzogs, ausgeliefert. Es kam damals – im Jahr 1514 – zur Rebellion, die Bauern verlangten geordnete Verhältnisse, gegründet auf das Recht, das jedermann binde. Das bedeutete die Respektierung der »Eberhardinischen Ordnung des Württemberger Landes«, in der stand, daß der »Besitz der gemeinen Leut« zu respektieren sei.

Die Wildschäden blieben auch unter den späteren Herzögen ein Dauerthema, das wie kaum ein anderes den Bauernzorn erregte. Und wer im 18. Jahrhundert geglaubt hatte, man könne den alten Streit nun doch allmählich vergessen, der wurde rasch eines anderen belehrt, als Herzog Friedrich II., der spätere König Friedrich, sein württembergisches Erbe übernahm. Nicht zuletzt wegen seiner rücksichtslos praktizierten Jagdleidenschaft, bei der ihn zuweilen mehrere dutzend Jagdgenossen begleitet haben, war Friedrich in weiten Teilen seines Landes unbeliebt, ja, bei den geschädigten Landwirten geradezu verhaßt. Selbst im Jahr 1816, als die Mißernte schon abzusehen war, verzichtete der württembergische König nicht auf große Jagden – zum Schaden der Felder.

Friedrichs Sohn und Nachfolger mußte in dieser Sache zeigen, ob mit ihm eine neue Epoche beginnen oder ob auch er beim Jagen Sonderrechte für sich und die Hofgesellschaft in Anspruch nehmen würde. Wilhelm verstand, auf welche Probe er hierbei gestellt war. Wollte er im Lande Vertrauen gewinnen, dann galt es, rasch einen

Strich unter das Vergangene zu ziehen. Der junge König handelte konsequent: Er, ein leidenschaftlicher Jäger, setzte sogleich einige der noch nicht beschlossenen Bestimmungen der künftigen Verfassung in Kraft. Das geschah am 3. März 1817, vier Monate nach dem Tod seines Vaters, und betraf »die Abwendung von Wildschäden«. Die neue Regelung richtete sich sowohl gegen hemmungslose Jagdinteressen als auch gegen die Wilddieberei, den Jagdfrevel.

Im April 1818 gab Wilhelm I. einer Verfügung Gesetzeskraft, die die Hofjagd verbindlich regelte: Ausgewiesen wurden in diesem Dekret verschiedene Jagdbezirke. Als volles Eigentum der Krone galten demnach nur noch fünf Bezirke: der Park um das Schloß Solitude, das Gehölz »Herdtle«, der Park des Schlosses Monrepos, der Ludwigsburger Favoritepark und der Jägerhof in Ludwigsburg.

Das staatliche Forstwesen mit seinen Jagdrechten ordnete der König im Juni 1818 neu. Es gab nun 24 Oberförstereien, die in insgesamt 151 Reviere unterteilt waren. Bei den Staatsforsten interessierte den König eine Verbesserung der wirtschaftlichen Erträge am meisten. Das war nur zu erreichen, wenn man sachkundiges Personal für den Forstdienst rekrutieren konnte. Deshalb veranlaßte Wilhelm die Errichtung einer Forstschule zur »Vor- und Ausbildung der Förster und Heger«, die alsbald dem landwirtschaftlichen Institut in Hohenheim, der späteren Landwirtschaftlichen Hochschule, angegliedert wurde.

Schon in den ersten Jahren seiner Regentschaft legte Wilhelm I. auf diese Weise die Grundlagen für eine moderne Ordnung der Forstwirtschaft, und er entschärfte mit der Forstordnung auch den Streit über Wildschäden. Allerdings war dieser Zwist damit nicht ganz aus der Welt: Nach Ansicht der Bauern gab es stets zuviel Wild, das immer wieder die Äcker und Weiden als Futterplatz bevorzugte. Nicht nur in Württemberg, auch in allen anderen deutschen Territorien blieb dieses Thema während des ganzen 19. Jahrhunderts strittig, vor allem, was die Frage des Schadensersatzes betraf. Als der Berliner Reichstag gegen Ende des Jahrhunderts das Bürgerliche Gesetzbuch beriet, stießen die Interessengegensätze bei der Wildschadensregelung heftig aufeinander – für die gesamte Presse damals ein großes Thema. In der Gruppe der Konservativen zeigte sich ein tiefer Graben zwischen den Bauern und jenen Großgrundbesitzern, die ausgedehnte Wälder besaßen. Das betraf vor allem die preußischen, die bayerischen, auch einige hessische Gebiete. In

Württemberg war die Stimmung gedämpfter, die Interessengegensätze weniger ausgeprägt als anderswo – dank der Regelungen, die Wilhelm I. in den Anfangsjahren seiner Regierungszeit geschaffen hatte.

Gründung in Hohenheim

Zu Wilhelms frühen Entscheidungen gehörte auch die Gründung des bereits erwähnten Hohenheimer Instituts. Am 21. August 1818 gab die Zentralstelle des Landwirtschaftlichen Vereins bekannt, daß der König zur »Beförderung der Landwirtschaft eine landwirtschaftliche Lehranstalt« gegründet habe. Er habe hierzu »die bedeutende Domäne Hohenheim, eine kleine Meile von Stuttgart, angewiesen«. Neben der Ausbildung von »theoretisch-praktischen Landwirten« sei es die Aufgabe der Anstalt, die »wichtigsten landwirtschaftlichen Versuche anzustellen, fremde Erfahrungen zu prüfen und den Anbau aller Getreide, Futter- und Gewerbepflanzen zu betreiben, welche das deutsche Klima vertragen«. Man wolle dabei auch Erkenntnisse über die Feldereinteilung oder den Fruchtwechsel gewinnen. Schließlich ist in dem Aufgabenkatalog vermerkt, daß das Institut alle durch Erfahrungen bestätigten Fortschritte in der Landwirtschaft verbreiten und bekanntmachen solle.

Wer sollte ein derartiges Institut aufbauen und leiten? Das war eine vordringliche Frage, denn in Württemberg selbst fand sich niemand, der die nötigen Fähigkeiten besessen hätte. Der Präsident der Zentralstelle, Geheimrat August Hartmann, der einst als Kameralwissenschaftler an der Hohen Karlsschule unterrichtet und schon in seinem Stuttgarter Elternhaus viele deutsche und europäische Gelehrte kennengelernt hatte, schlug im Benehmen mit Königin Katharina und nach Gesprächen mit dem vielseitig interessierten Verleger Cotta schließlich einen Rheinländer vor: Johann Nepomuk Schwerz. Der angesehene, damals fünfzigjährige Landwirtschaftsfachmann folgte dem Ruf nach Hohenheim und begann seine Arbeit zunächst mit der kleinen Zahl von acht »Zöglingen«, wie es in einem zeitgenössischen Bericht heißt, die anfänglich in einem Internatsbetrieb mit strenger Hausordnung leben und arbeiten mußten. Studentische Freiheiten waren nicht vorgesehen. Im Sommer schloß man dort die »Gänge« um 10 Uhr, im Winter schon um 9 Uhr abends. Wer später kam, blieb ausgesperrt. Mancher verbrachte die Nacht deshalb in einem der Ställe. Um dies zu verhindern, wurde in einem Statut von 1826 die »Aufnahme von Studenten in die Stallungen« ausdrücklich verboten.

Als Versuchsgelände diente der 329 württembergische Morgen (110 Hektar) große Karlshof. Die Angliederung der schon erwähnten Forstanstalt erfolgte 1820, die Erhebung zur »Landwirtschaftlichen Hochschule« ließ bis 1847 – also 29 Jahre – auf sich warten. Es scheint, daß der Nutzen dieser Lehr- und Forschungseinrichtung in den ersten Jahrzehnten ihres Bestehens nicht unumstritten gewesen ist. Das Departement der Finanzen zweifelte 1840 an der »Rentabilität« solcher Staatsausgaben, setzte sich aber mit seinen Argumenten gegen das federführende Innenministerium nicht durch. Deshalb blieb die Lehranstalt erhalten, die sich auch außerhalb Württembergs hohes Ansehen erworben und den Ruf König Wilhelms als weitblickender tatkräftiger Regent gefestigt hat.

Neuanfang beim Weinbau

Zu den bemerkenswerten Zeugnissen aus der württembergischen Vergangenheit gehören Mitteilungen aus der Zeit vor dem Dreißigjährigen Krieg über den ausgezeichneten Ruf, den der »Neckarwein« an deutschen Fürstenhöfen genoß. Wein war damals neben Holz der Hauptexportartikel Württembergs. Erstaunlich sind derartige Zeugnisse vor allem deshalb, weil Württemberg bei der Übernahme der Regierungsgewalt durch Wilhelm I. fast keinen Wein mehr exportierte. Man litt am Beginn des 19. Jahrhunderts unter dem mäßigen, ja schlechten Ruf des Württemberger Weins. Die Gründe dafür waren vielfältig.

Wenn man älteren Weinhistorikern vertrauen darf, dann hat sich der Weinbau im alten Herzogtum Württemberg von den Verwüstungen des Dreißigjährigen Kriegs und von den erneuten Heimsuchungen während des Pfälzischen Erbfolgekriegs gegen Ende des 17. Jahrhunderts im ganzen folgenden 18. Jahrhundert kaum erholt. Im Gegenteil: Die Weingärtner setzten bei der Rekultivierung ihrer Anlagen 100 Jahre lang fast überall mehr auf Quantität als auf Qualität. Man pflanzte die Rebstöcke eng und bevorzugte sogenannte Massenträger. Es herrschte eine große Vielfalt an Sorten. Bei der Lese machte man kaum einen Unterschied zwischen bereits reifen und erst später reifenden Trauben; die Kellerwirtschaft war

Schloß Hohenheim mit Ackerbauschülern; Lithographie um 1845. Unter dem Eindruck der Hungersnot zu Beginn seiner Regentschaft initiierte Wilhelm I. die Gründung des land- und forstwirtschaftlichen Instituts Hohenheim 1818.

mangelhaft. Mäßige oder gar schlechte Weine gehörten deshalb lange Zeit eher zur Regel als zur Ausnahme.

Ursache des Niedergangs der im Spätmittelalter und in der beginnenden Neuzeit weit gerühmten württembergischen Weinkultur waren unter anderem die ganz und gar unzeitgemäßen Vorschriften über die Grundlasten sowie der sogenannte Kelterbann. Die Weingärtner waren verpflichtet, ihre Trauben in einer der insgesamt 50 herrschaftlichen Keltern mit ihren 156 Kelterbäumen zu pressen, und zwar in einer ganz bestimmten, von der Obrigkeit vorgeschriebenen Zeitspanne. Dabei gab es keine Rücksicht auf unterschiedliche Reifezeiten der Trauben. Weil Lesegut oft über längere Zeit unter freiem Himmel in den Bottichen lagern mußte, litt die Qualität häufig unter den herbstlichen Regenfällen. Hinzu kam, daß man zum »Stampfen« – dem Zerdrücken der Trauben mit den Füßen – die schmutzigen Schuhe nicht auszog in dem Glauben, der Schmutz werde sich schließlich auf den Faßboden absenken. Der Wein, auch der »Lohnwein« für das Pressen, den die Finanzverwaltung des Landes einbehielt, war unter solchen Umständen verständlicherweise nicht von hoher Güte. Das gleiche galt für den Wein, den man von etwa 9000 der insgesamt über 80000 Morgen Rebfläche als »Bodenwein« – als »Zehnten« – an die herzogliche, später an die königliche Verwaltung abführen mußte.

Die alte, komplizierte Ordnung, die Wilhelm I. vorfand, als er im Oktober 1816 seinen Vater beerbte, bedeutete ein ganz erhebliches Hindernis bei dem Versuch, im württembergischen Weinbau wieder an die alten guten Zeiten mit ihrem berühmten »Neckarwein« anzuknüpfen. Der König begann seine Modernisierungsversuche mit einer ersten Änderung rechtlicher Grundlagen. Per Dekret vom 31. Oktober 1820 ordnete er an, daß künftig die sogenannten »Weingefälle«, also die Naturalabgaben, für 20 Jahre in Geldabgaben umgewandelt werden könnten. Die Summe, die zu entrichten war, verrechnete man aus den zuvor erzielten Ernten. Die nicht benötigten Kelterbäume wurden zur Pacht angeboten oder verkauft.

Die königliche Initiative – kaum mehr als ein erster vorsichtiger Schritt – erwies sich bald als nicht geglückt. Die relativ guten und ertragreichen Weinjahrgänge, die zur Berechnung der Geldabgabe gedient hatten, wiederholten sich nicht. Vielmehr folgten – wieder einmal – kleine und dazu noch qualitativ schwache Ernten. Eine spätere statistische Auswertung der Weinernten von mehreren Jahrzehnten, vorgenommen von dem Weinexperten und Weinhistoriker Immanuel August Dornfeld, zeigte, daß bei den Berechnungen im Jahr 1820 der Irrtum zu vermeiden gewesen wäre, hätte man einigermaßen darauf geachtet, daß in Württemberg nach alten Erfahrungen innerhalb von zehn Jahren qualitativ eine vorzügliche, drei gute, drei mittelmäßige und drei schlechte Ernten eingebracht worden waren. Die Qualität schwankte beim Wein in jeweils zehn Jahren. Dem königlichen Dekret von 1820 mit seinen nicht befriedigenden Ergebnissen folgte im Jahr 1824 eine andere königliche Entscheidung, mit der Wilhelm I. zu einer nachhaltigen Änderung im württembergischen Weinbau beitragen wollte. Der König kündigte für seine Besitzungen die Einrichtung von Mustergütern an, die unter anderem dadurch wegweisend sein sollten, daß man die Mischlagen aufgeben und die Weinberge mit bestimmten, bessere Qualität versprechenden Traubensorten bepflanzen werde. Das gemeinsame Lesen verschiedener Traubensorten, roter und weißer, das den im Land üblichen Schillerwein hervorbrachte, wollte der König möglichst einschränken. Er appellierte deshalb auch an die Weingärtner im Lande, sie sollten sich auf eine »zweckmäßige Weinkultur« einstellen. Zugesagt wurden Prämien für tüchtige Weingärtner. Man werde ihnen gute, neue Reben zur Verfügung stellen, zeitweise den Zehnten erlassen und für sie den »Kelterbann« außer Kraft setzen.

Mit seinem Aufruf zur Hebung der Weinkultur fand der König sogleich ein Echo bei einer Gruppe von 22 Stuttgarter Bürgern, die Weinliebhaber, aber keine Weingärtner waren. Sie gründeten im Spätherbst 1824 mit Hilfe der königlichen Regierung eine »Gesellschaft zur Weinverbesserung«. Diese wiederum sorgte im Jahr 1828 für die Konstituierung eines »Weinbauvereins«, der als Ableger der Verbesserungsgesellschaft Aktien im Nennwert von 50 Gulden an Gemeinden und Privatleute ausgab. Mit dem so gesammelten Kapital kaufte man Weinberge und schuf Musteranlagen, deren Weine in vereinseigenen Kellern durch Küfer der Hofkammer ausgebaut wurden. Geschaffen wurde auch eine Organisation zur Fachberatung durch Angestellte der landwirtschaftlichen Zentralstelle. Für Weingärtner, die ihre Betriebe umstellen und modernisieren wollten, setzte man Reisebeihilfen zum »Besuch fortgeschrittener Weinbaugegenden« aus.

Zum Programm, das der König angeregt hatte, gehörte auch das Roden von Weinbergen, die für den Weinbau nicht geeignet waren, diese Gelände wurden Hopfenfelder oder Obstanlagen. Besonders wichtig war die Beschaffung und Verteilung von edlen Rebenpflanzen in Form von Schnittlingen. Insgesamt sind in der Regierungszeit Wilhelms I. mehr als 17 Millionen Rebschnittlinge in Württemberg kostenlos verteilt oder zu mäßigen Preisen an Weingärtner abgegeben worden. An der Spitze der amtlichen Empfehlungsliste stand im allgemeinen der Riesling, in älteren Schriften oft »kleiner Riesling vom Rhein« genannt. Die Hofkammer begann mit ersten Versuchen zur Einführung dieser Traubensorte in den königlichen Weinbergen in Stetten im Remstal, kurz danach sammelte man auch in Mundelsheim und in Untertürkheim Erfahrungen mit dem Riesling. Begonnen wurde mit 30000 Riesling-Schnittlingen. Das Hofkameralamt Lauffen, eines von sieben im Lande, verteilte im Jahr 1825 die ersten 6 000 Schnittlinge an unbemittelte Landwirte. Zu den empfohlenen und eingeführten Rebsorten gehörten neben dem Riesling unter anderem der Weißburgunder, der rote Burgunder, der Clevner und der rote Traminer.

Immanuel Dornfeld stellte im Jahr 1863 in einem Rückblick auf die damals schon viele Jahrzehnte währende Regierungszeit König Wilhelms I. fest, daß sich etwa zehn Jahre nach der Umstellung auf neue Rebsorten und der allmählichen Umstellung auf sortenreine Weine eine deutliche Verbesserung in der württembergischen Weinwirtschaft abgezeichnet habe. Vor allem die mustergültige Arbeit der königlichen Hofkammer trage Früchte. Berichtet wird in dem Beitrag aus dem Jahr 1863 auch, daß Mitte der dreißiger Jahre des 19. Jahrhunderts neben dem Weinverzehr im eigenen Land nun auch württembergische Weine wieder regelmäßig nach Bayern und Baden ausgeführt würden.

Die Anwendung effektiver Methoden erwies sich nach der Notzeit in der Jahrhundertmitte auch im Weinbau als besonders dringlich. Im Jahr 1868, vier Jahre nach König Wilhelms I. Tod, begann die neugegründete Weinsberger Weinbauschule mit der Ausbildung von Fachkräften. Trotz aller Verbesserungen, die Wilhelm I. am Beginn seiner Regierungszeit und in den fünfziger Jahren angeregt und verwirklicht hat, ist es freilich nicht gelungen, den »Neckarwein« noch einmal zum Hauptexportartikel Württembergs zu machen.

Bedürfnisse des Volkes

Im Regierungsprogramm, das König Wilhelm bei der Übernahme der Regentschaft in die Form einer Thronrede kleidete, findet man Begriffe, die zu jener Zeit keineswegs ein selbstverständlicher Bestandteil derartiger Proklamationen gewesen sind. Der König sprach unter anderem von dem Bestreben, das »Glück der Untertanen« zu fördern, die württembergische Politik an den »Bedürfnissen des Volkes« zu orientieren und für allgemeine Wohlfahrt zu sorgen. Man findet in der Rede auch einen Hinweis auf den »Zeitgeist«. Damit sollte ausgedrückt werden, daß die königliche Regierung dem Fortschritt gegenüber aufgeschlossen sei. Das war alles andere als eine Floskel. Wilhelm I., der in seiner Jugend große Teile Europas kennengelernt und auch als Soldat Gelegenheit zur Beobachtung fremder Sitten und Gebräuche gehabt hatte, dürfte sich bewußt geworden sein, daß Württemberg vieles zu lernen und nachzuholen hatte.

Zu den Propagandisten demokratischer Ideen gehörte Wilhelm sicherlich nicht, aber er hatte doch begriffen, daß die Aufklärung und die aus ihr hervorgegangene Französische Revolution auch nach der Restauration der bourbonischen Monarchie nicht aus dem Buch der Geschichte zu tilgen waren. Ein aufgeklärtes Königtum war das Ziel des Mannes, der das Erbe des spätabsolutistischen ersten württembergischen Königs übernommen hatte. Eine Verfassung einfach zu verkünden, also zu oktroyieren, wie es König Friedrich – vergebens – versucht hatte, wagte der Thronerbe nicht, statt dessen ging er *den* Weg, den die Repräsentanten der württembergischen Ehrbarkeit bei ihrem Pochen auf die Tradition Altwürttembergs verlangten: Man verhandelte über einen Vertrag, der den König und die Stände verbinden sollte, und kam dabei schließlich – wie im einzelnen noch zu zeigen sein wird – zu einem guten Ende.

»Liberal« im eigentlichen Wortsinn war Wilhelm I. freilich nicht gesonnen, den Gleichheitsideen der Demokraten mißtraute er während seiner ganzen achtundvierzigjährigen Regentschaft ohnedies. Mehr als mancher andere deutsche Landesfürst war dieser König jedoch um Gerechtigkeit bemüht. Rechtsstaatlichkeit und eine gewisse Großzügigkeit gegenüber Andersdenkenden, zuweilen als »Toleranz« apostrophiert, gehörten als feste Größen zu dem von

Wilhelm I. regierten Königreich Württemberg. Trotz der neuen – rechtsstaatlichen – Ordnung gab es allerdings in der königlichen Terminologie keinen Platz für »Bürgerinnen und Bürger«, sondern im allgemeinen stets für »Untertanen«.

»Oben« und »unten« blieben für den württembergischen Monarchen weiterhin feste gesellschaftliche Orientierungspunkte. Wenn sich das Königreich Württemberg in der ersten Hälfte des 19. Jahrhunderts dennoch von vielen anderen deutschen Territorien mit fürstlicher oder monarchischer Spitze vorteilhaft abhob – zumindest im Urteil von Zeitgenossen –, dann auch deshalb, weil König Wilhelm I. von Anfang an auf teuren höfischen Prunk verzichtete und dort, wo er seine Autorität und die Herrschaft des Hauses Württemberg nicht gefährdet sah, Staatseingriffe unterließ. Vielleicht wird man dem Regierungsstil Wilhelms I. am besten gerecht, wenn man ihn zu den »aufgeklärten Patriarchen« rechnet, denn patriarchalisch, patriarchalisch-fürsorglich zumal, war sein Verhalten immer wieder und in vielen Bereichen.

Anleitung zur Arbeit

Ideen, die zu dieser Grundeinstellung paßten, übernahm Wilhelm I. meist ohne Zögern, wenn es galt, die selbstgesetzten Ziele zu erreichen. Ein Beispiel dafür bieten die sogenannten »Industrieschulen«. Die Anregung für diese Art von Schulen stammte von dem böhmischen Pädagogen Ferdinand Kindermann. Noch im 18. Jahrhundert hatte Kindermann (er starb 1801) ein derartiges Projekt verwirklicht. Friedrich Wilhelm Kohler, Pfarrer von Birkach, folgte im Jahr 1795 Kindermanns Beispiel und richtete eine »Beschäftigungsanstalt für Kinder« ein, die man »Industrieschule« nannte. Königin Katharina machte sich diese Gedanken zu eigen und gewann über die Zentralstelle des Wohltätigkeitsvereins vor allem Pfarrer und Lehrer für eine systematische Verwirklichung der Kindermannschen Ideen. Die Industrieschulen sollten zweierlei bewirken: Man wollte arme Kinder so vom Betteln abhalten und ihnen handwerkliches Geschick beibringen sowie ihren Sinn für häusliche Ordnung schärfen. Diese neue Art einer zusätzlichen Schule führte hauptsächlich zu Fertigkeiten im Nähen, Stricken, Spinnen, Klöppeln, sie erzog zu Fleiß, zu Pünktlichkeit und Ausdauer. Damit entstand, wie man in späteren wissenschaftlichen Untersuchungen lesen kann, ein Beitrag zum »System der württembergischen Armenindustrie«, ja mehr noch: Man leistete mit dieser Art von Schule auch einen Beitrag zur alsbald so geschätzten Qualifikation der Württemberger für eine anspruchsvolle gewerbliche Arbeit.

Ganz im Sinne seiner frühverstorbenen Gemahlin Katharina warb der König dafür, daß diese Schulen geeignet sein müßten, »arme Kinder zur Selbsterwerbsfähigkeit zu bilden«. Wilhelm I. überließ dem Wohltätigkeitsverein dazu jährlich 2000 Gulden, die zweckgebunden waren. Er drängte darauf, daß an möglichst vielen Orten derartige Schulen eingerichtet wurden, was da und dort auf den Widerstand konservativer kirchlicher Kreise stieß. Als Vorbild diente im allgemeinen die im Frühjahr 1817 in Stuttgart eröffnete »Katharinenschule«, wo Knaben auf eine Tätigkeit in der Papierverarbeitung vorbereitet wurden. Man fertigte Briefkuverts an, falzte Druckschriften und wurde zuweilen auch mit dem Beruf des Druckers vertraut gemacht. Wenn Kinder sich des Diebstahls oder der Bettelei schuldig gemacht hatten, konnte man sie zum regelmäßigen Besuch einer Industrieschule verpflichten.

Die Zahl der Mädchen im schulpflichtigen Alter überwog in den meisten Orten die Zahl der Knaben bei weitem, möglicherweise ist dies auch ein Grund dafür, daß in der zweiten Hälfte des 19. Jahrhunderts öffentliche Nähschulen als eine Art Nachfolgeeinrichtungen der Industrieschulen entstanden sind.

Wie verbreitet diese Art einer Bildungseinrichtung einst in Württemberg gewesen ist, zeigt die Statistik. Ein Jahr, nachdem Wilhelm I. die Regentschaft übernommen hatte, zählte man im Königreich 88 derartige Schulen, in seinem Todesjahr 1864 existierten bereits 1450 Industrieschulen. Nur in 260 Orten des Landes gab es kein solches Angebot für schulpflichtige Kinder. Da der Besuch freiwillig war, versuchten es die Initiatoren an vielen Orten mit Anreizen. Man verteilte an die Kinder kostenlos Brot, stellte ihnen Wolle zur Verfügung oder bot andere materielle Vorteile an.

Nicht immer hatten die örtlichen Behörden genügend Sinn für diese Einrichtungen, die einst auf Wunsch des Königspaares vom Wohltätigkeitsverein gegründet worden waren. Deshalb fehlte es den Industrieschulen immer wieder an Geld, an Lehrkräften und an geeigneten Räumen. Die Gemeinden leisteten ihre Finanzierungsbeiträge aus dem Fond für die Armenpflege, und der war in den immer wiederkehrenden Notzeiten ohnedies aufs höchste beansprucht.

Unbestreitbar dienten die Industrieschulen auch dazu, dem Massenbettel entgegenzuwirken. Unklar ist, ob diese Schulen am Ende auch einen Beitrag zur Einführung neuer Erwerbszweige geleistet haben. Eine derartige Vermutung liegt dort nahe, wo – wie etwa in Schramberg, in Rommelshausen oder in Stetten – durch sie eine Strohflechtindustrie entstanden ist. An der Schramberger Fabrik – gegründet 1834 – beteiligte sich Wilhelm I. als Aktionär, ebenso die Zentralstelle des Wohltätigkeitsvereins. Als Eberhard Junghans nach einer Krise im Jahr 1840 die Leitung des Projekts übernahm, ging es aufwärts mit der Fabrik. Man beschäftigte zahlreiche Kinder, angeblich mehrere hundert, und verminderte damit die Not in einer armen Gegend. Das galt vor allem für die schwierigen fünfziger Jahre.

Im Verlauf der Zeit führte man in den Schulen auch einen Unterricht ein, der mit Grundlagen des Wirtschaftens vertraut machen und Kenntnisse über bestimmte Gewerbe vermitteln sollte. Systematisch und in größerem Umfang scheint dies allerdings nicht geschehen zu sein, so daß es nicht unumstritten ist, wenn behauptet wird, die württembergischen Industrieschulen seien die ältesten Vorläufer der modernen Berufsschulen gewesen. Richtig ist jedoch, daß die Industrieschulen in der zweiten Hälfte des 19. Jahrhunderts, vor allem im letzten Drittel, nach der Einrichtung der beruflichen Fortbildungsschulen, allmählich an Attraktivität verloren, zumal sich inzwischen auch die sozialen Verhältnisse gebessert hatten.

Industriepolitik als Preisaufgabe

Die meisten Neuerungen und Initiativen König Wilhelms I. stammen nach Meinung der Wirtschafts- und Sozialhistoriker aus den ersten acht Jahren seiner Regentschaft. Neben der Gründung des Wohltätigkeitsvereins und des Landwirtschaftlichen Vereins mit ihren Zentralstellen unter der Leitung des Geheimrats August Hartmann entstand im Jahr 1819 auf königliche Anregung hin auch ein »Verein für Handel und Gewerbe«, ebenfalls mit einer Zentralstelle unter Hartmanns Leitung. Bezirksvereine hatte diese Organisation nicht; sie trat später auch nicht weiter hervor. Behandelt wurden von einem zwölfköpfigen Expertengremium vorwiegend handels- und zollpolitische Fragen. Diese freilich erwiesen sich im Lauf der Zeit als besonders wichtig für die wirtschaftliche Entwicklung Württembergs.

Johann August Hartmann begründete auf Anregung König Wilhelms I. im Jahr 1819 den »Verein für Handel und Gewerbe«. Unter seiner Leitung standen auch die Zentralstellen des Wohltätigkeitsvereins sowie des Landwirtschaftlichen Vereins.

Auf Grund seiner Beobachtungen im deutschen und europäischen Ausland dürfte Wilhelm I. von Anfang an davon überzeugt gewesen sein, daß man in Württemberg nach dem Motto verfahren müsse: »Prüfet alles und behaltet das Beste.« Diese Grundidee einer württembergischen Industriepolitik, richtiger gesagt einer Industrialisierungspolitik, findet man in unmißverständlicher Klarheit in einer »Preisaufgabe«, publiziert 1821 von der neugegründeten »Staatswirtschaftlichen Fakultät« der Universität Tübingen. Die Wissenschaftler fragten ihre Landsleute: »Welche unter den neuen und neuesten, noch nicht recht bekannten oder nicht allgemein angewandten technischen Erfindungen vornehmlich der Deutschen, Engländer und Franzosen verdienen wohl die Einführung in den technischen Werkstoffen unseres Vaterlandes, vorzüglich des Königreiches? Und was hätte man zu tun, um diese Einführung nach Kräften zu befördern?«

Diese Preisaufgabe beweist, daß man sich in Württemberg durchaus eines Rückstandes im technisch-wissenschaftlichen Bereich bewußt war. Vor allem England galt seit der Erfindung der Dampfmaschine durch James Watt als ein technisch fortschrittliches Land mit bemerkenswerten Errungenschaften. Aber auch Frankreich, Belgien oder die Niederlande waren zu jener Zeit in der Anwendung technischer Erfindungen dem deutschen Südwesten weit voraus und wurden deshalb als Vorbild betrachtet.

Es scheint, daß sich Wilhelm I. bei der Entwicklung neuer Produkte und Produktionsmethoden nicht allein auf die Ergebnisse verlassen wollte, die man mit der Tübinger Preisaufgabe erzielen würde. Deshalb war er ebenso wie andere deutsche Fürsten oder Regierungen bereit, Kundschafter auszuschicken, die über wichtige Neuerungen zu berichten hatten.

Als sich ein junger Stuttgarter Kaufmann namens Friedrich Schmidt der königlichen Regierung für eine Erkundungsreise nach England anbot und dabei auf den Erfolg einer privaten Amerikareise verwies, setzte sich der König über mancherlei Bedenken des Innenministers und des Geheimrats Hartmann hinweg. Schmidt durfte im amtlichen Auftrag nach England reisen. Seine Berichte aus den Jahren 1823 bis 1825 umfassen insgesamt 70 Aktenstücke. Der königliche Beauftragte notierte in zahlreichen Berichten, die Wilhelm I. nicht nur von seinen Beamten prüfen ließ, sondern auch selbst studierte, alles, was ihm neu erschien und sich von dem unterschied, was er aus Württemberg kannte. Manches, was Schmidt entdeckt haben wollte, war phantastisch, aber einiges, was er gesehen hatte, erwies sich als brauchbare Anregung. Man denke nur an seinen Hinweis auf »römischen Kitt« – den Zement. Von Schmidts Angebot, englische Facharbeiter nach Württemberg zu holen und damit ein Verbot der englischen Regierung zu mißachten, hat man allerdings später nichts mehr gehört.

Zuweilen beließ es der Kundschafter Schmidt nicht bei Berichten und Anregungen. Er schickte im Jahr 1824 ein zweifädiges Spinnrad nach Stuttgart, überzeugt davon, daß man damit dem württembergischen Textilgewerbe aufhelfen könne. Tatsächlich propagierte die Zentralstelle des Wohltätigkeitsvereins dieses Spinnrad. In 600 Gemeinden installierte man die Neuerung. Den Untergang der Handspinnerei konnte man damit freilich nicht verhindern.

Immer wieder reisten auch Privatleute ins Ausland, um sich über technisch-wirtschaftliche Neuerungen zu informieren und Anregungen für moderne Produktionsmethoden zu gewinnen. Es dauerte dennoch viele Jahre, ja Jahrzehnte, bis das Königreich den Anschluß an das neue industrielle Zeitalter fand.

Kleine Schritte ins Maschinenzeitalter

Am Beginn des Maschinenzeitalters existierten in Württemberg im wesentlichen kleine Handwerks- und Gewerbebetriebe. Eine industrielle Fertigung gab es nicht in nennenswertem Umfang. Als Überbleibsel aus der Zeit des Merkantilismus gab es in Ludwigsburg die Porzellanmanufaktur und eine Tuchmanufaktur. Dazu eine ebenfalls staatliche Gewehrfabrik im ehemaligen Kloster in Oberndorf am Neckar sowie die staatlichen Eisen- und Hüttenwerke in Christophstal, in Wasseralfingen und bei Tuttlingen, außerdem die Saline in Sulz. Die Sensenfabrik in Neuenbürg war in privater Hand und damit eine Ausnahme.

Das Textilgewerbe hatte vor allem in drei Regionen Tradition: in Calw, wo die »Zeughandelscompagnie«, kurz die »Calwer Compagnie«, seit Jahrhunderten in Produktion und Handel tätig war, im Ulmer Gebiet und auf der mittleren Schwäbischen Alb. Tuchmacher, Weber, Spinner und Wirker arbeiteten in diesen Unternehmen. In Esslingen und Heidenheim entstanden im Jahr 1812 mechanische Baumwollspinnereien; Mitbegründer in Heidenheim war Karl Ludwig Hartmann, ein Bruder des in Stuttgart einflußreichen August Hartmann. Die Neugründungen gerieten mit dem Ende der Kontinentalsperre in Schwierigkeiten, weil es ihnen an der Konkurrenzfähigkeit mangelte.

Eine grundlegende Veränderung bewirkten die Neugründungen im Textilgewerbe nicht. Die Statistik des Jahres 1820 weist aus, daß damals in 110 Fabrikbetrieben, darunter auch solche mit wenigen Arbeitern, nur 2250 Personen beschäftigt gewesen sind. Im Handwerk registrierte man zur gleichen Zeit 83800 Betriebe, allerdings größtenteils Ein-Mann- oder Meisterbetriebe, mit 18750 Beschäftigten (ohne die Meister). Nur wenige dieser Handwerksbetriebe ernährten den Meister und seine Familie. Man blieb im allgemeinen auf den Ertrag einer kleinen Landwirtschaft angewiesen, was mit Blick auf die in großen Bereichen des Landes übliche Realteilung als typisch württembergische Verbindung von Gewerbe und Landwirtschaft gelten darf.

15 Jahre nach der Zählung von 1820 hatte sich die Zahl der Fabrikbetriebe von 110 auf 374 erhöht und damit mehr als verdreifacht, doch selbst mit nunmehr 10450 Beschäftigten blieb der Anteil an der gesamten gewerblichen Wertschöpfung bescheiden. Im Handwerk war die Zahl der Betriebe in jenen 15 Jahren ebenfalls gestiegen: auf 115000, und die Zahl der im Handwerk abhängig Arbeitenden hatte sich auf mehr als 33000 erhöht. Wiederum 25 Jahre danach, im Jahr 1861, überstieg die Zahl der Fabrikbetriebe im Königreich Württemberg erstmals die Zahl 1000. 36000 Arbeiterinnen und Arbeiter fanden in diesem Jahr in den Fabriken einen Arbeitsplatz, das entsprach einem Durchschnitt von etwa 35 Beschäftigten pro Fabrikbetrieb.

Diese nüchternen Zahlen zeigen, daß man sich in Württemberg mit der arbeitsteiligen Produktion und mit der Nutzung von Maschinen am Beginn des Industriezeitalters nicht beeilt hat. In Baden etwa ging zunächst manches rascher voran, auch die Verkehrserschließung durch den Eisenbahnbau. Im letzten Drittel des 19. Jahrhunderts gelang in Württemberg dann allerdings der große Schritt nach vorn. Dabei erwies sich der relativ späte Beginn am Ende als vorteilhaft: Man konnte oftmals mit der zweiten Generation von Maschinen arbeiten und holte so rasch auf, was man zuerst dem Anschein nach versäumt hatte.

Für die Schwierigkeiten beim Aufbau einer industriellen Produktion findet man in den alten Chroniken plausible Gründe. Beachtet werden muß vor allem die bereits erwähnte neuerliche schwere Agrarkrise, die in der zweiten Hälfte der zwanziger Jahre den deutschen Südwesten wirtschaftlich zurückwarf. Die Teuerung und die Konkurrenz der englischen Produkte trafen vor allem das Textilgewerbe. Die zunächst so erfolgreiche Fertigung von Wollwaren im Calwer, Ebinger und Metzinger Gebiet litt darunter ebenso wie die Strumpfwirkerei und die Kattunfabrikation. Englische Maschinengarne verdrängten die Produkte der kleinen Handspinnereien. Viele tausend Weber, vorwiegend auf der Schwäbischen Alb, litten mit ihren Familien unter bitterer Armut. Der Übergang vom kleinen Gewerbe zur – kapitalintensiveren – industriellen Produktion drohte immer wieder am Mangel der Geldmittel zu scheitern. Aber dies war es nicht allein: Hindernisse für eine grundlegende wirtschaftlich-soziale Veränderung bildeten auch die alten Rechtsvorschriften, die das Zunftwesen betrafen, außerdem gab es im Handel bis in die dreißiger Jahre vielerlei Zollbeschränkungen.

Einige weitschauende Politiker und Ökonomen haben diese – wie es in unserer Zeit heißt – »Entwicklungshemmnisse« frühzeitig erkannt. Bereits im Jahr 1819 beriet ein Ausschuß des neuen Landtags über die notwendigen Verbesserungen in Gewerbe und Handel. Folgen hatten diese Beratungen zunächst keine. Als sich zu Beginn der zwanziger Jahre die Klagen über das freiheitsbeschränkende Zunftwesen häuften, darunter auch mancherlei Klagen über die immer noch unterschiedlichen Vorschriften in den altwürttembergischen und den neuwürttembergischen Gebieten, bat der Landtag im Jahr 1821 die königliche Regierung um eine Revision dieser Vorschriften. Die Regierung ließ sich damit Zeit, viel Zeit.

Erst 1828, mitten in der neuerlichen Agrar- und Wirtschaftskrise, setzte man eine neue Gewerbeordnung in Kraft. Jeder Württemberger sollte nun das Recht haben, einen Gewerbebetrieb zu gründen. »Prinzipiell« – muß man hinzufügen, denn eine umfassende Gewerbefreiheit war keineswegs vorgesehen. Die wichtigsten Handwerkszweige blieben weiterhin in einer »zünftigen« Ordnung. Vom Zunftzwang befreit waren mit Wirkung vom 22. April 1828 einige der weniger wichtigen oder zahlenmäßig nicht so bedeutenden Berufe, nämlich: die Bierbrauer, die Fischer, die Getreidemüller, die Kaminfeger, die Perückenmacher, die Salpetersieder, die Schäfer, die Schiffer, die Siebmacher, die Weingärtner und die Ziegler. Es dauerte schließlich weitere 34 Jahre, bis Wilhelm I. im 46. Jahr seiner Regierung eine neue Gewerbeordnung in Kraft setzte und mit Datum vom 12. Februar 1862 im Artikel 58 dieses Gesetzes lapidar verkünden ließ: »Die Zünfte sind aufgehoben.«

Das zögerliche Verhalten der königlichen Regierung in dieser grundlegenden Frage ist leicht zu erklären: Man scheute das Risiko einer raschen Veränderung und war beeindruckt von den zahlreichen Eingaben, die man von den Betroffenen erhielt. Die sogenannte »Zünftigkeit« bot, wie man glaubte, gerade in schlechten Zeiten immer noch einen gewissen Schutz. Gelockert wurde die Erstarrung freilich dadurch, daß man für die Gründung von Fabriken behördliche Konzessionen erteilte. Selbst der Philosoph Hegel ist damals beim Nachdenken über die Zünfte und deren Ordnung zu dem Schluß gelangt, daß die Zünfte eine soziale Funktion hätten, mit der sie »sittlichen Anforderungen« entsprächen. Nach Hegels Ansicht war zu bedenken, daß »die Hilfe, welche die Armut empfängt«, in der Korporation »ihr Zufälliges, sowie ihr mit Unrecht Demütigendes verliert«. Der Reichtum aber, so Hegel, verliere »in seiner Pflicht gegen seine Genossenschaft den Hochmut und den Neid«.

Die Freunde ständestaatlicher Entwürfe konnten sich stets auf die Staatsphilosophie Hegels berufen, eine Philosophie, bei der sich der Schwabe Hegel als Professor in Berlin allerdings mehr an preußischen als an württembergischen Bedürfnissen orientiert hat.

In Württemberg selbst war Anfang der zwanziger Jahre nur *eine* Stimme hörbar, die sich sogleich für eine volle Gewerbefreiheit einsetzte. Es war der Calwer Landtagsabgeordnete Christian Jakob Zahn, der schon am Beginn der Regierungszeit König Wilhelms für die Aufhebung aller Zünfte plädierte. Einige Jahre nach Zahn, einem Repräsentanten, der sich der Tradition der alten Calwer Compagnie verpflichtet fühlte, erschien bei Cotta eine Schrift aus der Feder von Moriz Mohl. Sie handelte von der »württembergischen Gewerbsindustrie«. Mohl kritisierte darin, daß man ja gar keine wahre Gewerbefreiheit wolle. Den Weg aus der Krise weise jedoch, so Mohl im Jahr 1828, nur ein entschlossener »Übergang zum Großgewerbe«. Moriz Mohl schrieb seinen Landsleuten damals ins Stammbuch, daß ein blühendes Großgewerbe in Württemberg durchaus möglich sei, wenn man es »nur klar und ernstlich« wolle.

Zu den Verfechtern einer industriellen Produktionsweise gehörte Moriz Mohl. Hier eine Karikatur aus dem Jahr 1830.

Der Bau der Eisenbahn förderte die allgemeine Industrialisierung. Emil Kessler gründete in Esslingen am Neckar eine Maschinenfabrik und baute Lokomotiven. Die Skizze zeigt eine Personenzuglokomotive der Württembergischen Staatseisenbahnen von 1846 aus der Kesslerschen Maschinenfabrik.

Die herrschende Meinung im jungen Königreich Württemberg unterschied sich grundlegend von Mohls These. Man berief sich stets auf die angeblichen Besonderheiten des Landes, zu denen man die landwirtschaftliche Struktur rechnete. Daraus wurde der Schluß gezogen, daß sich das Land »grundsätzlich nicht für eine Industrialisierung« eigne. Abgesehen davon sei eine solche Veränderung wegen der »damit verbundenen sozialen und politischen Gefahren« auch nicht wünschenswert. In einem Bericht des Finanzministers Ferdinand Heinrich August von Weckherlin war solches und ähnliches zu lesen. Gedruckt in einem Dokument der königlichen Regierung, gewannen diese Überzeugungen amtlichen Charakter. Weckherlin, der allerdings schon bald in Ungnade fiel und sein Ministeramt verlor, sang, wie es in einer Arbeit des Wirtschaftshistorikers Paul Gehring heißt, »das hohe Lied dem Feldbauern auf seinem kärglichen Eigentum, das ihn zum fleißigen, sparsamen und findigen Gewerbsmann« mache.

Mohl verstand sich mit seiner Schrift als Kämpfer gegen württembergische Vorurteile und Irrtümer. Er erkannte, daß man das Tor zu einer neuen Epoche nur öffnen und den Kampf gegen die Armut nur gewinnen könne, wenn zuerst die überholten Grundüberzeugungen erschüttert würden, wobei es eben nicht um Details, wie Maschinentypen, Verfahren, Erfindungen usw., gehe, sondern um die Bereitschaft, das beginnende Industriezeitalter überhaupt zur Kenntnis zu nehmen. 20 Jahre später scheint Moriz Mohl allerdings zur Beachtung einiger württembergischer Besonderheiten durchaus bereit gewesen zu sein, denn er vertrat am Beginn der Revolution von 1848 die Ansicht, daß »der freie Wettbewerb die Gewerbetreibenden nicht zugrunde richten dürfe«. »Staatliche Schutzmaßnahmen« seien also zu rechtfertigen.

Als Mohl dies bekundete, hatte im Königreich Württemberg das eigentliche Maschinenzeitalter gerade begonnen. Man gründete 1846 mit staatlicher Hilfe die »Maschinenfabrik Esslingen«. Initiator des Unternehmens war Emil Kessler. Er hatte zuvor schon in Karlsruhe eine Lokomotivwerkstätte errichtet. Nun, gewissermaßen als Ableger der badischen Gründung, stellte man unter Kesslers Leitung Lokomotiven in Esslingen her. Die erste, mit der man in Württemberg den Eisenbahnbetrieb zwischen Cannstatt und Untertürkheim eröffnete, stammte noch aus Amerika, aber bereits 1847 lieferte die Esslinger Maschinenfabrik acht Lokomotiven an die neuen Württembergischen Staatseisenbahnen.

Widerstreit der zollpolitischen Interessen

Die Gründung des Deutschen Zollvereins mit seinen 18 Mitgliedstaaten im Jahr 1834 bedeutete für die wirtschaftlichen Verhältnisse im Königreich Württemberg eine wichtige Zäsur. Der Weg zu dieser ersten großen zollpolitischen Einigung innerhalb des Deutschen Bundes war jedoch schwierig.

König Wilhelm I. selbst hatte in zollpolitischen Fragen wiederholt die Initiative ergriffen, so zum Beispiel, als er 1826 kurz nach dem Wechsel auf dem bayerischen Thron in einem Brief an König Ludwig I. eine zoll- und handelspolitische Übereinkunft der beiden süddeutschen Königreiche vorschlug, die alsbald zur Gründung des süddeutschen Zollvereins führte.

Schon kurz nach der Thronbesteigung Wilhelms gab es in Württemberg immer wieder Vorbehalte gegen die Schaffung größerer Zollgebiete und gegen allgemeine Zollsenkungen. Vor allem mit Preußen und Österreich wollten einige Repräsentanten der gewerblichen Wirtschaft nicht in einem Boot sitzen. Man fühlte sich dem Konkurrenzdruck speziell bei Textilien nicht gewachsen. Mitglieder der Zentralstelle des Handels- und Gewerbevereins scheuten sich bei einer Diskussion im Jahr 1819 allerdings, ihre Sorgen direkt zu benennen. Sie schützten politische, genauer gesagt nationalpolitische Gründe vor. Preußen und Österreich, so sagten die Kritiker, könnten an einer deutschen Zollvereinigung nicht teilnehmen, weil zu beiden Staaten noch Gebiete zählten, die dem Deutschen Bund nicht angehörten. Das war ein vorgeschobenes, aber staatsrechtlich dem Anschein nach zutreffendes Argument. Es klang freilich schon deshalb merkwürdig, weil König Wilhelm I. und seine Regierung in Württemberg keinen Widerspruch fanden, als sie sich, nicht ohne Erfolg, um Handels- und Zollvereinbarungen mit der Schweiz bemühten, die auch nicht zum Deutschen Bund gehörte.

Tatsächlich gab es zwei Nachbarn, die handelspolitisch für Württemberg als Partner besonders wichtig waren: Bayern und die Schweiz. Ein anderer Nachbar, das Großherzogtum Baden, interessierte zwar auch, aber Vereinbarungen mit Baden erstrebte man in Württemberg hauptsächlich deshalb, weil man sich davon verbesserte Bedingungen für den Warentransport vom Mannheimer Hafen über den Neckar nach Heilbronn versprach.

Angestoßen hatte die Zolldiskussion ursprünglich ein junger Professor an der neugegründeten staatswirtschaftlichen Fakultät der Universität Tübingen, der Reutlinger Friedrich List. Er gründete 1819 aus eigenem Antrieb und ohne Rücksprache mit König Wilhelm oder württembergischen Regierungsvertretern in Frankfurt den »Verein deutscher Kaufleute und Fabrikanten«. Der neue Verein warb für den Wegfall der Zölle und Mauten innerhalb des Deutschen Bundes. Gegenüber Drittländern solle man, so Lists Vorschlag, die gleichen Zölle erheben, die diese Länder ihrerseits bei der Wareneinfuhr verlangten. Damit zielte man in erster Linie auf Frankreich, das nach dem Ende der napoleonischen Ära zum Schutz der eigenen gewerblichen Produkte hohe Schutzzölle erhob. Auch die württembergische Regierung betrachtete die französische Zollpolitik als nicht akzeptabel und propagierte entsprechende Gegenmaßnahmen der deutschen Staaten. Ebenso wichtig, vielleicht noch wichtiger war allerdings in den deutschen Staaten und auch in Württemberg der Wunsch nach einem Schutz vor der britischen Konkurrenz, die dank ihrer modernen Maschinen anderen Staaten als Wettbewerber überlegen war.

Im Königreich Württemberg führte die Diskussion manchmal zu kuriosen Vorschlägen. So wurde 1820 in Stuttgart ein »Verein zur Unterstützung der Vaterländischen Gewerbe« registriert, zu dessen Mitgliedern unter anderen der Verleger Cotta und der Schriftsteller Gustav Schwab gehörten. Der Begriff »vaterländisch« bezog sich damals vornehmlich auf Württemberg. Die Vereinsmitglieder sollten sich ehrenwörtlich verpflichten, Kleider und Manufakturen nur aus inländischer Produktion zu erwerben. Zum »Inland« zählte man dabei außer Württemberg auch die Schweiz, Bayern, Baden, Hessen und Sachsen. Dieser »Vaterländische Verein« ist allem Anschein nach nicht weiter ins öffentliche Bewußtsein gedrungen, man erfährt jedenfalls später von seiner Existenz nichts mehr. Immerhin wies er mit seiner Definition des »Inlandes« in eine Richtung, die in jener Zeit für die württembergische Zoll- und Handelspolitik besonders wichtig war. Mit einigen der genannten »Inland«-Staaten verhandelte man auf königlich-württembergische Initiative im Jahr 1820 in Darmstadt über einen mittel- und süddeutschen Zollverein. Er kam im September 1820 auch zustande, begann sich aber schon im April 1822 wieder aufzulösen. Die Interessen waren in wichtigen Fragen zu unterschiedlich. Hessen-Darmstadt orientierte sich wirtschaftlich mehr nach Norden und schied deshalb aus dem Verbund aus, Hessen-Nassau und Bayern folgten.

Der württembergische König ließ sich nicht entmutigen. Er bemühte sich weiterhin um eine zollpolitische Zusammenarbeit mit Baden und auch mit Bayern. Wilhelm I. war davon überzeugt, daß Maßnahmen, mit denen er eine Änderung der französischen Zollpolitik erreichen wollte, nur im Verbund mit mehreren Staaten sinnvoll seien. Das Argument überzeugte die Badener: Zusammen mit Württemberg untersagten sie für eine, allerdings nur kurze Zeit die Einfuhr und den Verkauf französischer Weine und Branntweine sowie französischen Essigs.

Die von Württemberg erstrebte gemeinsame süddeutsche Zollpolitik ließ auch im Jahr 1824 noch immer auf sich warten. In Württemberg wollte man keine hohen Zollbelastungen der Importe, Bayern jedoch hielt sie für notwendig. Ein Ergebnis hatten die württembergischen Bemühungen freilich: Man verband sich am 28. Juli 1824 mit Hohenzollern-Sigmaringen und Hohenzollern-Hechingen zu einer Zollunion. Nachdem erneute Unionsverhandlungen mit Bayern gescheitert waren, setzten Württemberg und die Schweiz den schon konzipierten Handelsvertrag am 25. Februar 1826 in Kraft.

Der Vertrag gewährte den Schweizern ermäßigte Zollsätze für den Verkauf von Lederwaren, Baumwollerzeugnissen und Weinen. Die Schweiz verzichtete dafür auf eine Erhöhung der Salzzölle und sicherte zu, daß sie die Durchgangsstraßen, die württembergische Handelsleute für den Warentransport von und nach Italien benützten, in gutem Zustand halten oder, falls nötig, in guten Zustand bringen würde. Das betraf im wesentlichen die Straßen vom Thurgau über St. Gallen und Graubünden über die Alpenpässe.

Gute Beziehungen mit den Schweizer Nachbarn entsprachen den Interessen der württembergischen Landwirtschaft. Die Schweiz kaufte damals in Württemberg regelmäßig Brotgetreide. Als Abnehmer von Salzüberschüssen war die Schweiz ebenfalls ein wichtiger Handelspartner. Mit dem badischen Nachbarland bestanden in der Zollpolitik immer wieder Differenzen. Als man 1826 wenigstens den beiderseitigen Grenzbewohnern für landwirtschaftliche Produkte eine Zollbefreiung gewährte, galt dies als Erfolg. Einen wirklichen Fortschritt erzielte man bald darauf in den Beziehungen zu Bayern, dessen junger König Ludwig I. Verständnis für die württembergischen Argumente zeigte. In einem Vertrag einigte man sich am 12. April 1827 auf ein einheitliches Zollgebiet. Anstelle der Binnenzölle entschied man sich für gemeinsame Außenzölle. Die beiden hohenzollerischen Gebiete schlossen sich der neuen Zollordnung an, die allerdings für Württemberg eine gewisse Anpassung an die bis dahin höheren bayerischen Außenzölle mit sich brachte. Der bayerische Rheinkreis, die rheinische Pfalz, war von der Zollunion ausgenommen; man gewährte für die Einfuhr pfälzischer Produkte lediglich einige Vergünstigungen.

Der württembergisch-bayerische Außenzoll wies Besonderheiten auf, die einen Fingerzeig auf die damalige Gewerbepolitik geben. Bayern weigerte sich, den schweizerischen Exporteuren von Leinen-, Woll- und Baumwollwaren einen ermäßigten Tarif zu gewähren. Man wollte die eigene Industrie vor der nahen Konkurrenz weiterhin schützen. Bei Seidenerzeugnissen belief sich der Zollanteil zwar nur auf 2,5 Prozent des Warenwertes, bei Baumwollerzeugnissen jedoch auf 28 Prozent und bei Wollwaren auf 17 Prozent. Baumwoll- und Seidengarne waren relativ wenig belastet, bei der Schafwolle erhob man einen Zoll von 4,3 Prozent des Preises. Begründet wurde diese, von der königlich-württembergischen Regierung mitverantwortete süddeutsche Zollpolitik mit dem Schutz des »aufkeimenden Gewerbes« vor einer ausländischen Konkurrenz, die sich im Schutz von Zollmauern oder unter besonders günstigen Umständen entwickelt habe.

Der bayerisch-württembergische Zollverein, den König Wilhelm mit seiner Initiative erreicht hatte, wurde zum Ausgangspunkt für weitergehende Arrangements. Württemberg zeigte starkes Interesse an einem Zusammenschluß des süddeutschen Zollvereins mit dem von Preußen und Hessen-Darmstadt Anfang 1828 vereinbarten Zollverein. Cotta, der schon an den Verhandlungen mit Bayern maßgeblich beteiligt gewesen war, verhandelte als Bevollmächtigter der beiden süddeutschen Staaten im Frühjahr 1829 in Berlin. Das Ergebnis war ein Handelsvertrag zwischen den beiden Zollvereinen, der mit Beginn des Jahres 1830 rechtswirksam wurde. Durch die Vereinbarung wurde der Warenaustausch erleichtert. Der Handelsvertrag erwies sich als die Vorstufe des am 27. März 1833 unterzeichneten umfassenden Vertrages über die Gründung einer Deutschen Zollvereinigung. Staaten wie Kurhessen und Sachsen-Weimar beteiligten sich an der neuen Vereinigung. Andere Mitglieder des Deutschen Bundes schlossen sich an. Als der Vertrag am 1. Januar 1834 in Kraft trat, gehörten dem »Deutschen Zollverein« 18 Mitglieder des Deutschen Bundes an.

Das Echo im Königreich Württemberg war nicht enthusiastisch. Man wußte zwar, daß der größere Markt neue Absatzchancen eröffnete, aber man fürchtete auch die neue Konkurrenz, vor allem der sächsischen, der schlesischen und der rheinisch-preußischen Manufakturen. Der Stuttgarter Ausschuß für Gewerbeförderung meinte in seinem Rechenschaftsbericht von 1834, alles hänge nun davon ab, »daß sich unsere Gewerbsleute diese günstigen Verhältnisse so zeitig und so umfassend wie möglich zunutze machen«.

Da Österreich, zusammen mit dem Königreich Preußen das wichtigste Mitglied des Deutschen Bundes, nicht dem »Deutschen Zollverein« angehörte, vergrößerte sich in der kommenden Zeit nicht nur das wirtschaftliche Gewicht Preußens im Deutschen Bund, gestärkt wurde durch den Zollverein auch Preußens politische Position. Die vom württembergischen König von Anfang an erstrebte gleiche Distanz zu den beiden Großmächten Preußen und Österreich ließ sich unter diesen Umständen zuweilen kaum noch erreichen. Fraglich ist, ob dies Wilhelm I. bei seinen mannigfachen zollpolitischen Initiativen von vornherein einkalkuliert hatte.

Zichorie und Ersatzkaffee

Mit seiner Zollpolitik verschaffte Wilhelm I. dem Königreich bis dahin unbekannte wirtschaftliche Chancen. Das eigene Land war nun nicht mehr der alleinige oder der Hauptbezugspunkt für eine unternehmerische Planung. Wer diese These mit Beispielen belegen will, der findet, was er sucht, in der Geschichte des Ludwigsburger Nahrungsmittelproduzenten Unifranck, vielen Württembergern auch als Zichorie-Fabrik bekannt, deren Produktion ganzen Generationen von Eisenbahnreisenden nach dem Passieren des Ludwigsburger Bahnhofs in Erinnerung blieb, weil sich die Zichorie- und Ersatzkaffee-Rösterei durch einen unverwechselbaren, durchdringenden Geruch bemerkbar machte. Der Ästhetik-Professor und Schriftsteller Friedrich Theodor Vischer hat seine Geburtsstadt deshalb in einem Gedicht einst zur »Stadt der Zichorie« ernannt.

Die Ursprünge des am Anfang des 20. Jahrhunderts zu einem internationalen Konzern ausgeweiteten Unternehmens findet man in

Vaihingen an der Enz. Dort gründete der dreißigjährige Johann Heinrich Franck im Jahr 1822 eine Konditorei mit Handelsgeschäft und begann bald darauf auch einen Handel mit Steinsalz, für den man dem ehemaligen Soldaten, der sich in den napoleonischen Kriegen verdient gemacht hatte, ein Salzmonopol im Bereich des Oberamtes Vaihingen einräumte. Dank dieses Privilegs konnte sich Franck ein festes Kundennetz auch für den Verkauf anderer Handelswaren im Vaihinger Gebiet und in Teilen des Oberamtes Leonberg aufbauen.

In Frankreich hatte Franck, als Wachtmeister und Fourier verantwortlich für die Versorgung einer berittenen Abteilung, sorgfältige Marktstudien betrieben. Das wichtigste, was Heinrich Franck 1818 bei seiner Entlassung aus dem Dienst des württembergischen Königs im Gepäck hatte, war ein Rezept, das die Herstellung eines in Frankreich beliebten Kaffeezusatzes aus der Zichorie betraf, einer Pflanze, die auch unter dem deutschen Namen »Wegwarte« im Lexikon verzeichnet ist. Man unterscheidet dabei vor allem zwischen der »Salatzichorie«, dem Chicoree, und der »Wurzelzichorie«, deren Wurzel geröstet als Zusatz zum Kaffee verwendet wird. Beim Nachdenken über marktgängige Produkte, mit denen er sein Handelsgeschäft erweitern könne, kam Franck zu dem Schluß, daß er einen Versuch mit dem nicht ganz vollständigen Zichorie-Rezept aus Frankreich wagen sollte. Erste Versuche sind laut Franckscher Familienchronik im Jahr 1827 unternommen worden. Da sie erfolgversprechend waren, konzentrierte sich der Vaihinger Jungunternehmer fortan auf die Zichorieproduktion.

Ähnliche Versuche, die an anderen Stellen im Land zehn Jahre zuvor unternommen worden waren, hatten sich nicht durchgesetzt. Von drei Unternehmen, die 1820 in Württemberg Kaffee-Zichorie herstellten, war 1823 nur noch ein Unternehmen registriert; im Jahr 1832 erschien es nicht mehr in der Landesstatistik. Franck dagegen hatte, auch dank seines bereits existierenden regionalen Vertriebsnetzes, mehr Erfolg als die Vorgänger im Lande. Für ihn traf allem Anschein nach auch zu, was 1829 in den »Württembergischen Jahrbüchern« über die Konsequenzen der württembergisch-bayerischen Zollvereinigung angemerkt wurde, daß sie nämlich »den Unternehmensgeist erweckt« habe.

Schon frühzeitig brachte Heinrich Franck sein Produkt in eine unverwechselbare Form – einer Wurst ähnlich – und verpackte die geröstete Zichorie in ein leuchtendes, ziegelrotes Papier. Bei Hausmädchen war dieses rote Papier jahrzehntelang beliebt, weil man sich damit die Wangen färben konnte: ein billiges Rouge sozusagen.

Auf der Suche nach den ersten deutschen Markenartikeln wird man unweigerlich auf die Francksche Zichorie stoßen und feststellen, daß dieses Produkt bis in unsere Zeit unverändert geblieben ist. Zusammen mit dem bald ebenfalls ins Programm aufgenommenen »Löwen-Kaffee«, einem Kornprodukt, wurde die Zichorie aus Vaihingen an der Enz rasch zu einem erfolgreichen württembergischen Exportartikel. Entscheidend begünstigt durch die württembergische Zollpolitik, erschloß man sich rasch auch Märkte in der Schweiz und in Bayern. Nur wenige Jahre nach Produktionsbeginn mußte Franck neue Betriebsräume schaffen.

Schwierig war es am Anfang, genügend Landwirte zum Anbau der Wurzelzichorie zu verpflichten, da man in weiten Teilen des Landes diese rübenähnliche Pflanze gar nicht kannte. Die Landwirte, die sich dem neuen Produkt zuwandten, mußten ihren Wagemut nicht bereuen. Sie blieben vor größeren Preisschwankungen, wie zum Beispiel beim Wein oder beim Obst, verschont, und sie erhielten bei der Warenanlieferung bares Geld.

Der Erfolg des Zichorie-Unternehmens erklärt sich auch aus den wegweisenden Ideen, die Franck für den Vertrieb seiner Produkte entwickelt hat. Nicht nur die ansprechende, immer gleichbleibende Verpackung war ihm wichtig, er arbeitete auch frühzeitig mit Verkaufsvertretern, die die Franckschen Erzeugnisse im Groß- und Einzelhandel sowohl in den südlichen württembergischen Landesteilen verkauften als auch in den Nachbarländern. Man wartete in Vaihingen nicht mehr auf Bestellungen, sondern bot die Produkte aktiv an. Diese Art von »Unternehmensgeist« war bis dahin, wie es scheint, ohne Vorbild.

Die in den dreißiger Jahren allmählich steigenden Einkommen begünstigten die junge Firma insofern, als sich nun auch die Gewohnheiten der Verbraucher änderten. Es begann die Zeit der Kolonialwaren. Das Kaffeetrinken, nach wie vor eine kostspielige Sache, wurde immer populärer. Der Kaffee ersetzte im Verlauf der Jahre beim Frühstück die traditionelle heiße Brennsuppe. 1836 registrierte man in Württemberg einen Pro-Kopf-Verbrauch an importiertem Kaffee von einem halben Kilogramm. 30 Jahre später hatte sich der Verbrauch auf zwei Kilo gesteigert, er hatte sich also vervierfacht.

Es war durchaus üblich, den teuren Kaffee mit Ersatzmitteln wie geröstetem Getreide: Gerste, Weizen und Roggen oder mit gerösteten Rübenschnitzeln zu strecken. Die Franckschen Produkte fanden so einen stetig wachsenden Markt und hatten überdies den Vorteil, in Zeiten der Not erst recht unentbehrlich zu sein. Als man den Firmensitz 40 Jahre nach dem Beginn der Zichorie-Herstellung aus verkehrstechnischen Gründen an den Ludwigsburger Bahnhof verlegte, befanden sich in Vaihingen an der Enz über 60 Gebäude im Besitz der Firma Franck.

Daß die exemplarische Geschichte dieses Unternehmens und ihres Gründers in der Landeshistorie lange Zeit weit weniger Aufmerksamkeit gefunden hat als die anderer Unternehmen, die durch die Auswertung technischer Erfindungen entstanden sind, ist einigermaßen verwunderlich. Schließlich gebührt diesem Johann Heinrich Franck, der 1789 in Urach als Sohn eines Bleichers geboren wurde, ein herausragender Platz in der Reihe jener württembergischen Wirtschaftspioniere, die neue Ideen in die Praxis umgesetzt und in der Zeit König Wilhelms I. die Öffnung des Landes ökonomisch erfolgreich genutzt haben.

Der Kaffeezusatz, hergestellt aus der Zichorie, erfreute sich einst ebenso wie Kornkaffee großer Beliebtheit. Johann Heinrich Franck, ansässig in Vaihingen an der Enz, erschloß sich in der Regierungszeit Wilhelms I. den Markt weit über Württemberg hinaus.

Abschied vom Schreiberstaat

Im Jahr 1817 schrieb Justinus Kerner ein Gedicht mit dem Titel »Der König und das Schreibertum«. Das elfstrophige Spottlied sollte nach der Melodie der britischen Nationalhymne »God save the King« (oder Queen) gesungen werden. Cotta scheint Kerners Beitrag zur württembergischen Staatserneuerung erstmals in einem Flugblatt gedruckt zu haben – zusammen mit elf anderen, ebenfalls anonymen poetischen Texten. Am 30. November 1817 erschien das Gedicht im »Neuen Rheinischen Mercur«. Es lag nahe, daß Justinus Kerner damit vor allem seinen Bruder Karl bei der ihm vom König aufgetragenen Reform der Verwaltung unterstützen wollte. Karl von Kerner, württembergischer General im Rußlandfeldzug Napoleons, war 1817 von König Wilhelm in den Geheimen Rat berufen und kurzzeitig mit der provisorischen Leitung des Innenministeriums und der Vorbereitung von Reformen beauftragt worden. Karl von Kerners Hauptaufgabe blieb allerdings weiterhin die Leitung der staatlichen Hüttenwerke.

Der vom König als dringlich angesehenen Modernisierung des Staates und seiner Verwaltung standen manche altwürttembergischen Traditionen entgegen, darunter vor allem der Stand der Schreiber, im Volk oft als »Federfuchser« apostrophiert. Justinus Kerner schreibt in seinem Spottgedicht:

Rasendes Scriblerheer
Schreibfeder heißt dein Speer,
Schreibtisch dein Feld,
dein Streitroß Schreibebank,
Schreibfilz dein Waffenrock,
Maul deines Aufruhrs Glock –
dir wich ein Held?

Mit dem standhaften Helden meinte der jugendliche Justinus Kerner den König. In der letzten Strophe heißt es dementsprechend vom zupackenden Monarchen:

Preiset ihn im Jubelschall
preiset den Helden all',
den Bürgerhort;
bis er sein Werk vollbracht,
bis aus der alten Nacht
aufsteigt sein Licht mit Macht,
lebe er fort!

Nur wenige Wochen, nachdem Justinus Kerners Poem bekanntgeworden war, schuf König Wilhelm I. im November und Dezember 1817 mit insgesamt elf Edikten eine neue organisatorische Grundlage für den württembergischen Staat. Mit Wirkung vom 1. Januar 1818 traten als Mittelinstanz zwischen Ministerium und Oberämtern vier Kreisregierungen an die Stelle der bisherigen zwölf Landvogteien. Ihnen unterstand die Aufsicht über die von König Friedrich geschaffenen 63 Oberämter. Zwischen jeweils 14 und 17 Oberämter gehörten nun zum Donau-Kreis mit Sitz in Ulm, zum Schwarzwald-Kreis mit Sitz in Reutlingen, zum Jagst-Kreis mit Sitz in Ellwangen und zum Neckar-Kreis mit Sitz in Ludwigsburg. Umstritten war vor allem der Sitz des Neckar-Kreises in Ludwigsburg. Vorgesehen hatte man als Sitz der Kreisregierung zunächst Heilbronn, aber der Umstand, daß Ludwigsburg seinen Rang als Residenzstadt vollends an Stuttgart verloren hatte, gab allem Anschein nach in dieser strittigen Frage den Ausschlag zugunsten der alten »zweiten Residenz«.

Vorbild für die Einrichtung von vier Kreisen als einer Mittelinstanz, die immerhin bis zum Jahr 1924 Bestand hatte, waren die französischen Departements. An Frankreich hatte sich schon König Friedrich orientiert, als er nach streng rationalen Gesichtspunkten Gemeinden und Ämter zu Oberämtern zusammenfaßte, die im Durchschnitt jeweils etwa 20000 Einwohner zählten. Man überwand so die Trennungslinien zwischen altwürttembergischen Gebieten und neuwürttembergischen Territorien. Katholische und evangelische Dörfer und Städte bildeten in vielen Fällen gemeinsam ein Oberamt. Insgesamt erwiesen sich die Eingriffe in Altgewohntes als notwendig und für die Modernisierung und Vereinheitlichung von Recht und Verwaltung als nützlich.

Bei diesen ersten großen Reformen nach der Gründung des Königreichs Württemberg trennte man die Rechtsprechung prinzipiell von der allgemeinen Verwaltung und schuf eine eigenständige Justizverwaltung. Allerdings galt dies nur für die mittlere und für die obere Instanz. Bis zur endgültigen Reform unter König Wilhelm I. blieben die Oberamtmänner noch einige Jahre die Vorsteher des »Oberamtsgerichts«. Die Finanzen verwaltete man nun – ebenfalls getrennt von der allgemeinen Verwaltung – durch die neu geschaffenen »Kameralämter«. Mit Beginn des Jahres 1818 endet dann durch königliches Edikt vollends jeder Zugriff auf die Gerichtsbarkeit durch den Oberamtmann. Die ganze dreistufige Gerichtsbarkeit zählte jetzt zum Ressort des Justizministers, war also in allen Instanzen streng von der inneren Verwaltung getrennt.

Am wenigsten Anklang fanden bei dieser Neuorganisation des Verwaltungsaufbaus die Mittelinstanzen. Ihnen war keine Versammlung von Oberamtsrepräsentanten zugeordnet. Sie blieben eine staatliche Behörde. Das Schwergewicht der Bezirksverwaltung lag indes bei den Oberämtern. Von den Kreisregierungen sprach man im Land in herablassendem Ton. Sie seien, so meinten die Kritiker, im Grunde genommen kaum etwas anderes als »Geschäftsverschleppungs-Anstalten«.

Über die genaue Funktion und Organisation der Oberämter schuf man im Verlauf des Jahres 1818 Klarheit. Wilhelm I. war daran interessiert, daß die künftige Oberamtsordnung möglichst vielen Wünschen und Bedürfnissen gerecht werde. Aufmerksam verfolgten der König und seine Berater die preußische Reformdiskussion, die der Freiherr vom Stein und der Fürst von Hardenberg angestoßen hatten. Eine Dreierkommission sollte Vorschläge für Württemberg erarbeiten. Wilhelm I. berief Justizminister Paul von Maucler zum Vorsitzenden, den Uracher Oberamtmann und späteren Innenminister Christoph Friedrich Schmidlin sowie Heinrich Bolley, einen Repräsentanten der württembergischen Altrechtler (sie pochten auf die landständische Verfassung), zu weiteren Kommissionsmitgliedern.

Die Mitwirkung eines Altrechtlers erschien schon deshalb geboten, weil in der immer noch nicht entschiedenen Verfassungsfrage weiterhin erhebliche Differenzen zwischen den Vorstellungen des Königs und seines Hauptberaters Karl August von Wangenheim auf der einen Seite und den unter anderem von Ludwig Uhland repräsentierten Altrechtlern auf der anderen Seite bestanden.

Diskussionsgegenstand in der Dreierkommission war auch die Frage, ob es denn richtig und wünschenswert sei, wenn man dem

Oberamtmann die richterlichen Befugnisse entziehe. Der Altrechtler Bolley engagierte sich bei der Suche nach einer Regelung, mit der die befürchtete Übermacht der Oberamtleute beschränkt werden könne. Er plädierte dafür, dem Oberamtmann, einem Staatsbeamten, einen Amtsschreiber zur Seite zu stellen, der von der Amtsversammlung zu wählen sei, also eine Art Gegengewicht der Gemeinden darstelle und damit ein Garant für deren Freiheit sei.

Bolley hatte keinen Erfolg. Die Verfechter einer gründlichen Reform führten ins Feld, daß es ja gerade darum gehe, die Macht der Stadt- und Amtsschreiber zu brechen und damit den Bürgern mehr Freiheit als bisher zu sichern. Das königliche Edikt vom 31. Dezember 1818 entsprach dieser Forderung. Es sah für die Oberämter keinen von der Amtsversammlung gewählten Amtsschreiber vor.

König Wilhelm hatte es eilig: Er wollte Entscheidungen treffen, bevor die Verfassung in Kraft trat. Konsequenterweise lehnte er es deshalb auch entschieden ab, der verfassunggebenden Ständeversammlung bei der Oberamtsordnung ein Recht auf Mitsprache einzuräumen. Die Organisationsedikte, so befand Wilhelm I., dürften nicht von der verfassunggebenden Ständeversammlung erörtert werden.

Es gehört zu den Ungereimtheiten jener Anfangszeit des württembergischen Königtums, daß man sich dann am 25. September 1819 auf eine Verfassung des Königreichs Württemberg einigte, in deren Paragraph 62 mit Zustimmung des Monarchen der Satz steht: »Die Gemeinden sind die Grundlagen des Staatsvereins.« In Paragraph 64 heißt es: »Sämtliche zu einem Oberamt gehörenden Gemeinden bilden die Amtskörperschaft. Eine Veränderung der Oberamtsbezirke ist Gegenstand der Gesetzgebung.« Schließlich schreibt die Verfassung von 1819 auch vor: »Die Rechte der Gemeinden werden durch die Gemeinderäte unter gesetzmäßiger Mitwirkung der Bürgerausschüsse, die Rechte der Amtskörperschaften durch die Amtsversammlung verwaltet.«

Eine moderne Organisation

Nach dem Inkrafttreten der Verfassung bemühten sich einige Abgeordnete auf Initiative Ludwig Uhlands, die königlichen Organisationsedikte in einigen Punkte zu korrigieren. Die Abgeordneten stellten im Jahr 1821 nicht weniger als 57 Änderungsanträge. Einverstanden war die Landtagsmehrheit mit der Trennung von Justiz und Verwaltung auch auf der untersten Stufe. Dringlich gewünscht wurde jedoch die Beseitigung der vier Kreisregierungen, also der Mittelinstanz.

Die Kreisregierungen als Mittelinstanz hatten ähnliche Aufgaben wie in unserer Zeit die Regierungspräsidien. Sie beaufsichtigten die personell nur schwach ausgestatteten Oberämter mit ihren Amtleuten und sorgten auch für eine genaue, landeseinheitliche Befolgung der Vorschriften. Das betraf vor allem die Bereiche der öffentlichen Ordnung, die Verkehrsprojekte, die Wasserwirtschaft etc. Von Anfang an war die Ansicht weit verbreitet, daß man sich diese Mittelinstanz sparen könne, weil ihre Aufgaben genausogut von den Stuttgarter Ministerialenverwaltungen zu bewältigen seien.

Der König selbst hielt dies jedoch nicht für sinnvoll. Es blieb bei den Kreisregierungen, allerdings berücksichtigte der Monarch einige Änderungsanträge in seinem Edikt vom 1. März 1822, das in umfassender Weise die Verwaltung von »Gemeinden, Oberämtern und Stiftungen« regelte. Die Bestimmungen über die Amtskörperschaft blieben bis zum Jahr 1891 in Kraft. Die Amtskörperschaft, gebildet aus den Gemeinden eines Oberamtsbezirks, hatte von nun an »mit vereinigten Kräften ihren Anteil an den öffentlichen Lasten zu tragen«. Die Kosten »gemeinschaftlicher Zwecke« waren von den Gemeinden zusammen aufzubringen. Die Amtsversammlung, die – anders als die zweite Kammer des Landtags – nicht öffentlich zu verhandeln pflegte, bestand aus 20 bis 30 Abgeordneten der Oberamtsstadt und der übrigen Oberamtsorte. Den Vorsitz der Versammlung führte der Oberamtmann. Seine Stimme entschied bei Stimmengleichheit. Der Ortsvorsteher jeder Gemeinde war neben möglichen anderen Deputierten stets Mitglied der Amtsversammlung. Nicht die Einwohnerzahl war ausschlaggebend für die Zahl der Gemeindevertreter, sondern der Gemeindeanteil am sogenannten »Amtsschaden«, also die Höhe der Oberamtsumlage.

Eine Besonderheit zum Schutz gegen eine Übermacht der Oberamtsstädte bildete die Bestimmung, daß keine Gemeinde mehr als ein Drittel sämtlicher Abgeordneten stellen durfte. Faktisch ergab dies eine Gewichtsverschiebung zugunsten der Dörfer, deren Finanzkraft durchschnittlich im allgemeinen geringer war als die der Städte, vor allem der Oberamtsstädte. Alle Städte, mit Ausnahme der Landeshauptstadt Stuttgart, gehörten einem Amtsverband an. Stuttgart bildete zugleich einen Amtsverband und einen Gemeindeverband, es war, wie man in unserer Zeit sagen müßte, von Anfang an »kreisfrei«.

In dieser Ordnung, die den Gemeindevorstehern eine relativ starke Stellung im Oberamt verschaffte, war ursprünglich nicht vorgesehen, daß der Ausschuß, der die Amtspflegerechnung zu kontrollieren hatte, darüber hinaus großen Einfluß gewinnen würde. Dies aber geschah im Lauf der Zeit. Die drei bis fünf Mitglieder des Kontrollausschusses entwickelten sich als Kassenkontrolleure immer mehr zu einem Organ für die laufenden Geschäfte des Oberamtes und verminderten so die Bedeutung der Amtsversammlung. Es gab deshalb in der Amtsversammlung zweierlei Abgeordnete: solche, die als Mitglieder des Ausschusses großen Einfluß hatten und solche, die als Nicht-Mitglieder und Angehörige einer Mehrheit relativ wenig zu sagen hatten. Dieses System erinnerte an altwürttembergische ständische Praktiken. Auch im Herzogtum lag die ständische Macht meist nur in der Hand von wenigen, nicht bei der Mehrheit der Ständevertreter.

Zu den Aufgaben der Amtsversammlung gehörte die Wahl des Oberamtspflegers, also des »Kämmerers«, sowie die Bestellung des einflußreichen Amtsversammlungsaktuars, der für die Führung der Geschäfte und die Beurkundung zuständig war. Da im Jahr 1826 die altwürttembergischen Stadt- und Amtsschreibereien endgültig aufgelöst wurden, galt der Oberamtspfleger, den die Versammlung auf Lebenszeit zu wählen hatte, fortan als der wichtigste Beamte der Amtskorporation. Die königlichen Räte, die das Reformedikt verfaßt hatten, wußten, daß die Macht eines auf Lebenszeit gewählten Oberamtspflegers in einigen Punkten genau definiert werden müsse, wollte man möglichen Machtmißbrauch verhindern. In dem königlichen Edikt wurde deshalb bestimmt, daß der Oberamtspfleger nicht zugleich Amtsversammlungsaktuar sein dürfe. Er sollte auch nicht Gemeindevorsteher der Amtsstadt sein und hatte in der Amtsversammlung nur beratende Stimme. »Fachliche Eignung« war eine Voraussetzung zur Wahl. Den Nachweis dafür erwarb der Kandidat durch eine staatliche Dienstprüfung. Unter den württembergischen Oberamtspflegern des 19. Jahrhunderts gab es einige, die aus dem alten Schreiberberuf hervorgegangen waren, andere besaßen eine juristische Vorbildung.

Der Oberamtmann in seiner doppelten Eigenschaft als Staatsbeamter und als Leiter der Amtskorporation hatte nach der neuen Behördenorganisation mit eigener Justiz- und eigener Finanzverwaltung einiges an Macht gegenüber den einstigen altwürttembergischen Amtsleuten eingebüßt. Er blieb jedoch der wichtigste Mann im Oberamt, denn er besaß die Polizeigewalt und beaufsichtigte die Gemeinden, war also Herr der althergebrachten sogenannten »Ruggerichte«. Zusammen mit dem Dekan bildete der Oberamtmann eine gemischte staatlich-kirchliche Behörde, das sogenannte »Gemeinschaftliche Oberamt«, zuständig für alle Schul- und Stiftungsangelegenheiten.

An den Oberamtmann stellte man gewisse Ansprüche, was seine Vorbildung betraf. Er mußte – normalerweise an der Landesuniversität Tübingen – eine akademische Bildung erworben haben. Seit der Gründung einer staatswirtschaftlichen Fakultät war in Tübingen ein Ausbildungsgang für drei höhere Laufbahnen vorgesehen. Es gab nun neben den Juristen mit der Befähigung zum Richteramt den »Kameralisten« und den »Regiminalisten«; das entsprach ungefähr jener Trennung in ein juristisches und ein verwaltungswissenschaftliches Studium, die es bei einigen der neugegründeten Universitäten auch in unserer Zeit gibt.

Die württembergischen Amtskörperschaften unterschieden sich in wesentlichen Punkten von den Organisationsformen, die in anderen Mitgliedstaaten des Deutschen Bundes gewählt worden waren. Anders als im deutschen Norden und vor allem im Nordosten fehlte in den Amtsversammlungen der mediatisierte Adel; er war im Königreich Württemberg nur in der Ersten Kammer durch die Standesherren und in der Zweiten Kammer durch ritterschaftliche Abgeordnete repräsentiert. Die Macht der adeligen Grundbesitzer, ein besonderes Merkmal des Königreichs Preußen, existierte im Königreich Württemberg so nicht. Der alte württembergische Schreiberstaat wurde unter Wilhelm I. zu einem, wie der Landeshistoriker Eugen Schneider vor einem Jahrhundert schrieb, »Staat mit konstitutioneller Kontrolle«. Im Kreis der süddeutschen Staaten, aber auch im Vergleich zu allen anderen Mitgliedern des Deutschen Bundes, durfte das Königreich Württemberg dank seiner Selbstverwaltungsorgane und der neugeordneten Verwaltung und Justiz mit einigem Recht den Anspruch erheben, der modernste aller Bundesstaaten zu sein.

Auf einem anderen Blatt steht allerdings, daß die Amtskörperschaften, repräsentiert durch die Amtsversammlung, ihre rechtlichen und politischen Möglichkeiten lange Zeit nur zaghaft nutzten. Die in den Amtsversammlungen vertretenen Ortsvorsteher waren, obwohl nicht an Aufträge und Weisungen ihrer Gemeinden gebunden, in erster Linie um ihre Dörfer und Städte besorgt. Vom Recht auf Initiative machte man in den Amtsversammlungen nur spärlich Gebrauch. Vordringlich erschien zunächst vor allem die Tilgung der großen Schuldenlast, die noch aus napoleonischer Zeit stammte. Kapitalsammelstellen gab es kaum. Erstaunlich deshalb, daß man es in den meisten Oberämtern mit der Gründung von Oberamtssparkassen kaum eilig hatte. Die unbestritten größte Leistung vollbrachten die neuen Amtskörperschaften beim Ausbau des Straßennetzes. Hier war viel zu tun, und es es wurde viel getan.

Das Weinsberger Kernerhaus war ein Treffpunkt der Dichter. Unser Bild zeigt Justinus Kerner, Gustav Schwab und Ludwig Uhland im Garten unter der Linde (von links).

Württembergs Freude – Metternichs Argwohn

Der 25. September des Jahres 1819 war ein Freudentag für die Württemberger. Endlich, nach einem vier Jahre dauernden, oftmals hitzigen Streit, war die Verfassungsurkunde vom König unterzeichnet und in Kraft gesetzt. Das Königreich Württemberg trat damit in den Kreis der »konstitutionellen Monarchien« ein, behielt allerdings mit Wilhelm I. einen König, der nicht nur repräsentieren, sondern das Land auch selbst regieren wollte. Die Machtbalance zwischen dem Herrscher und den Ständen, die man im Ordenssaal des Ludwigsburger Schlosses nach zähem Ringen schließlich im Verfassungsdokument gefunden hatte, verschafften den gewählten Vertretern der 63 Oberämter und der sieben »guten Städte« (Stuttgart, Ulm, Esslingen, Reutlingen, Heilbronn, Ludwigsburg und Ellwangen) zwar Mitsprache und Mitentscheidung bei Staatsfinanzen und Steuern sowie der Gesetzgebung, aber die Initiative in der Politik und der Gesetzgebung behielt doch die königliche Regierung, genauer gesagt der in allen wichtigen Fragen engagierte König.

Die Kritiker akzeptierten den erreichten Verfassungskompromiß dennoch. Nach Ludwig Uhlands Ansicht hatte man das Wichtigste erreicht: einen Vertrag zwischen dem Herrscher und den Württembergern. Was König Friedrich wenige Monate vor seinem Tod versucht hatte, nämlich dem Land eine von ihm formulierte Konstitution aufzuerlegen, zu »oktroyieren«, war nun endültig erledigt und damit jeder Anflug von Gottesgnadentum in Württemberg vermieden. »Regierung mit Zustimmung der Regierten« hieß das große Ziel. Im September 1819 hatte man es erreicht und kam damit dem britischen Beispiel näher.

Von einem parlamentarisch verantwortlichen Ministerium war man freilich noch weit entfernt, auch von einem Landtag, in dem nur gewählte Repräsentanten einen Platz hatten. Anders als sein Vater Friedrich lehnte Wilhelm I. von Anfang an das geforderte Einkammersystem entschieden ab. Er war gewillt, den Standesherren, die mit der Vergrößerung des Herzogtums zum Königreich allesamt Untertanen des württembergischen Königs geworden waren und ihre Privilegien – zum Beispiel als Gerichtsherren – verloren hatten, einen besonderen Platz im Regierungssystem einzuräumen. Zusammen mit neun königlichen Prinzen, drei erblichen Mitgliedern und drei vom König ernannten Mitgliedern – das waren die Grafen von Stadion (Warthausen), Rechberg und Neipperg, alle drei ehemals Repräsentanten im Schwäbischen Kreis – bildeten 30 Standesherren die Erste Kammer, auch »Herrenhaus« genannt.

Der Zweiten Kammer gehörten neben den gewählten Repräsentanten der Oberämter und »guten Städte« sechs evangelische Prälaten an (Generalsuperintendenten), dazu der katholische Bischof des Landes, ein Vertreter des Domkapitels, der älteste katholische Dekan sowie der Kanzler der Universität Tübingen. Insgesamt waren das 25 Privilegierte neben 70 gewählten Abgeordneten.

Mit einem Parlament oder einer demokratischen Volksvertretung im modernen Sinne hatte dieses württembergische Kammersystem wenig zu tun. Wichtig war jedoch, daß sich die Zweite Kammer eine Geschäftsordnung gab, die – mit königlicher Zustimmung – zwei Dinge vorsah: öffentliche Verhandlungen und die Publikation, also den Druck der in der Zweiten Kammer gehaltenen Reden. Die Erste Kammer entschied sich anders: Sie wollte hinter verschlossenen Türen verhandeln und tat dies auch. Ihr Einfluß auf die Politik des Landes war deshalb von Anfang an gering. Die Standesherren blieben unter sich; ihre Macht mußte König Wilhelm I. fortan nicht fürchten. Mit dem Recht der Mitwirkung in einem Verfassungsorgan wußten die einstigen – meist oberschwäbischen und hohenlohischen – Reichsfürsten und Reichsgrafen nicht viel anzufangen. Die Reichen unter ihnen blieben zwar reich, wurden aber im königlichen Württemberg nicht *einfluß*reich, wie es Ludwig Uhland befürchtet hatte, als er den Verfassungsentwurf des Königs mit einer Flugschrift attackierte, die in großen Lettern verkündete: »Keine Adelskammer!«

Nachdem sich der Argwohn wegen der »Adelskammer« als gegenstandslos erwiesen hatte, kommentierte der Abgeordnete Albert Schott die Verfassung mit dem Hinweis, daß sie »mehr Rechte für das Volk als irgendeine Verfassung des europäischen Kontinents« gewähre. Die Behauptung Schotts, die sich wohlweislich nur auf das kontinentale Europa, nicht auf die Britischen Inseln bezog, hält einer kritischen Prüfung durchaus stand. Die Sicherung dessen, was man später die Grundrechte genannt hat, ist in der Verfassung des Königreichs Württemberg erstaunlich gut gelungen. So im Arti-

Im Ordenssaal des von Herzog Eberhard Ludwig im Jahr 1712 erbauten Ludwigsburger Schlosses wurde 1819 die Verfassung des Königreichs Württemberg beraten und verabschiedet. Der Saal dient heute als Konzertsaal.

kel 38, wo es heißt, »die Preßfreiheit wird in vollem Umfang gewährt«. Die Freiheit der Meinungsäußerung und der Information galt mit Recht als »die Grundlage jeden Fortschritts« und als »das Lebensprinzip des konstitutionellen Staates«, wie es in einer verfassungsgeschichtlichen Darstellung heißt. Die Gewissensfreiheit, die »Denkfreiheit«, auch die »Bildungsfreiheit« gehörten zu den Errungenschaften, auf die Albert Schott anspielte, als er das Hohelied der württembergischen Verfassung anstimmte. Wie weitreichend die Grundrechte waren, erfährt man im übrigen vor allem von den Kritikern des württembergischen Sonderwegs. Nach Ansicht des hessen-nassauischen Ministers Marschall von Bieberstein verschafften die Württemberger und König Wilhelm mit dem Verfassungskompromiß von 1819 der »revolutionären Partei in Deutschland einen Triumph«.

Wettlauf mit der Zeit

Mit seinem Urteil stand der nassauische Minister nicht allein. Unter der Führung des österreichischen Staatskanzlers Fürst Metternich bildete sich im Jahr 1819 eine Gruppe von Bundesstaaten, die sich gegen alles wandte, was auch nur entfernt an den Katalog der Menschen- und Bürgerrechte der einstigen französischen Revolutionäre anknüpfen und eine demokratische Mitwirkung bei den Staatsgeschäften hätte begünstigen können. Einflußreiche Mitglieder des Deutschen Bundes befanden sich längst auf dem Weg zurück, als man bei den Verfassungsdiskussionen im Ludwigsburger Schloß noch auf einen demokratischen Fortschritt hoffte. Unter dem Druck der sogenannten Reaktion beschleunigten die württembergischen Standesvertreter ihre Beratungen. Man wollte Bundesbeschlüssen zuvorkommen, von denen man eine Einschränkung der württembergischen Entscheidungsfreiheit zu befürchten hatte.

Im September 1819 kam es vollends zu einem Wettlauf mit der Zeit. Der Bundestag, die Versammlung der Mitgliedstaaten des Deutschen Bundes, erließ am 20. September ohne weitere Beratung ein Bundesgesetz, das in wesentlichen Punkten dem widersprach, was an Grundfreiheiten für die Verfassung des Königreichs vorgesehen war. Grundlage des Bundesgesetzes waren die sogenannten Karlsbader Beschlüsse gegen »demagogische Umtriebe an den Universitäten«. Den Anlaß für diese Beschlüsse bildete die Ermordung des in russischen Diensten stehenden Dichters August Kotzebue durch den evangelischen Theologiestudenten Karl Ludwig Sand. Die Mordtat geschah am 23. März 1819.

Zusammen mit Preußen bereitete Österreich daraufhin ein Bundesgesetz vor, das eine strenge staatliche Überwachung der Studenten und Professoren vorsah und die Burschenschaften ausschalten sollte. Die Pressezensur erstreckte sich nach diesem Gesetzesvorschlag auf alle politischen Zeitungen und Zeitschriften sowie auf Druckwerke unter 20 Bogen Umfang, also auf eine große Zahl von Broschüren und Büchern. Für Redakteure, deren Publikationen verboten worden waren, galt ein fünfjähriges Berufsverbot. Eine in Mainz angesiedelte Zentralkommission, die bis 1828 existierte, sollte alle Arten von »revolutionären Umtrieben« untersuchen. Für den Artikel 13 der Bundesakte, dem Gründungsdokument des Deutschen Bundes, verfaßte man eine Auslegung, nach der die Verabschiedung moderner landständischer Verfassungen mit Repräsentativcharakter nicht mehr möglich sein sollte, statt dessen hätte man zu den altständischen Formen zurückkehren müssen. Eine »provisorische Exekutionsordnung« sollte dem Bund die Möglichkeit zum Eingreifen in die innerstaatlichen Verhältnisse geben, falls ein Bundesstaat dem Bundesgesetz keine Geltung verschaffte.

Soweit der wesentliche Inhalt dessen, was eine Ministerkonferenz in Karlsbad auf Grund vorausgegangener österreichisch-preußischer Kontakte beschloß. Insgesamt acht Bundesstaaten nahmen an der Konferenz teil, darunter Hannover, Sachsen und Bayern. Ein Vertreter Württembergs war in Karlsbad nicht anwesend.

Nur wenige Tage nach dem Karlsbader Treffen beschloß der Frankfurter Bundestag am 20. September 1819 ohne weitere Beratung ein Bundesgesetz, das den Karlsbader Beschlüssen entsprach. Diesmal war der württembergische Gesandte anwesend. Ebenso wie die Vertreter anderer Bundesstaaten fühlte er sich von den Großmächten Österreich und Preußen unter Druck gesetzt und ließ die Vorlage ohne förmlichen Widerspruch passieren – ein, wie sich bald zeigen sollte, folgenschweres Verhalten, denn nun registrierte man eine Zustimmung des Königreichs Württemberg.

Nach Meinung scharfsinniger Beobachter war die Verabschiedung und Inkraftsetzung einer württembergischen Verfassung nur noch dann möglich, wenn deren Text dem neuen Bundesgesetz angepaßt war. Der Konflikt mit dem Bund, genauer gesagt mit Österreich und Preußen, war also unausweichlich, wenn die württembergischen Ständevertreter und mit ihnen König Wilhelm auf dem bereits weitgehend fertiggestellten Text der Verfassung beharrten. Das aber taten sie: Man ignorierte ganz einfach die Karlsbader Beschlüsse und das entsprechende Bundesgesetz. Der König unterschrieb am 25. September 1819 das Dokument und veranlaßte, daß das neue Bundesgesetz erst danach, nämlich am 1. Oktober, im Amtsblatt der Regierung verkündet wurde.

Was würde nun den Vorrang haben: das Bundesgesetz oder die neue Verfassung? Für die meisten Württemberger gab es da keinen Zweifel: Die Verfassung hatte man sechs Tage vor dem Bundesgesetz verkündet, also war sie älter. Da sie nur mit einer verfassungsändernden Mehrheit zu korrigieren war, behielt sie Gültigkeit.

Rückversicherung beim Zaren

Betrachtet man diesen Konflikt genauer, dann ist leicht zu verstehen, daß Metternichs Gesandter Graf Thun-Hohenstein in Stuttgart wegen der trickreichen Methoden der Württemberger und ihres Königs in Zorn geriet. In einem seiner Berichte forderte er Sanktionen und sprach von der »längst verschuldeten Verurteilung des Stuttgarter Höfleins«.

König Wilhelm I. aber war vom 26. September an für die nächsten 30 Tage für keinen österreichischen und keinen preußischen Gesandten zu sprechen. Nachdem er am 25. September noch die Mitglieder der verfassunggebenden Versammlung zu einem Festessen und zu gutem Wein eingeladen und die Bürger Hochrufe auf den König ausgebracht, die Soldaten auf Kommando ein »Vivat« gedonnert hatten, war der Monarch abgereist. Das Ziel der Reise hieß Warschau. Dort traf sich der württembergische König mit seinem russischen Vetter und Schwager – mit Zar Alexander I. Bei ihm suchte er Unterstützung für die württembergische Politik, wohl wissend, daß die Ermordung Kotzebues, die den Vorwand für die Karlsbader Beschlüsse geliefert hatte, auch eine Provokation Rußlands war.

Ganz erfolglos blieb Wilhelms Warschauer Reise nicht. Der württembergische König erreichte, daß Zar Alexander den russischen Gesandten eine generelle Weisung gab und ihnen auftrug, sie sollten »die konstitutionellen Staaten gegen Österreich« unterstützen. König Wilhelm stand also bei seinem Pochen auf das Recht einer eigenständigen württembergischen Verfassungspolitik nicht allein gegen Österreich und den mächtigen Fürsten Metternich. So konnte Wilhelm I. denn auch dem Frankfurter Bundestag alsbald seine eigene Interpretation der Karlsbader Beschlüsse vortragen lassen. Eine Intervention des Deutschen Bundes, so der württembergische Standpunkt, sei nur möglich, wenn der betreffende Staat selbst um Hilfe gebeten habe. Die Beschlüsse, die die Universitäten betrafen, ließ der württembergische Monarch mit Hinweis auf die gültige Verfassung als für sein Land gegenstandslos erklären. Was die Presse und andere Druckerzeugnisse angehe, so sei der Staat nicht für Verstöße der verantwortlichen Redakteure oder Drucker in Anspruch zu nehmen. Es handle sich dabei um Entscheidungen, die nach württembergischem Recht den Landgerichten oblägen.

Damit schränkte Wilhelm I., wie auch andere Fürsten, die Aktivitäten und Möglichkeiten der Mainzer Zentralkommission als einer Zensur-Oberbehörde entscheidend ein. Der württembergische Zensor freilich achtete fortan darauf, daß Attacken auf nichtwürttembergische Einrichtungen und Amtspersonen möglichst unterblieben. Als der Zensor eine Adresse der Stadt Esslingen passieren ließ, in der man den Dank für das Verfassungswerk zum Ausdruck brachte, zugleich aber die Karlsbader Beschlüsse kritisierte, erteilte die Regierung ihrem Zensor einen Rüffel. Man wollte den Gegnern in Wien und anderswo möglichst wenig neue Angriffsflächen bieten und alles vermeiden, was als amtlich geduldete Provokation auszulegen war.

Fürst Metternich indes wäre sich selbst untreu geworden, hätte er das Verhalten Württembergs und seines Königs einfach hingenommen. Bedacht auf die Autorität des Deutschen Bundes, lud der österreichische Staatskanzler zu einer Konferenz nach Wien ein. Das Ergebnis dieser Konferenz kann Metternich nicht befriedigt haben. Württemberg erhielt in wichtigen Fragen Unterstützung durch andere Bundesstaaten, die, wie zum Beispiel Bayern, ebenfalls auf ihre souveränen Rechte pochten. Wie weit dabei der vom russischen Zaren anerkannte Respekt vor den Konstitutionen einige der kleinen Staaten zur Unterstützung Württembergs ermutigt hat, ist schwer zu sagen.

Bezeichnend ist immerhin, daß Metternich seinem Ärger über die Württemberger mit dem Ausspruch Luft machte: »Möge Württemberg zur Strafe seine unbrauchbare Verfassung behalten.« In der Wiener Schlußakte vom 20. Mai 1820 ist denn auch die Eigenständigkeit des Königreichs Württemberg mit der Feststellung aktenkundig gemacht worden, daß die »landständischen Verfassungen nur auf verfassungsmäßigem Wege wieder zu ändern« seien.

Wie immer, wenn ein kleines Land von großen Mächten attackiert wird, rückten auch in diesem Fall die Bedrängten näher zusammen. In Württemberg, wo man sich von dem ältesten Sohn des herrischen Königs Friedrich ohnedies viel erhofft hatte, festigte sich das Ansehen des jungen Monarchen während der antiwürttembergischen Aktionen Metternichs in einer Weise, die an große vergangene Zeiten, an die Herzöge Eberhard und Christoph, erinnerte. Das wirtschaftlich immer noch notleidende Land gewann dank der intelligenten oder, wie die Gegner meinten, trickreichen Politik König Wilhelms I. zunehmend politisches Gewicht im Kreis der Bundesstaaten. Bei den Nachbarn registrierte man auch aufmerksam, daß sich die einstige altrechtliche Opposition, als deren Sprecher der weit über Württemberg hinaus populäre Ludwig Uhland galt, in der letzten Phase der Verfassungsberatungen mit dem Monarchen arrangiert hatte.

Den offenkundigen Beweis für solche Annäherung zwischen Volks-Repräsentanten und Königsherrschaft lieferten die Verfassungsfeierlichkeiten, die am 25. Oktober 1819 mit der Rückkehr des Königs von seinem Besuch in Warschau begannen. Den Württembergern war einen Monat nach der Unterzeichnung der Verfassungsurkunde klargeworden, wie stark sich Wilhelm I. gegenüber den beiden Großmächten im Deutschen Bund exponiert hatte. Als die königliche Kutsche an jenem 25. Oktober das Königstor erreichte, erwartete eine begeisterte Menge ihren Landesvater. Man spannte ihm die Pferde aus und zog den Wagen unter Jubelrufen zum Schloß. Die Menschen knieten nieder und sangen: »Nun danket alle Gott!« Überall im Land lud man zu Dankgottesdiensten ein, es gab Reden, Festessen, Bälle. Die ehemalige Reichsstadt Heilbronn fiel bei den ganzen Feierlichkeiten durch eine Besonderheit auf: sie bewirtete die Garnison. Im Land pflanzte man »Verfassungseichen«. Gustav Schwab bereicherte die Festlichkeiten mit einem Verfassungsgedicht. Höhepunkt der Feiern in der Landeshauptstadt Stuttgart war eine von König Wilhelm veranlaßte Aufführung von Uhlands »Herzog Ernst von Schwaben« im Hoftheater. Ludwig

Uhland schrieb dazu ein kleines Vorspiel »zum Preise des frei geschlossenen Verfassungsbundes«.

Im Herbst 1819 habe man »Flitterwochen« erlebt, schrieb 100 Jahre später der Landeshistoriker Albert Eugen Adam in einem Rückblick auf Landtag und Verfassung. Zutreffend ist Adams Bemerkung insofern, als die lange Regierungszeit König Wilhelms I. danach nicht nur von Harmonie, sondern auch von mancher Auseinandersetzung mit demokratischen Kräften und schwierigen Landsleuten gekennzeichnet war.

Der österreichische Staatskanzler, Clemens Fürst von Metternich, mißtraute dem württembergischen Monarchen, zumal dieser sich dem Führungsanspruch der Großmächte Österreich und Preußen nicht fügen wollte.

Die Affäre List

Aus der amerikanischen Schwabenkolonie »Economy« ist überliefert, daß dort im Jahr 1825 ein Landsmann mit Frau und zwei Kindern eingetroffen sei. Neugierig habe man die Zuwanderer umringt und nach Name und Herkunft befragt. »Ich bin Friedrich List und komme geradewegs vom Hohenasperg«, sei die Antwort gewesen. Jubelnd hätten daraufhin die schwäbischen Siedler die Ankömmlinge umringt und für sie gesorgt.

Die Haft auf dem Hohenasperg – das galt für die Amerika-Schwaben als ein sicherer Beweis für demokratische Gesinnung. Der Name des ehemaligen königlich-württembergischen Häftlings war längst über den Nordatlantik gedrungen. Aus Briefen hatte man von der »Affäre List« erfahren, auch aus Zeitungen. Sogar der berühmte General Lafayette förderte den nach Amerika emigrierten Friedrich List und brachte den schon berühmten jungen Mann mit wichtigen Repräsentanten der Vereinigten Staaten in Kontakt. Warum aber mußte List 1825 seine Heimat verlassen, warum wählte er das freie Amerika zu seiner neuen Wirkungsstätte?

Will man diese Fragen plausibel beantworten, dann muß man den ungewöhnlichen Lebensweg des Auswanderers beachten. Friedrich List, geboren 1789 als Sohn eines angesehenen und nach damaligen Begriffen wohlhabenden Reutlinger Weißgerbers, fand wenig Gefallen am Unterricht in der Reutlinger Lateinschule. Das übliche Auswendiglernen behagte ihm nicht, es erschien ihm zu phantasielos. Während einer zweijährigen Gerberlehre im väterlichen Betrieb fand er zu wenig Zeit, seinen Wissensdurst durch Bücherlesen zu stillen. Deshalb entschied sich der Sechzehnjährige für eine Ausbildung in der öffentlichen Verwaltung und wurde »Inspizient« – also Anfänger – in der Kanzlei des Stadtschreibers von Blaubeuren. Das sogenannte Substituten-Examen bestand der Neunzehnjährige mit Erfolg. Nun erledigte er als Assistent der jeweiligen Stadtschreiber an Orten wie Schelklingen oder Ulm die Korrespondenz, verwaltete Akten, schrieb Gesuche. Der Einblick in die Verwaltungsgeschäfte regte ihn alsbald zu Vorschlägen für organisatorische Verbesserungen an. In Ulm verfaßte er 1811 eine Abhandlung über die Neuorganisation des Steuerwesens. Von Ulm wechselte er nach Tübingen ans Oberamt; er wollte möglichst rasch Aktuar werden.

Aber Tübingen übte aus einem anderen Grund eine große Anziehungskraft auf den jungen Schreiber aus: List besuchte Vorlesungen an der Universität. Kameralwesen, Staatsrecht, Zivilprozeßrecht interessierten ihn am meisten. Dabei begegnete Friedrich List einem Mann, der seine weitere berufliche und politische Laufbahn mitbestimmen sollte – dem Freiherrn Karl August von Wangenheim, zu jener Zeit Kurator der Landesuniversität. Wangenheim war beeindruckt von der Intelligenz des wißbegierigen Schreibers. Nach drei Tübinger Jahren legte List im Jahr 1814 das Aktuarsexamen ab, eine staatliche Prüfung, keine Universitätsprüfung.

Als im Jahr 1815 zum erstenmal über eine Verfassung des neuen Königreichs Württemberg diskutiert und heftig gestritten wird, verfaßt List dazu eine an den Landtag gerichtete Eingabe – die sogenannte »Sulzer Adresse« –, in der er, zusammengefaßt in zehn Punkten, Vorschläge für eine Reform der Staatsorganisation unterbreitet. Das Jahr 1816 bringt den inzwischen Siebenundzwanzigjährigen, der zuletzt keine feste Anstellung hatte, ein ganzes Stück voran: Er wird Beamter im Rang eines Rechnungsrats.

Wangenheim, inzwischen Minister in Stuttgart, holte ihn in das Ministerium. Dort entstanden Vorschläge zu einer körperschaftlichen Selbstverwaltung, die König Wilhelm dann alsbald in die – an anderer Stelle behandelten – Edikte aufnahm. List selbst erwähnte später einmal beiläufig, daß auch die Einteilung des Landes in vier Kreise von ihm erstmals vorgeschlagen worden war. Wieweit Friedrich List dabei neben französischen Vorbildern vor allem den preußischen, mit den Namen Stein und Hardenberg verbundenen Reformen gefolgt ist, läßt sich nicht genau sagen. Daß er, als Reutlinger mit der altreichsstädtischen Tradition der Selbstverwaltung vertraut, auch Erfahrungen aus seiner Heimatstadt weiterentwickelt hat, ist in hohem Maße wahrscheinlich.

Eine wichtige Erfahrung machte List im Jahr 1817. Als Regierungskommissar sollte er eine Gruppe von Auswanderern in Heilbronn zum Hierbleiben bewegen. Das Vorhaben mißlang. List protokollierte jedoch seine Gespräche mit den Auswanderungswilligen und wertete die hierbei gewonnenen Erkenntnisse in einer Denkschrift aus. Neben der allgemeinen Not, die Anstoß zum Verlassen Württembergs gab, notierte List bei den meisten Befragten heftige Klagen über Schikanen durch die Verwaltung. In den später gedruckten Protokollen findet man viele Beschwerden über »herzlose

Schreiber«, auch über eine unerträgliche örtliche Vetternwirtschaft. Die Aufzeichnungen, die der Regierungskommissar List angefertigt hat, lesen sich wie ein großes Beschwerdebuch über die damaligen württembergischen Verhältnisse und sind teilweise eine Bestätigung dessen, was man im neuwürttembergischen Reutlingen schon seit Jahren beklagte.

Auch Lists Mutter und sein einziger Bruder hatten mit der Obrigkeit, repräsentiert durch den Reutlinger Oberamtmann Christian Veiel, bittere Erfahrungen machen müssen. Friedrich List war der Ansicht, daß der Oberamtmann durch ungerechte Anschuldigungen den frühen Tod der Mutter verursacht habe und daß eine andere Behörde durch schikanöses Verhalten für den Unfalltod des jungen Bruders verantwortlich sei.

Die familiären Erfahrungen weckten zu jener Zeit vollends das Rebellische im Wesen Friedrich Lists. Er organisierte gleichgesinnte »Bürgerfreunde« und gründete als Wochenschrift den »Volksfreund in Schwaben«. Darin publizierte List eine Beschwerdeschrift Reutlinger Bürger mit Anschuldigungen, die Veiel betrafen. Als Beweis für die tadelnswerte Gesinnung des königlichen Oberamtmannes zitierte List in der abgedruckten Beschwerdeschrift dessen Ausspruch: »Euch Himmelsackramentsreichsstädtern will ich gewiß die Köpfe noch zurechtsetzen.«

Professor in Tübingen

In den Verfassungskämpfen stand der »Volksfreund« nicht auf der Seite der »Altrechtler«, sondern unterstützte die Regierungspolitik. Hauptrepräsentant dieser Politik war König Wilhelm selbst. Sein Minister und Ratgeber, Freiherr von Wangenheim, war nach Meinung der Altrechtler mitverantwortlich für Vorschläge, die, wie das geplante Zweikammersystem, der Gruppe um Ludwig Uhland mißfielen. Daß Lists Blatt nun plötzlich zum Ankläger eines Oberamtmannes, also eines Vertreters der Obrigkeit, wurde, sorgte auf allen Seiten für Irritation.

Man kannte Lists enge Verbindung zu dem Minister Wangenheim, den König Wilhelm aus Tübingen zurückgerufen und zum Leiter des Kultusressorts bestellt hatte. Lists »Plan zur Errichtung eines wissenschaftlichen Vereins für vaterländische Nationalökonomie« fand die Unterstützung des Ministers, der König Wilhelm im

Juni 1817 empfahl, an der Universität Tübingen eine »Staatswissenschaftliche Fakultät« zu errichten. Nach Meinung des Freiherrn von Wangenheim sollte Friedrich List auf Grund seiner wichtigen Anregungen und Denkschriften an dieser neuen Fakultät die ordentliche Professur für Staatsverwaltungspraxis erhalten. Dagegen setzten sich die etablierten Professoren der Tübinger Universität zur Wehr. List, so das Argument, fehle es an der nötigen akademischen Vorbildung. Auch in der Stuttgarter Regierung hatte sich List, zu jener Zeit Sekretär einer »Kommission des Verwaltungswesens«, bei einigen Räten unbeliebt gemacht. Sie kritisierten den jungen Rechnungsrat wegen »vordringlicher Besserwisserei«.

List kannte die vielfältigen Widerstände gegen seine Berufung. Er wehrte sich gegen Wangenheims Plan und gab zu bedenken, daß er zu jung sei für die schwierige Aufgabe. Er, vor kurzem noch akademischer Schüler, könne nicht sogleich akademischer Lehrer werden. Wangenheim ließ sich nicht umstimmen. List, der zuvor in Tübingen die Frau kennengelernt hatte, die er bald heiraten wollte, erklärte sich schließlich einverstanden und verfaßte nun in großer Eile eine Schrift, in der er die Grundsätze der neuen Wissenschaft darlegte – ein Ausweis seiner Befähigung.

Das Experiment begann unerfreulich für den jungen Professor, den man in den Tübinger akademischen Kreisen nur für einen Günstling des Ministers Wangenheim hielt. Die Studenten störten Lists Antrittsvorlesung durch anhaltendes Scharren; List wurde unsicher, las zu schnell und verhaspelte sich. Es kam alsbald zum offenen Konflikt mit dem Senat, und List hatte das Pech, in Wangenheims Nachfolger, Freiherr Paul von Maucler, einen Minister zu bekommen, der ihm nicht wohlgesonnen war. Eine Beschwerde des Senats gegen den Professor List, deren Inhalt das Ministerium dem Angegriffenen vorenthielt, veranlaßte diesen, eine Rechtfertigungsschrift einzureichen und um eine Audienz bei König Wilhelm zu bitten. In dieser Schrift betonte List unter anderem, er habe in seinen Vorlesungen »als das Muster einer konstitutionellen Monarchie, womit Eure Königliche Majestät das Vaterland beglückten, aus der Vernunft und aus der Erfahrung deduziert«.

Bei König Wilhelm hatte Friedrich List Erfolg. Man solle, so die königliche Order, den Professor »bei seiner Lehrtätigkeit ungekränkt lassen«. Allerdings mahnte ihn der König zur Vorsicht. Junge Menschen, denen man Reformpläne vortrage, könnten zum Radikalismus neigen. Mit diesem Hinweis spielte König Wilhelm hauptsächlich auf kritische Beiträge im »Volksfreund« an. Nach diesem Zwischenspiel ebbten die Aufregungen in Tübingen ab. List begann sich in seine neue Aufgabe einzuleben und paßte sich den akademischen Formen an.

Der Tatendrang Friedrich Lists reichte freilich über Württemberg und über Tübingen weit hinaus. Ohne Rückfrage bei der Stuttgarter Regierung wurde er im Frühjahr 1819 als Mitverfasser einer Zolldenkschrift aktiv und machte sich als Mitbegründer des »Deutschen Handels- und Gewerbevereins« einen Namen in der deutschen Öffentlichkeit. Der in Frankfurt gegründete, maßgeblich von Nürnberger Kaufleuten unterstützte Verein berief List zu seinem Konsulenten. Das gab ihm Gelegenheit, im Namen des Vereins für die Zollfreiheit im Deutschen Bund zu werben.

Initiativen dieser Art hatte man bei der württembergischen Regierung nicht erwartet. Entsprechend groß war der Ärger. Die königliche Regierung mißbilligte das Verhalten des Professors. Der Kritisierte zog die Konsequenzen, er verzichtete auf sein Amt als Universitätslehrer und schied aus dem Dienst des Landes aus. Nun widmete sich List ganz seinen neuen Aufgaben als Redakteur der Zeitschrift des »Deutschen Handels- und Gewerbevereins«. Bei Besuchen, vor allem in den süddeutschen Städten propagierte er einen zollfreien Handel im Deutschen Bund und plädierte für den Schutz einer neu aufzubauenden industriellen Fertigung vor den britischen Exportwaren.

Gewählt und wieder entfernt

Lists Tätigkeit für den »Deutschen Handels- und Gewerbeverein« endete mit einem Mißklang. Die Aktivitäten und Planungen des nimmermüden Konsulenten irritierten einflußreiche Mitglieder des Vereins, zumal sich List bei Regierungsvertretern mit der offenen Darlegung der Verhältnisse und mit der Forderung nach grundlegenden Reformen unbeliebt gemacht hatte. Für den Darmstädter Zollkongreß, den List nachdrücklich gefordert und schließlich durchgesetzt hatte, wählte das Vereinspräsidium nicht List zu seinem Repräsentanten, sondern beauftragte einen Freund Lists mit der Vertretung der Vereinsinteressen. Daraus zog List die Konsequenzen und gab sein Amt als Konsulent auf.

Friedrich List aus Reutlingen, zunächst als ideenreicher Ratgeber in königlicher Gunst, emigrierte nach der Festungshaft auf dem Hohenasperg in die Vereinigten Staaten.

Kurz darauf übernahm er eine neue Aufgabe: die Wahlmänner der »guten Stadt« Reutlingen bestellten ihn im Spätherbst 1820 zum Vertreter der Stadt in der Stuttgarter Ständevertretung, der Zweiten Kammer. Das war der zweite Versuch, List ein Mandat zu übertragen. Der erste Versuch war im Sommer 1819 am Einspruch der Regierungsbehörden gescheitert. Damals hatte List das 30. Lebensjahr noch nicht ganz vollendet. Gelten sollte – nach amtlicher Meinung – der Tag seiner Wahl, nicht der Tag des Eintritts in die Kammer. Die Reutlinger ärgerten sich über die Zurückweisung ihres Abgeordneten. In den Stuttgarter Amtsstuben aber war man froh, einen Grund für die Nichtbestätigung der Reutlinger Wahl gefunden zu haben.

Im Spätherbst 1820 gab es dann keinen formalen Grund mehr, Lists Mitgliedschaft in der Zweiten Kammer weiterhin zu blockieren. Am 6. Dezember prüfte die Wahlprüfungskommission die Reutlinger Wahlurkunde; einen Tag später nahm Friedrich List seinen Sitz als einer der 70 gewählten Repräsentanten ein. Bis zum Beginn der Weihnachtsferien blieben noch zwei Wochen Zeit, und diese zwei Sitzungswochen gedachte List zu nutzen. Sein erster Antrag forderte die Kammer auf, über die Mittel zu beraten, »wodurch dem so tief gesunkenen Gewerbe und Handel des Vaterlandes wieder aufgeholfen werden könnte«. Mit einer anschaulichen, die Zustände im Deutschen Bund sachkundig beschreibenden Rede verschaffte sich List große Aufmerksamkeit in der Presse. In dieser Rede schilderte er unter anderem die schädlichen Folgen der preußischen und österreichischen Zollgrenze. Dabei war auch die Rede von der »Fesselung des deutschen Rheines« durch Zollvorschriften, die das deutsche Nationalbewußtsein schädigten.

Kaum war dieses zentrale Thema einer deutschen Politik behandelt, legte List einen zweiten Antrag vor. Diesmal ging es um ein Thema, das er ebenfalls immer wieder behandelt hatte: die grundlegende Veränderung der Steuern und Abgaben. Eine Finanzkommission der Kammer, so Lists Antrag, solle sich der Sache annehmen. Es gelte »die Kräfte des Landes und das Verhältnis des reinen Einkommens zu den Abgaben in Erwägung zu ziehen«. List wollte damit einer wirtschaftlich sinnvollen Einkommens- und Ertragsbesteuerung den Weg bereiten.

Die beiden, von List auf die Tagesordnung gebrachten Themen mußte man formal voneinander trennen, sie gehörten aber sachlich zusammen, denn sowohl die Zollfrage als auch das Steuersystem entschieden über die Chancen einer künftigen industriellen Entwicklung. Etwas anders verhielt es sich mit dem Begehren, das List als dritten Antrag zur Debatte stellte. Mit der Forderung nach jährlichen Landtagsperioden oder Sessionen und einer jährlichen Bewilligung des Staatshaushalts durch den Landtag zielte List auf eine Veränderung des ganzen Regierungssystems und der kaum mehr als ein Jahr alten Verfassung. Damit brachte der Reutlinger Repräsentant die Alarmglocken im Regierungsgebäude zum Läuten. Durch eine feste jährliche Sitzungsperiode mit Haushaltsberatungen und Haushaltsbeschlüssen, Steuerfragen eingeschlossen, würde die Macht der Regierung und damit auch die Macht des Königs erheblich eingeschränkt zugunsten eines größeren Einflusses der Kammermehrheit. Ein so modernes, dem britischen Beispiel folgendes Verfassungsverständnis hatten die Herrschenden für das Königreich Württemberg bei allen neuerdings gewährten Freiheiten nicht im Sinn.

Mit seinen Anträgen, die in späterer Zeit als wenig aufregend empfunden worden wären, provozierte List die Regierenden und vergrößerte das Mißtrauen, das ihm die Inhaber der Staatsgewalt ohnehin wegen seines unermüdlichen Eintretens für grundlegende Reformen schon seit längerer Zeit entgegenbrachten. Der Abgeordnete List, erst wenige Tage mit Sitz und Stimme der Zweiten Kammer angehörend, wurde mit seinen Initiativen zu einer Gefahr – jedenfalls nach Meinung des Ministeriums. Er wurde nicht nur für das Königreich Württemberg mißliebig, er lenkte auch die Aufmerksamkeit auf Württemberg, besonders die Aufmerksamkeit Metternichs; saß doch der österreichische Gesandte stets als aufmerksamer Zuhörer und Beobachter auf der Zuschauerbank, wenn der Landtag beriet.

Das alles muß man beachten, wenn man verstehen will, was sich nach den Weihnachtsferien zu Beginn des Jahres 1821 ereignet hat. In Reutlingen diskutierte man Lists Vorstöße lebhaft. Man sprach auch über den Ärger und die Nöte der Handwerker, über Schikanen, die man vom königlichen Oberamt erdulden mußte. Friedrich List, so ein verbreiteter Wunsch, solle die Beschwerden in einer Petition an den Landtag zu Papier bringen. So geschah es. Die Eingabe wurde als Flugblatt gedruckt. Dem Oberamt blieb die Sache nicht verborgen, sprach doch die ganze Stadt davon. Die Behörde griff ein und beschlagnahmte die ganze Auflage der als Flugblatt hergestellten Petition noch beim Drucker. Die Reutlinger Bürger forderte man auf, bereits verteilte Exemplare unverzüglich abzuliefern.

Unter Anklage

Als die Kammer am 6. Februar ihre Beratungen fortsetzte, verlas der Präsident ein königliches Schreiben. Darin wurde mitgeteilt, daß gegen den Verfasser der Reutlinger Petition Anzeige erstattet und eine Untersuchung eingeleitet worden sei, und zwar vom Kriminalsenat des Gerichtshofs zu Esslingen. Der Gerichtshof habe sich anhand eines beschlagnahmten Exemplars, das der Anzeige des Reutlinger Oberamts beigefügt war, davon überzeugt, daß sich der Verfasser der Schrift »einer mehrfachen Gesetzesübertretung schuldig gemacht haben dürfte«. Die Fortsetzung der Kriminaluntersuchung gegen Friedrich List sei vom Gerichtshof als hinreichend begründet anerkannt worden.

Nach dieser Mitteilung kam der gravierende Punkt: Die Regierung forderte die Kammer auf, entsprechend den Paragraphen 158 und 135 der Verfassungsurkunde zu handeln. Das Schreiben an die Kammer schloß mit der Floskel: »Wir verbleiben Euch mit Unserer königlichen Huld stets wohl beigetan. – Stuttgart, im königl. Geheimenrat, den 5. Februar 1821. – Auf Seiner königlichen Majestät besonderen Befehl, v.d.Lühe, Gros, Pistorius.«

Unterzeichnet war das folgenreiche Dokument also vom Justizminister. Die genannten beiden Paragraphen der Verfassung enthielten die Bestimmung, daß »kein Mitglied der Ständekammer in eine Kriminaluntersuchung verflochten« sein dürfe. Es kam auf Grund dieser seltsamen Bestimmung der Verfassung also gar nicht darauf an, ob ein Beschuldigter am Ende vom Gericht auch verurteilt und schuldig gesprochen würde, als Grund für einen Ausschluß aus der Kammer genügte schon die Eröffnung eines strafrechtlichen Untersuchungsverfahrens.

Es scheint, daß die Abgeordneten bei der Beratung des Verfassungstextes die Tücken dieser beiden Paragraphen nicht erkannt hatten, zumal an anderer Stelle die Meinungsfreiheit in einer für damalige Verhältnisse großzügigen Weise garantiert schien. Eine wichtige Frage hatte man in der Verfassung und in der Geschäftsordnung der Kammer gar nicht behandelt, die Frage nämlich, ob und wie weit Äußerungen eines Mitglieds der Stände mit dem Anspruch auf Straffreiheit verknüpft seien. Die spätere Regelung der Immunität für Abgeordnete kannte man im Jahr 1821 ebensowenig wie die sogenannte Indemnität, die einen Abgeordneten für Äußerungen im Parlament vor der allgemeinen Strafverfolgung schützt und ihn ausschließlich dem Ordnungsrecht des Präsidenten unterstellt.

Das alles machte die Situation für Friedrich List außerordentlich schwierig. Die buchstabengetreue Anwendung der beiden Verfassungsbestimmungen ergab die Möglichkeit, ein Ständemitglied durch Einleitung eines Ermittlungsverfahrens aus dem Landtag zu entfernen – ohne Rücksicht auf ein späteres Urteil. Vom rechtsstaatlichen Standpunkt aus betrachtet blieb das Vorgehen des Königs und seiner Regierung also mehr als fragwürdig, trotz der mitgeteilten formalen Gründe. Dieses Argument brachten denn auch zwei Freunde Lists, die Abgeordneten Ludwig Griesinger und Heinrich Keßler, vor.

List selbst berichtete der Kammer über den Sachverhalt und stellte sogleich wieder einen Antrag. Er verlangte, daß ein derartig Angeschuldigter sich einem Richter stellen solle, den der Staatsanwalt aus den Vorschlägen zweier juristischer Fakultäten auswähle. Alternativ wünschte List die Schaffung eines Geschworenengerichtes und außerdem bat er die Regierung, »bis dahin den Rechtsspruch in solchen Strafsachen auszusetzen«.

Das war, genau betrachtet, zwar vom Standpunkt des Beschuldigten aus durchaus plausibel, aber der Antrag Lists enthielt auch ein ziemlich unverhülltes Mißtrauen gegen die württembergische Justiz. Die Kammermehrheit wollte in dieser mißlichen Sache Zeit gewinnen und bestellte eine Kommission, die den Fall klären sollte. In diesem Gremium saßen neben den schon genannten Abgeordneten Keßler und Griesinger mit Albert Schott und Ludwig Uhland auch andere Vertreter der Stände, die man zu den Gegnern des Regierungsantrags rechnen durfte.

In der folgenden Hauptdebatte am 12. Februar verteidigte der Justizminister die Forderung der königlichen Regierung, indem er behauptete, der »ehrwürdige Beruf eines ständischen Abgeordneten« könne keinen »Freipaß gewähren zu ungestrafter Begehung jeglichen Frevels«. Der Arm der Gerechtigkeit, so der Justizminister, müsse den Frevler überall treffen. Es kam nach dieser Rede zu heftigen Wortgefechten. Die Anhänger der Regierung beschimpften einen List-Freund, der aus Heilbronn eine Adresse zugunsten Friedrich Lists mitgebracht hatte, als »Jakobiner« und »Sansculotten«. Als der Abgeordnete Griesinger die Zweifel der Heilbronner an der Unfehlbarkeit der Gerichte mit einigen Beispielen untermauern wollte, erlebte die Zweite Kammer Tumulte. Nach einigem Hin und Her erlaubte man schließlich dem Abgeordneten List, in der Abendsitzung des 17. Februar seine Sache zu vertreten. List tat dies, indem er weit ausholte, Beispiele über die Rechte der Opposition aus Frankreich und England erläuterte und aus mitgebrachten Büchern bestimmte Rechtsauffassungen zitierte. Mit dieser Rede änderte List indes nichts mehr an der Mehrheit gegen ihn, die sich schon in den vorangegangenen Debatten abgezeichnet hatte.

Der Wille der Regierung war am Ende stärker als die Argumente der List-Freunde. Eine Mehrheit von 56 Stimmen gegen 36 Stimmen (darunter acht ritterschaftliche Abgeordnete mit Cotta) akzeptierte den vorläufigen Ausschluß des Reutlinger Abgeordneten aus der Zweiten Kammer. Auch ein Plädoyer Ludwig Uhlands hatte an dieser Abstimmung nichts mehr ändern können. Die Mehrheit folgte der regierungsamtlichen Darstellung, in der die Reutlinger Petition als eine »Verleumdung der bestehenden Staatsverwaltung« bezeichnet wurde. Die gesetzliche Bestimmung, mit der man die eingeleitete Untersuchung gegen List begründete, fand man im Paragraph 25 eines Gesetzes vom 10. Mai 1810, eines Gesetzes also aus der Zeit, in der König Friedrich als Gesetzgeber fungierte. Dieser Gesetzestext stellte unter Strafe »den gehässigen Tadel und Spott der amtlichen Handlungen obrigkeitlicher Stellen und Personen, in der Absicht, Mißvergnügen zu bereiten und die Untertanen zu grundlosen Beschwerden zu veranlassen«. Man hat damals nicht geprüft, wieweit derartige Bestimmungen nach dem Erlaß der Verfassung von 1819 überhaupt noch anwendbar waren. Die Macht und die Opportunität bestimmten das Recht.

Das Opfer hieß Friedrich List. Ihn verurteilte man am 11. April 1822 nach einem Verfahren, das alles andere als fair bezeichnet werden kann, wegen »Ehrenbeleidigung der Gerichts- und Verwaltungsbehörden und Staatsdiener Württembergs«. Als erschwerend erkannte das Gericht, daß sich List bei der Untersuchung »unbotmäßig« benommen habe. Deshalb erhielt der Angeklagte eine

»zehnmonatige Festungsstrafe mit angemessener Beschäftigung innerhalb der Festung«. Elf Zwölftel der Verfahrenskosten mußte List selbst tragen.

Es lohnt sich, einige der markanten Sätze aus jener Reutlinger Petition zu zitieren, die das ganze, fragwürdige Verfahren ausgelöst und ermöglicht hat. Hier liest man: »Eine von dem Volke ausgeschiedene, über das ganze Land ausgegossene, in den Ministerien sich konzentrierende Beamtenwelt, unbekannt mit den Bedürfnissen des Volkes und den Verhältnissen des bürgerlichen Lebens, in endlosem Formenwesen kreisend, behauptet das Monopol der öffentlichen Verwaltung, jeder Einwirkung des Bürgers, gleich als wäre sie staatsgefährlich, entgegenkämpfend; ihre Formenlehren und Kastenvorurteile zur höchsten Staatsweisheit erhebend, eng unter sich verbündet durch die Bande der Verwandtschaft, der Interessen, gleicher Erziehung und gleicher Vorurteile.«

Das Klagelied, das hier über die württembergischen Verhältnisse angestimmt wurde, war das Klagelied derjenigen, die gehofft hatten, daß nach den napoleonischen Kriegen am Ende ein Stück Demokratie verwirklicht werde und die Menschen- und Bürgerrechte fortan im Staate respektiert würden.

Als Verfasser der Reutlinger Petition rüttelte List an den Grundfesten deutscher Staatlichkeit, auch an denen des Königreichs Württemberg, das sich zwar der modernsten Verfassung im Deutschen Bund rühmen konnte, aber im Kern doch ein Obrigkeitsstaat geblieben war.

Bezeichnenderweise ist der Wahrheitsgehalt der Reutlinger Petition nirgends und zu keiner Zeit gründlich geprüft worden. Für die Regierenden, auch für König Wilhelm, wirkte der von List verfaßte Text zweifellos wie eine Aufforderung zum Ungehorsam und war deshalb »staatsgefährdend«. Man sah die Ordnung im Königreich bedroht, wenn Petitionen diesen Inhalts verbreitet würden. Deshalb wollten König und Regierung den Anfängen wehren und drangen darauf, an Friedrich List ein Exempel zu statuieren. List selbst scheint das Maß des Wohlwollens, das ihm der König anfangs entgegengebracht hatte, falsch eingeschätzt zu haben. Möglicherweise wurde er bei der Niederschrift der Reutlinger Petition auch ein Opfer seiner Sprachkraft und Wortgewalt. Daß der Rundumschlag gegen Beamtenmacht und Vetternwirtschaft am Ende den König selbst treffen könnte, hatte List, von der Zustimmung seiner Reutlinger Mitbürger ein wenig geblendet, nicht rechtzeitig bedacht. Und er hatte darüber hinaus übersehen, wie mißtrauisch Fürst Metternich in Wien, aber auch die Regierenden der Großmacht Preußen die Vorgänge in Württemberg beobachteten. Demokraten, »Volksfreunde« wie Friedrich List, galten in Wien und in Berlin als Gefahr für die innere Stabilität, für die Ordnung in allen Staaten des Deutschen Bundes.

Mit Argusaugen sah man seit den Erfahrungen mit den Karlsbader Beschlüssen und der württembergischen Verfassungspolitik auf alles, was sich im Königreich Wilhelms I. abspielte. Man erinnerte sich daran, daß der König von Württemberg den Außenseiter Friedrich List gegen die Kritik der Tübinger Professoren in Schutz genommen und sich so auf die Seite eines Reformers gestellt hatte. Mit der Verbannung Lists aus dem Landtag und mit seiner Verurteilung zur Festungshaft befand sich das Königreich Württemberg nun unzweifelhaft auf der Linie, die von den Großmächten Österreich und Preußen mit den Karlsbader Beschlüssen vorgegeben worden waren.

Nach Meinung des Geheimen Rates und nach Meinung des Königs hatte List mit seinen Anträgen im Landtag und mit der Reutlinger Petition die innere Ordnung des Königreichs Württemberg ebenso gestört wie dessen äußere Belange. Das wog in den Augen der Obrigkeit schwerer als Verfassungsrechte, als die Presse- und Meinungsfreiheit. Daß König Wilhelm mit der Affäre List wichtige, im Grunde immer staatstreue württembergische Repräsentanten tief enttäuschte, ja vor den Kopf stieß – man denke an Uhland, Griesinger, Schott und Keßler – nahm der Monarch in Kauf. Und er nahm, seinem Verständnis von Staatsräson folgend, auch in Kauf, daß sich sechs Jahre nach der Übernahme seiner Regentschaft eine Distanz zwischen ihm und vielen seiner württembergischen Untertanen bildete, die fortan das Verhältnis von König und Volk in bemerkenswerter Weise bestimmen sollte.

Die Chance, »Württembergs geliebter Herr« zu sein oder zu werden, war vollends vertan, als Friedrich List, der nach seiner Verurteilung zunächst in Panik geraten und für einige Zeit ins Ausland geflohen war, die verhängte Strafe auf dem Hohenasperg absitzen mußte. List hoffte bei seiner Rückkehr auf die Gnade des Königs. Viele Württemberger und viele von Lists Freunden in ganz Deutschland teilten diese Hoffnung. Es kam anders. König Wilhelm rang sich nicht zu einem Gnadenerlaß durch. Als Friedrich List aus der Haft entlassen wurde, zählte er in seiner württembergischen Heimat und weit darüber hinaus zu den populärsten Männern. Der geniale, zuweilen allzu stürmisch agierende Reformer und Volksfreund galt nun als Opfer heimatlicher Enge und Kleingeisterei. Der Schatten, der dabei auf König Wilhelm fiel, behauptete sich für eine lange Zeit.

Der Hohenasperg, im Volksmund »Demokratenbuckel« genannt, war Festung und Staatsgefängnis. Die Haftanstalt (hier eine Radierung aus dem Jahr 1820) galt als Symbol für die Unterdrückung demokratisch-republikanischer Ideen.

König Wilhelms Trias-Politik

Die Affäre List änderte kaum etwas an dem Mißtrauen, das man in Wien und in Berlin dem Staate Württemberg und seinem König entgegenbrachte. Die Eigenwilligkeiten der württembergischen Politik gegenüber den Führungsansprüchen der Großmächte Österreich und Preußen erbosten vor allem den Fürsten Metternich. Er hielt das Königreich Württemberg auch weiterhin für *das* Mitglied des Deutschen Bundes, das mit der Zensur nicht ernst mache und so den gefürchteten demagogischen Umtrieben zu viel Raum lasse.

Was die Württemberger in den Augen der Regierenden in Wien und Berlin besonders verdächtig machte, war König Wilhelms offenkundiges Bestreben, zusammen mit anderen Mitgliedern des Deutschen Bundes ein Gegengewicht zu den beiden Großmächten zu bilden. Bekannt geworden ist dieses Vorhaben unter dem Namen Trias-Politik. Das Grundmuster der Idee vom »dritten Deutschland« war einfach, es war zugleich ärgerlich für die Mächte der Heiligen Allianz.

Österreich und Preußen beanspruchten den Rang von Führungsmächten innerhalb des Deutschen Bundes. Ihr Verhalten beim Frankfurter Bundestag, bei dem bevollmächtigte Gesandte ihre Fürsten vertraten, entsprach diesem Hegemonialanspruch. Man praktizierte in Frankfurt eine Zweiklassengesellschaft, bei der sich die beiden großen Mächte und deren Gesandte als Vormünder gerierten. Von Anfang an fühlte sich König Wilhelm dadurch in seinem Selbstbewußtsein verletzt und zugleich herausgefordert. Er beanspruchte für das Königreich Württemberg eine Gleichrangigkeit – unabhängig von Einwohnerzahl und Größe des Territoriums. Um dieser Forderung Geltung zu verschaffen, sah der württembergische Monarch prinzipiell nur eine Möglichkeit: die enge Zusammenarbeit und Übereinstimmung der »rein deutschen« Mitglieder des Deutschen Bundes.

Der Begriff »deutsch« war dem alten Reich, dem »Heiligen Römischen Reich« als dem abendländischen Imperium Sacrum, fremd gewesen. Das abendländische Reich hatte als eine Rechtsgemeinschaft ganz unterschiedliche Völker und Sprachgruppen unter der Herrschaft des Königs und Kaisers vereinigt. Erst als der Bourbone Ludwig XIV. in seinen Auseinandersetzungen mit dem habsburgischen Kaisertum wiederholt deutschsprechende Territorien beanspruchte und oftmals auch verwüstete – man denke an die Zerstörung der Pfalz –, begann sich das Bewußtsein einer »deutschen« Gemeinsamkeit zu entwickeln. In der Zeit der napoleonischen Kriege und den damit verbundenen französischen Ansprüchen auf Vorherrschaft in Europa festigte sich das Bewußtsein deutscher Zusammengehörigkeit und erreichte in den Freiheitskriegen einen Höhepunkt. Die Gründung des Deutschen Bundes, der von dem österreichischen Staatskanzler Metternich als Staatenbund konzipiert und verstanden wurde, enttäuschte in weiten Teilen Deutschlands die Hoffnungen auf die Gründung eines modernen deutschen Bundesstaates.

Vor diesem Hintergrund wird verständlich, weshalb der württembergische König den Begriff »deutsch« als ein Mittel der Abgrenzung benutzte. Damit distanzierte man sich einerseits von Frankreich, auch von gewissen, für bedrohlich gehaltenen Ideen der Französischen Revolution, andererseits unterschied man sich durch das Wort »deutsch« oder »rein-deutsch« von Preußen und von Österreich. Beide Großmächte, die dem alten »Heiligen Römischen Reich« nicht oder nur teilweise angehört hatten, waren vielsprachig, wenn auch mit deutscher Verkehrssprache. In allen anderen Mitgliedstaaten des Deutschen Bundes sprach man dagegen deutsch – oder einen der deutschen Dialekte – und schrieb deutsch.

Gedacht war das »dritte« oder »reine« Deutschland als ein Bund im Bunde mit der gemeinsamen Schrift- und Literatursprache als verbindendes Element. »Gemeinsam sind wir stärker, wenn wir mit einer Zunge sprechen, wird unsere Stimme im Konzert der Großen gehört werden« – das waren die Grundüberlegungen der von König Wilhelm angestrebten »Trias« im Deutschen Bund.

Die zahlreichen Kritiker König Wilhelms und seiner Idee vom »dritten Deutschland« haben oft übersehen, daß den württembergischen Monarchen bei alledem keineswegs Eitelkeit geleitet hat. Es gab damals ganz handfeste, sogenannte realpolitische Motive für eine Politik, die zu größerer Unabhängigkeit von preußischem und österreichischem Einfluß führen sollte. So war König Wilhelm von Württemberg von der Dauer eines preußisch-österreichischen Einvernehmens nicht überzeugt. Er befürchtete, daß die beiden Mächte eines nicht allzufernen Tages in Streit geraten und die Frage des

Vorrangs im Deutschen Bund auf dem Schlachtfeld austragen könnten. Die kleinen Staaten, so die Überzeugung Wilhelm I., sollten dabei nicht zur Parteinahme gezwungen werden können.

Daß der König mit dieser Einschätzung der österreichisch-preußischen Beziehungen recht behielt, mußte man 1866, zwei Jahre nach seinem Tod, zur Kenntnis nehmen. König Wilhelm I. verstand etwas von Politik, von Macht und Machtinteressen. Später wurde das sicherlich manchem bewußt, der in den Anfangsjahren der Regentschaft des zweiten der württembergischen Könige für die kleineren Staaten im Deutschen Bund keine Notwendigkeit gesehen hatte, sich sowohl von Österreich als auch vom Königreich Preußen abzugrenzen und Distanz zu halten zu den Großmächten.

An einen anderen wichtigen Aspekt, der den württembergischen König bei der Idee der Trias-Politik leitete, muß ebenfalls erinnert werden. Wilhelm mißtraute nach den Erfahrungen, die er als Offizier in Feldzügen mit und gegen Napoleon gesammelt hatte, und nach den Erfahrungen beim Wiener Kongreß – dort vertrat er die württembergische Sache – der europäischen Stabilität. Frankreich war in seinen Augen ein potentiell unruhiger Nachbar, ein Hort gefährlicher revolutionärer Kräfte, die, einmal an der Macht, rasch wieder versuchen könnten, die Schwäche der kleineren deutschen Staaten zu nutzen und die republikanisch-demokratischen Ideen gewaltsam auszubreiten. Wien und Berlin waren relativ weit entfernt von Frankreich, Württemberg jedoch war fast ein Nachbar. Da galt es, so die Ansicht Wilhelms I., politisch und militärisch vorzubauen.

Zur sicherheitspolitischen Vorsorge im Deutschen Bund gehörten nach der Überzeugung König Wilhelms eine Festung Rastatt und eine Festung Ulm, die dem württembergischen Kommando unterstand. Die Festung Luxemburg befand sich damals unter preußischem Kommando, die Festung Mainz unterstand einem gemeinsamen preußisch-österreichischen Befehl. Das einst von Ludwig XIV. und seinem genialen Baumeister Vauban befestigte Landau war bayerisch; nun sollte auch Württemberg an der Sicherung Süddeutschlands und des Oberrheins einen größeren Anteil haben. Man dachte dabei in Stuttgart auch an eine Neuordnung der Armeekorps im Deutschen Bund, bei der man das Übergewicht der Großmächte zugunsten der kleineren Mitgliedstaaten verringern wollte. Eine derart veränderte Militärpolitik, so die Erwartung König Wilhelms, werde die Abwehr eines französischen Angriffs erleichtern und den süddeutschen Staaten mehr Sicherheit bringen.

Es läßt sich im einzelnen nicht belegen, aber es ist in hohem Maße wahrscheinlich, daß der württembergische König auch befürchtet hatte, Österreich werde sich in einem Konfliktfall wegen der starken Inanspruchnahme des österreichisch-ungarischen Staates im Süden und Südosten und wegen einer Instabilität im Inneren nicht entschieden genug für eine Verteidigung der Staaten des Deutschen Bundes engagieren. Ebenso lag die Befürchtung nahe, daß sich das Königreich Preußen, durch die polnische Frage in Anspruch genommen, bei einer Auseinandersetzung mit Frankreich nur halbherzig an der Verteidigung süddeutscher Territorien beteiligen würde. Wenn man für die Zukunft ernsthaft mit einer expansiven Politik Frankreichs rechnete, dann erschien es also konsequent, die nicht-preußischen und nicht-österreichischen Territorien des Deutschen Bundes auch militärisch enger aneinander zu binden. Es war deshalb sicherlich nicht nur persönlicher Ehrgeiz, der den württembergischen König bei seinen damals vielfach angefeindeten, manchmal auch belächelten Ideen einer politischen und militärischen Neuorganisation des Deutschen Bundes geleitet hat. Wilhelm I. von Württemberg galt zwar als ein eigenwilliger, auch von seinen militärischen Fähigkeiten überzeugter Monarch, aber er war vor allem anderen ein politischer Kopf.

Ratgeber Wangenheim

Bestärkt wurde König Wilhelm bei der Suche nach einem »dritten Weg« – einem württembergischen »Sonderweg«, wie Kritiker herablassend meinten – durch Karl August von Wangenheim. Der aus Thüringen stammende Aristokrat war ein einfallsreicher, allem Neuen aufgeschlossener Ratgeber des württembergischen Monarchen. Seit dem Jahr 1806 stand der 1773 in Gotha als Sproß eines alten Adelsgeschlechts geborene Wangenheim in württembergischen Diensten, zunächst als von König Friedrich berufener Präsident der Oberfinanzkammer, dann einige Jahre als Kurator der Universität Tübingen. Die Naturphilosophie, in Tübingen damals von Eschenmayer als neue Weltbetrachtung vertreten, hatte Wangenheims besondere Aufmerksamkeit erregt. In dieser Philosophie steckt als Konsequenz aus Eschenmayers Welterklärung – die als zentralen

Punkt die Dreiheit aller wichtigen Erscheinungen hervorhob – ein Ansatz für die politische Anwendung in Form der »Trias-Idee«.

Nach dem Tod von König Friedrich kehrte Wangenheim nach Stuttgart zurück. Er verwaltete dort das Kultusressort und war maßgeblich an den Entwürfen jener neuen Verfassung beteiligt, die schließlich im September 1819 in Kraft trat. Lange blieb Wangenheim allerdings nicht im Zentrum württembergischer Macht. König Wilhelm schickte seinen Ratgeber und Vertrauten nach Frankfurt. Als Bundesgesandter sollte der thüringische Aristokrat die Interessen Württembergs vertreten und dafür sorgen, daß die beiden Großmächte im Deutschen Bund nicht allzu bedenkenlos über die Ansichten der kleineren Mitgliedstaaten hinweggingen.

Wangenheim nahm die ihm gestellte Aufgabe zuweilen in ziemlich freiem Ermessen wahr. Er demonstrierte dabei viel Selbstbewußtsein als eine Art zweiter württembergischer Außenminister, denn das meiste, was die auswärtigen Beziehungen Württembergs betraf, geschah am Sitz des Bundes in Frankfurt. Das Verhältnis Wangenheims zum eigentlichen Außenminister, Graf Ernst von Wintzingerode, war deshalb nicht das beste, zumal sich der Außenminister vom Bundesgesandten dadurch unterschied, daß er kein Freund kühner Entwürfe war. Als Hauptautor einer »Konstitution« moderner Art galt Wangenheim im Kreise der anderen Gesandten als »Verfassungsfreund«, und vor allem als »Aufklärer«. Beide Charakterisierungen waren zutreffend, allerdings schmälerten sie auch den Einfluß des württembergischen Bundesgesandten. Vor allem Metternich hatte nicht erst seit den Karlsbader Beschlüssen große Vorbehalte gegen einen Repräsentanten Württembergs, der mit seinen modernen Ideen jenen Kräften Auftrieb verschaffen könnte, die mit ihrem Drängen auf Reformen die Stabilität der großen Mächte gefährdeten.

Wangenheim betrachtete das Mißtrauen, das man ihm in Wien und Berlin entgegenbrachte, als eine Auszeichnung. Ob er damit rechnete, daß zahlreiche Aufzeichnungen und Denkschriften, die er für König Wilhelm und die Stuttgarter Minister verfaßte, manchmal oder sogar ziemlich regelmäßig dem Fürsten Metternich und anderen nicht vorgesehenen Empfängern bekannt wurden, weiß man nicht. Es ist durchaus denkbar, daß Wangenheim die Weitergabe seiner scharfsinnigen und wohlbegründeten Urteile manchmal sogar für nützlich hielt.

Zu den wichtigsten Ratgebern König Wilhelms (rechts) gehörte Karl August Freiherr von Wangenheim. Der aus Gotha stammende Adelige war von König Friedrich ins Land geholt worden. Das Porträt zeigt Wangenheim im Jahr 1819.

So schrieb er zum Beispiel im September 1819 über die Karlsbader Beschlüsse, sie »lassen am Ende Unheil und Revolutionen erwarten« oder führten zu einer »schmählichen Unterdrückung der ganzen Nation unter Metternichs Reaktionspolitik«, falls sich die Opposition der kleinstaatlichen Regierungen nicht gegen diese Politik erhebe. In einem Brief, den Wangenheim wenige Tage nach der Bestätigung der Karlsbader Beschlüsse seinem Freund, dem bayerischen Minister Freiherr Maximilian von Lerchenfeld, schrieb, bekannte er freimütig: »Wir müssen einen Bund im Bunde *für* den Bund auf Recht und Vertrauen gründen, wenn wir uns und Deutschland durch Institutionen retten wollen.«

Eigentlich, so heißt es in Wangenheims Brief dem Sinne nach, müsse die Initiative dafür bei Bayern liegen, aber wegen der vorherrschenden Umstände käme derzeit als Initiator vor allem Württemberg in Frage. Wenn Bayern alsbald in der Lage sei, seine natürliche Rolle zu spielen, dürfe es auf die sichere Gefolgschaft Württembergs und Hessen-Darmstadts zählen. Lerchenfeld, einer der Hauptautoren der bayerischen Verfassung, bestätigte, daß die Realisierung der Wangenheimschen Vorstellungen wünschenswert wäre, meinte aber, eine Umsetzung sei derzeit nicht vorstellbar. Bayern werde jedoch nicht zurückstehen, wenn andere vorangingen. Im übrigen bezweifelte Lerchenfeld, daß Wangenheim in der eigenen Regierung die nötige Unterstützung finden werde. Der bayerische Politiker dachte dabei sicherlich auch an den stets vorsichtig agierenden württembergischen Außenminister von Wintzingerode. Anders als sein König stand dieser mit Metternich in einem guten Einvernehmen.

In der Denkschrift, die Wangenheim verfaßte, als Metternich mit seinem Wunsch nach stärkeren Eingriffen in die inneren Angelegenheiten der Bundesmitglieder nicht durchgedrungen war – nicht zuletzt wegen des württembergischen Widerstands –, betonte er erneut die Notwendigkeit eines Bundes im Bunde. In dieser Denkschrift findet sich der Satz: »Jede Übermacht reizt zum Mißbrauch derselben.« Man liest daneben auch die später wiederholt zitierte Begründung für eine Trias-Politik: Das Ziel allen Strebens der Deutschen müsse »ein gemeinsames Vaterland sein, das im Innern die freie Bewegung, gegen das Ausland die würdige Haltung der Nation sichert«.

Eine provozierende Publikation

Die nicht offen nach außen dringenden Vorstellungen des Freiherrn von Wangenheim waren damals eine Sache, eine andere waren die in Form eines Buches publizierten Überlegungen eines Journalisten, der – wie sich zeigen sollte – mit König Wilhelm in gutem Kontakt stand. Das Buch mit dem Titel »Manuskript aus Süddeutschland« erschien im Herbst 1820 mit einem Umfang von 226 Seiten. Glaubte man dem Umschlag und dem Impressum, dann hatte dieses »Manuskript« einen Verfasser namens »Georg Erichson« und war verlegt von »James Griphy« in London. Die Lektüre ließ indes kaum einen Zweifel, daß der Autor kein Engländer, sondern ein Deutscher war, der sich in den innerstaatlichen Verhältnissen auskannte. Man vermutete als den wahren Urheber alsbald den Journalisten Friedrich Ludwig Lindner, der, 1772 in Mitau in Kurland geboren und aufgewachsen, nun in Stuttgart lebte. Lindner war Doktor der Medizin, hatte aber den Arztberuf nicht ausgeübt, sondern sich der Schriftstellerei und dem Journalismus gewidmet.

Einem Leser von Treitschkes »Deutscher Geschichte im 19. Jahrhundert« fällt auf, wie aufgebracht der preußische Historiker gewesen sein mußte, als er diesen Teil der deutschen und württembergischen Geschichte abhandelte. Bei Treitschke liest man darüber: »Alle die boshaften Schmähungen, mit denen einst die Münchner Alemannia ihre bayerischen Leser gegen die Norddeutschen aufgestachelt hatte, kehrten hier wieder, nur minder plump und darum gefährlicher: Berlin hat die besten Schneider, Augsburg die besten Silberarbeiter; der schlaue, unzuverlässige Norddeutsche ist im Felde nur als Husar und Freibeuter zu verwenden, die stämmigen Bauern des Südens bilden den Kern der deutschen Heere; eine politische Verbindung zwischen den beweglichen Handelsleuten des Nordens und dem seßhaften Volke des Oberlandes mag in Jahrhunderten vielleicht möglich werden, heutzutage ist sie ebenso unhaltbar wie die Vereinigung der Engländer und der Schotten zur Zeit Eduards I.«

Soweit ein ungekürztes Zitat aus Treitschkes berühmtem Geschichtswerk. Für den Preußen Treitschke war dieser »Erichson-Lindner« nichts als ein »Zwietrachtprediger«. Er führe aus, daß sich an den Deutschen unbemerkt eine polnische Teilung vollzogen habe. »Von den neunundzwanzig Millionen Einwohnern des Deutschen Bundes gehören ihrer neunzehn den fremden Mächten Österreich, Preußen, England, Dänemark, Holland; seine besten Häfen sind in der Hand der nordischen Barbaresken, der Hanseaten, ein Hors d'œuvre am deutschen Körper, die Beute einer Kaufmannskaste, die in Englands Sold steht. Den rein deutschen Staaten bleibt mithin nur eine Rettung; sie müssen sich losreißen von den Fremden und unter sich den freien Bund selbständiger Stämme, der Deutschlands ursprüngliche Verfassung war, erneuern. Die Führung des Bundes gebührt den Bayern und den Alemannen, die sich soeben unter ihren neuen Königskronen wieder zusammengefunden haben.« Was Treitschke hier zornig zusammengefaßt hat, steht im wesentlichen tatsächlich so in Lindners Buch. Das Urteil des Historikers Treitschke war denn auch vernichtend: »Solange der Deutsche Bund bestand, war ein so dreister Angriff gegen die Grundlagen des Bundesrechtes nie gewagt worden.«

Prüft man Lindners Schrift genauer, dann wird zwar nicht fragwürdig, was Treitschke über Lindners Beschimpfungen der Norddeutschen, speziell der Hanseaten, mitgeteilt hat, wohl aber muß man daran zweifeln, ob denn das empfohlene engere Zusammenrücken der kleinen deutschen Staaten ein so unstatthafter Angriff auf das Bundesrecht gewesen wäre. Das »Manuskript aus Süddeutschland« enthielt zahlreiche Passagen, die weder den Vorwurf einer Rechtsverletzung noch den einer Geschichtsfälschung rechtfertigen konnten.

Über das Vergangene, dessen Restauration nach Meinung Lindners nach dem Wiener Kongreß von den großen Mächten betrieben wurde, las man in dem »Manuskript« unter anderem: »Wo war Übereinstimmung in der Verwaltung und Gesetzgebung, in der Cultur und Geistesrichtung? Den Katholiken wurde eine andere Geschichte gelehrt als den Protestanten. Jeder Stand hatte seine eigene Moral, seinen eigenen Patriotismus, welche die politische Moral seyn soll.« Lindner zog aus derartigen Hinweisen die Lehre, daß die »Flurbereinigung« durch den Rheinbund – also eine von Frankreich betriebene Veränderung – durchaus nützlich gewesen sei. Allerdings hätte man damals statt eines »Königreiches Westfalen« besser ein »Königreich Alamannien« schaffen sollen, mit Grenzen am Lech und auf dem Kamm der Vogesen.

Ideen dieser Art stammten nun gewiß nicht original vom Verfasser des »Manuskripts«. Von der Errichtung eines großen »Alamannien« redete man schon unter König Friedrich, nachdem das alte Reich zerfallen war. Aber nicht nur ein an Machterweiterung interessierter Fürst dachte damals an diese Art von »Flurbereinigung«. Auch Freunde der Französischen Revolution in Württemberg – sogenannte »Jakobiner« – hatten einmal, sehr zum Verdruß ihrer französischen Partner, den Gedanken an ein Groß-Alamannien unter Einbeziehung schweizerischer Kantone erwogen. Einen so großen Nachbarstaat, der zudem die Alpenpässe beherrschen würde, wünschte sich weder ein revolutionäres noch ein bourbonisches Frankreich. Das hatten die württembergischen Revolutionsfreunde nicht bedacht.

Treitschke, und mit ihm viele andere, empörte sich vor allem darüber, daß der Verfasser des »Manuskripts« ausgerechnet der Französischen Revolution und der napoleonischen Politik manches für Deutschland Nützliche bescheinigte, nämlich die Beseitigung einer territorialen Zersplitterung, die am Ende des Dreißigjährigen Krieges festgeschrieben worden war.

Wer Lindner unterstellte, er habe in seinem »Manuskript« für die Schwächung des Deutschen Bundes plädiert, tat ihm Unrecht. Der »Manuskript«-Verfasser wandte sich gegen die von Österreich bevorzugte Form eines Staatenbundes. »Die Natur der Sache aber zeigt, daß organisierte Einrichtungen nur in einem Bundesstaate möglich sind.« Gemeint war damit freilich nicht der große, umfassende Bundesstaat, sondern der rein deutsche, dem Preußen in seiner damaligen Gestalt ebensowenig angehört hätte wie Österreich.

Erstaunlich genau und besonders kenntnisreich waren Lindners Anmerkungen zu einer Reform der Heeres-Organisation und der Verteidigungspolitik. Dabei zitierte der Verfasser Vorschläge Württembergs, also König Wilhelms, die weder Preußen noch Österreich gefallen hatten. Erstaunlich war auch ein Satz, den man in Kreisen der württembergischen Regierung von König Wilhelm kannte: »Die mittleren Staaten sind die Wächter des Gleichgewichts.«

Als Lindners Schrift erschien und man den Verfasser als einen in Stuttgart ansässigen Kurländer ausfindig gemacht hatte, mußte sich Außenminister von Wintzingerode zahlreicher Proteste erwehren und sich die Frage gefallen lassen, wie sich denn das Königreich Württemberg zu verhalten gedenke, schließlich würden in Lindners Schrift auswärtige Staaten verunglimpft. Wintzingerode wollte das Land durch eine sofortige Ausweisung Lindners entlasten. Er besprach die Sache mit König Wilhelm und stellte überrascht fest, daß dieser selbst im Kontakt mit dem Verfasser des »Manuskripts« gestanden und Anregungen für eine derartige Publikation gegeben hatte.

Lindners erste Begegnung mit dem württembergischen König datiert vom 12. September 1819. Über den jungen Monarchen berichtete er daraufhin in einem Brief an Varnhagen von Ense. Darin heißt es, der König sei »menschlich, edel, wohlwollend ... ein wahrer Engel unter den Menschen.« Fortan traf Lindner den König des öfteren, ohne daß das Protokoll davon Kenntnis erhalten hätte. Er war für Wilhelm I. auch außerhalb Württembergs als Kontaktmann tätig, befand sich also in der Rolle dessen, was man damals einen »Geheimagenten« nannte. Für seine Dienste erhielt Lindner laut Vertrag mit dem württembergischen König vom 3. Februar 1820 jährlich 2 000 Gulden, eine Summe, die dem Gehalt eines höheren Regierungsbeamten entsprach und die Bedeutung unterstrich, die sich Lindner in den Augen König Wilhelms erworben hatte. Nach einer Zeit hoher Wertschätzung scheint die Beziehung trotz des Vertrages mehr und mehr abgekühlt zu sein.

Im Jahr 1824 publizierte Lindner unter vollem Verfassernamen eine Schrift mit dem Titel »Geheime Papiere«. Neben früher veröffentlichten Aufsätzen und allgemeinen Betrachtungen fand sich am Schluß ein Beitrag »Politische Betrachtungen über Obskurantismus und Mittelmäßigkeit«. Dieser Beitrag war nichts anderes als eine versteckte Attacke auf König Wilhelm, der allerdings an keiner Stelle namentlich erwähnt wurde. Dessen Reaktion, die Lindner nicht überrascht haben kann, erfolgte am 5. Juni 1824. Der König, so teilte Staatssekretär Christian von Vellnagel dem Verfasser der »Geheimen Papiere« mit, betrachte die eigenmächtige Veröffentlichung des Buches als Vertragsbruch, er, Lindner, müsse Stuttgart sofort verlassen. Man erleichterte Lindner den Abschied, indem man ihm noch für ein Jahr das Gehalt zahlte. Über das Elsaß und Augsburg gelangte Lindner später nach München. Dort wurde er acht Jahre nach seinem unfreiwilligen Abschied aus Stuttgart Herausgeber der bayerischen Staatszeitung im Rang eines Legationsrats.

In den Literaturverzeichnissen ist Lindner als Autor und Übersetzer mit vielen Titeln zu finden, unter anderem war er im Jahr 1835 Mitherausgeber der gesammelten Schriften Napoleons. Friedrich Ludwig Lindner starb im Jahr 1845. Manche Zeitgenossen haben ihn als Stilisten bewundert, andere haben ihn verteufelt, ohne seine politische Weitsicht zu bemerken. In einem sorgfältig erarbeiteten »Lebensbild« Lindners aus der Feder von Otto-Heinrich Elias wird aus einer der Lindner-Schriften der Satz zitiert: »Europa strebt seiner Organisation entgegen. Die einzelnen Staaten sind nicht mehr getrennte Inseln in einem anarchischen Ozean; sie werden, oft ohne ihr Wissen und nicht selten wider ihren Willen, zu Gliedern *eines* Körpers verbunden, dessen Leben sie beschützen und erhalten sollen, und das wiederum ihr Leben, als ihm notwendig, beschützt und erhält. Daher wird die Frage, welche nur die Politik eines einzelnen Landes zu berühren scheint, sogleich eine europäische; daher gibt es keine französische, englische oder österreichische Geschichte der Gegenwart: es gibt nur eine europäische Zeitgeschichte, die wohl bis zu den europäischen Völkern in Amerika hinüberreicht.«

Verona und die Folgen

Das »Manuskript aus Süddeutschland« haftete im Gedächtnis der Politiker und Staatsmänner, die sich weniger von Lindner als von seinem vermuteten Auftraggeber, König Wilhelm, herausgefordert fühlten. Fürst Metternich, dessen Politk der württembergische König durchkreuzen wollte, unternahm mancherlei Anstrengungen, um das ursprüngliche Vertrauensverhältnis zwischen Wilhelm und dessen Vetter, Zar Alexander I. von Rußland, zu stören. Das geschah mit wachsendem Erfolg, wie sich im Jahr 1822 zeigen sollte.

Mit der Einladung zu einem Kongreß nach Verona – zu jener Zeit eine Stadt unter der Herrschaft der österreichischen Krone – wollten die Mitglieder der Heiligen Allianz ihre Führungsposition stärken und zugleich den kleinen und mittleren Mächten zeigen, daß ihre Bedeutung zweitrangig sei. Nach Verona lud man Mitglieder des Deutschen Bundes wie Württemberg nicht ein. In der oberitalienischen Stadt versammelten sich Ende Oktober 1822 der Kaiser von Österreich und König von Ungarn und Böhmen, der Zar von Rußland, der König von Preußen sowie die Könige von Neapel und Sizilien. In ihrer Begleitung befanden sich die wichtigsten Angehörigen der Regierungen und der Diplomatie. Frankreich war unter anderem durch seinen Außenminister vertreten, England ebenso.

Anlaß für den Kongreß in Verona, der sich über mehrere Wochen bis Mitte Dezember hinzog, waren die wachsenden Spannungen zwischen Rußland und der Türkei, eingeschlossen die griechische Frage, die durch das Unabhängigkeitsverlangen der unter türkischer Oberhoheit stehenden Griechen aktuell geworden war. Im Grund ging es – nicht zum erstenmal – um eine Veränderung der Machtverhältnisse in Südosteuropa – dem Balkan – und außerdem um das Verhalten der großen Mächte zu den Freiheitsbewegungen, die nach der Französischen Revolution und nach den napoleonischen Kriegen in einigen Teilen Europas keineswegs erloschen waren, sondern sich mit zunehmender Stärke zu entfalten begannen. Neben der aktuellen griechischen Frage betraf dies vor allem Spanien und Polen, womit sich Rußland, aber auch Preußen und Österreich, gefordert fühlen mußten. Ganz unmittelbar war Österreich als Besatzungsmacht in Piemont und Neapel tangiert.

Am Ende der Konferenz verständigte man sich in Verona darauf, daß Österreich die Anwesenheit seiner Streitkräfte in Piemont befriste und seine Truppen im Königreich Neapel reduziere. Die Erhebung der Griechen gegen die Türken mißbilligte der Kongreß. Allerdings forderte man die türkischen Herrscher unmißverständlich auf, sie sollten die russischen Beschwerden ernst nehmen und sich entsprechend verhalten. Frankreich wurde aufgefordert, es solle die aufsässigen Spanier mit Hilfe des Militärs zur Räson bringen und die Wiederherstellung des bourbonischen Königtums durch französische Truppen erzwingen. Der englische Vertreter stimmte dieser Einmischungspolitik der anderen Mächte nicht zu, sondern distanzierte sich von den Beschlüssen.

Verona war der letzte der Monarchenkongresse, die man im Jahr 1815, zusammen mit dem Zweiten Pariser Frieden, vereinbart hatte. Die Vertreter der britischen Krone bildeten neben den österreichischen, preußischen und russischen Monarchen den vierten Partner im Bunde. Wegen der unterschiedlichen Interessen erwies sich der Kongreß von Verona als das letzte dieser Art europäischer »Gipfeltreffen«. Von da an bröckelte der Zusammenhalt in der Heiligen Allianz. Unverändert blieb jedoch das gemeinsame Interesse der drei konservativen Mächte – Rußland, Preußen und Österreich – an der Abwehr von Freiheitsbewegungen, wo immer sie sich bemerkbar machten. Geblieben war auch der gemeinsame österreichisch-preußische Wunsch nach unbestrittener Vorherrschaft im

Deutschen Bund. Das zeigte sich sogleich nach dem Ende des Veroneser Treffens. Metternich forderte die kleinen Mitgliedstaaten des Bundes auf, sie sollten »an den Maßregeln gegen die revolutionären Bewegungen« teilnehmen.

Diese Art von Politik mißfiel dem württembergischen König. Zum einen, weil die »revolutionären Bewegungen« keine unmittelbaren Interessen des Deutschen Bundes berührten, zum anderen – und das war ihm besonders wichtig –, weil er die geforderte Einmischung in die inneren Angelegenheiten anderer Staaten als einen möglicherweise folgenreichen Präzedenzfall einschätzte. Genau wie die britische Regierung hielt König Wilhelm eine derartige Einmischung für völkerrechtlich zweifelhaft, ja, für völkerrechtswidrig.

Wilhelm I. wollte in dieser Sache nicht als Experte auftreten. Deshalb bat er seinen Außenminister um ein Gutachten. Der Minister bestärkte seinen Monarchen in der Auffassung, daß das Völkerrecht keine Handhabe für die Einmischung in innere Angelegenheiten biete. Aber – so die Ansicht des politisch erfahrenen Ministers von Wintzingerode –, man müsse auch die Risiken bedenken, die Württemberg auf sich nehme, wenn es diesen Rechtsstandpunkt beharrlich vertrete. Das bedeute nämlich nichts anderes als eine Auflehnung gegen die Großmächte, diese aber sei nicht empfehlenswert. Eine erfolgreiche württembergische Politik verlange eine Annäherung an die Großmächte, nicht die Abwendung von ihnen.

Mit dieser pragmatisch-nüchternen Beurteilung der gegebenen Verhältnisse, die man als Fallbeispiel in einem Buch über »Recht, Macht und Politik« zitieren könnte, war König Wilhelm keineswegs zufrieden. Er fühlte sich vielmehr in seinem Temperament herausgefordert und antwortete dem Minister: »Mein Charakter und die Verhältnisse unseres Landes erlauben mir nicht, den Hund zu spielen, der den Schwanz einzieht.«

Gespräch mit Zar Alexander

Weil sich Wilhelm I. die von Metternich gewählte Methode im Umgang mit selbständigen deutschen Staaten nicht gefallen lassen wollte, wandte er sich an Zar Alexander mit der Bitte um ein Gespräch. Der Zar entsprach diesem Wunsch, und man traf sich in Mittenwald, wo Alexander auf der Rückreise von Verona Station machte. Das Zusammentreffen erfüllte freilich keineswegs die Erwartungen oder Hoffnungen des württembergischen Monarchen. Im Gegenteil. Wilhelms russischer Verwandter machte kein Hehl aus seinem Mißtrauen gegen die württembergische Politik. Es hatte den Anschein, daß der Zar seinen Vetter im stillen als einen Verfechter freiheitlicher Ideen verdächtigte und deshalb als einen potentiellen Angehörigen des gegnerischen Lagers einschätzte. Wieweit dabei eine gelegentlich betont polenfreundliche Publizistik in Württemberg eine Rolle spielte, läßt sich nicht nachweisen. Sicher ist nur, daß die russischen Gesandten, ihren Weisungen entsprechend, in jener Zeit mit großer Aufmerksamkeit alle Zeitungsbeiträge registriert haben, die Sympathie mit der polnischen Freiheitsbewegung zeigten. König Wilhelm mußte in Mittenwald jedenfalls erfahren, daß verwandtschaftliche Beziehungen ziemlich wenig zählen, wenn Machtinteressen im Spiel sind.

Dennoch wollte der württembergische König nicht klein beigeben. Nach der Rückkehr von seinem Treffen mit dem Zaren veranlaßte er die Abfassung einer sogenannten Zirkularnote an alle württembergischen Gesandtschaften. Das königliche Dokument, das nicht zur Weitergabe an Unbefugte bestimmt war, sondern eine Argumentationshilfe für die Diplomaten sein sollte, trug das Datum vom 2. Januar 1823. In dieser Note ermutigte Wilhelm die württembergischen Gesandten zu »möglichster Selbständigkeit«. An der Politik der Großmächte und des Deutschen Bundes übte der württembergische König offene Kritik. Die in Verona versammelten Mächte, so seine Worte, wollten »den nämlichen Einfluß ausüben, den sich Napoleon über Europa angemaßt« habe.

Die Sache blieb nicht geheim. Metternich kannte alsbald den Wortlaut der königlich-württembergischen Zirkularnote. Die Regierungen der Großmächte empörten sich über die Kühnheit König Wilhelms. Nach einigem Hin und Her nahmen die Großmächte die von ihnen als beleidigend empfundenen Worte des württembergischen Monarchen zum Anlaß für eine ungewöhnliche Reaktion: Sie beriefen zeitweilig ihre Gesandten aus Stuttgart ab. Die Beziehungen befanden sich damit auf einem Tiefpunkt. Unter anderen Umständen hätte man den Abbruch der diplomatischen Beziehungen als Vorankündigung eines bewaffneten Eingreifens, also eines Krieges, verstehen müssen. Dazu kam es nicht. Wohl aber zeitweilig zu einer Isolation Württembergs im Deutschen Bund; hatten sich doch alle anderen kleinen Bundesmitglieder in diesem Konflikt zurückgehalten und den König von Württemberg alleingelassen.

Metternich sah im Konflikt um die königlich-württembergische Zirkularnote eine günstige Gelegenheit, den ungeliebten Wangenheim loszuwerden. Schon im Sommer 1822 hatten Österreich und Preußen eine »Epuration des Bundestages«, also eine »Säuberung«, verlangt. Nun stellte Metternich zusammen mit Preußen unverhohlen die Forderung, Württemberg möge Wangenheim beim Bundestag durch einen anderen Gesandten ersetzen. Wangenheim, zur »persona non grata« – zur »nicht erwünschten Person« – erklärt, mußte seinen Posten im Frühjahr 1823 räumen. Er kehrte nicht nach Württemberg zurück, sondern ließ sich zunächst in Dresden, später in Coburg nieder.

In Württemberg besaß Wangenheim jedoch weiterhin viele Freunde, und so wurde er im Jahr 1832 vom Wahlkreis Ehingen an der Donau für den Landtag nominiert und gewählt. Man erklärte die Wahl beim Zusammentreten des Landtags allerdings für nicht gültig, weil der Gewählte im Land keinen Wohnsitz habe. Das veranlaßte Wangenheim, den Vorgang in einer besonderen Schrift kritisch zu beleuchten und darin seinen politischen Standpunkt unmißverständlich darzulegen. Die Trias-Idee hat Karl August von Wangenheim auch weiterhin immer wieder publizistisch behandelt. Er blieb seinen Grundüberzeugungen treu. Am 19. Juli 1850 starb er im Alter von 77 Jahren.

Ein anderer Außenminister

Zwei Ereignisse aus dem Jahr 1823, die mit den Differenzen zwischen Württemberg und den Großmächten in engem Zusammenhang standen, müssen ebenfalls erwähnt werden, wenn man an das erzwungene Ausscheiden Wangenheims aus den Diensten König Wilhelms erinnert. Da war einmal der Beschluß des Bundes vom 30. Mai 1923, den in Stuttgart erscheinenden »Deutschen Beobachter« zu verbieten. Das Blatt hatte sich nach Meinung seiner mächtigen Gegner der Beleidigung schuldig gemacht. Das Vergehen betraf die Zentraluntersuchungs-Kommission des Deutschen Bundes.

Man müsse, so hieß es in der Begründung des Bundesbeschlusses, in die württembergischen Belange eingreifen, »um die in Württemberg teils gänzlich unterbliebene, teils mit äußerster Nachlässigkeit und Lauigkeit betriebene Vollziehung« der Karlsbader Beschlüsse ins Werk zu setzen. Es lag auf der Hand, daß dieses Verbot eine Warnung an Württemberg und dessen König sein sollte und den in Stuttgart Regierenden klarmachen mußte, daß man vor direkten Eingriffen nicht zurückschrecke. Den Dichter Wilhelm Hauff, Mitglied der Burschenschaft »Die Feuerreiter«, hat die Mainzer Kommission damals zu einem Spottgedicht inspiriert, in dem unter anderem von den Aufpassern Metternichs gesagt wird:

Sie schnüffeln in den leeren Wind
mit ihrer langen Nas'
sie gucken sich die Augen blind
durch ihr Vergrößrungsglas.

Für Hauff war die Mainzer Kommission nichts anderes als eine »Reichsinquisition«, die »uns schändet und verdammt«.

Nach dem folgenreichen Aufsehen, das die königliche Zirkularnote erregt hatte, war das Verhältnis König Wilhelms zu seinem Außenminister von Wintzingerode gespannt. Der Monarch hielt den Minister für mitverantwortlich, weil er das Bekanntwerden dieser internen Note nicht verhindert habe. Da Wintzingerode mit der Politik seines Königs ohnedies nur bedingt einverstanden war, zog er die Konsequenzen und schied aus dem Amt. Im September des Jahres 1823 ernannte der König Joseph Ignatz von Beroldingen zum Nachfolger Wintzingerodes.

Beroldingen entstammte einem alten katholischen Schweizer Patriziergeschlecht, und seine Familie hätte ihn gerne als Geistlichen gesehen. Der neue Außenminister blieb 25 Jahre lang im Amt und bemühte sich nicht ohne Erfolg um eine Verbesserung der württembergischen Beziehungen zu Österreich. Weniger erfolgreich war er allerdings bei der Pflege des Verhältnisses zu Rußland.

Auf diesem Felde hätte es jeder württembergische Außenminister schwer gehabt, waren dabei doch politische und verwandtschaftliche Beziehungen eng miteinander verknüpft. Wichtige Kontakte kamen zuweilen ohne Zutun der Gesandten oder der Ministerien zustande. So auch im Krisenjahr 1823 ein Vorstoß bei Zar Alexander. Als im September Prinzessin Charlotte von Württemberg in St. Petersburg den Großfürsten Michael heiratete, bestimmte König Wilhelm den General Ferdinand Freiherr von Varnbüler zum Reisebegleiter seiner Nichte. Varnbüler, so die königliche Instruktion, solle Zar Alexander über die tatsächlichen Verhältnisse in Württemberg unterrichten. Der Zweck des Unternehmens war unschwer zu erkennen: Da der Zar seinem Verwandten in Mittenwald mit Mißtrauen begegnet und offensichtlich einseitig über die Grundlagen der württembergischen Politik informiert war, sollte der General, der politisch unverdächtig erschien, Alexander über bestimmte Vorgänge Auskunft geben.

In einer von König Wilhelm detailliert aufgesetzten Instruktion wurde Varnbüler angewiesen, er solle dem Zaren »ein treues Bild des festen, geordneten und gesetzmäßigen Ganges der Regierung und Verwaltung auf der einen und der Ruhe, der Zufriedenheit und des unbedingten Gehorsams der Untertanen auf der anderen Seite entwerfen«. Wichtig war es Wilhelm, daß Varnbüler in dem Gespräch »die vollkommene Übereinstimmung der Regierung und ihrer Stände« schildere. Ausdrücklich wünschte der königliche Auftraggeber, daß der General »die neue württembergische Verfassung nur als eine von früheren, der Regierung wie dem Volke gemeinschädlichen Mißbräuchen gereinigte, den jetzigen staats- und völkerrechtlichen Verhältnissen des Königreiches angepaßte Fortsetzung der älteren Landesverfassung« darstelle und dabei auf die dreihundertjährige Existenz dieser älteren Verfassung hinweise. Die so geänderte Verfassung, so die Lesart, die Varnbüler vortragen sollte, »sei die unabweisliche Bedingung, unter der allein Regierung und Volk in diesem Lande sich verständigen und glücklich sein könnten«. Angesichts des steigenden öffentlichen und privaten Wohlstandes, auf den ebenfalls hinzuweisen sei, bleibe Württemberg im übrigen kein anderer Wunsch, als »von außen keine Störungen« bei der »Entwicklung seines inneren Wohlstandes zu erfahren«.

Der General Ferdinand von Varnbüler hatte in St. Petersburg Gelegenheit, das vorzubringen, was ihm sein Monarch aufgetragen hatte. Eine gründliche Veränderung der russischen Politik gegenüber Württemberg war freilich in der folgenden Zeit nicht zu beobachten. In Zweifelsfällen befand sich die russische Politik weiterhin auf der Seite Österreichs und Preußens. Eine württembergische Sonderrolle paßte nicht ins Konzept.

Als im Sommer 1824 eine erneute Bestätigung und unbefristete Verlängerung der Karlsbader Beschlüsse auf der Tagesordnung des

Deutschen Bundes stand, hatte das Königreich Württemberg keine Chance zum Widerspruch. Wilhelm I. mußte den Bundesbeschluß anerkennen – allerdings blieb er dabei, daß Württemberg nichts an seiner Verfassung ändern wolle und ändern werde.

Die Großmächte erwarteten von Württemberg nicht nur die formale Anerkennung ihrer anti-liberalen Politik. Das war dem Justizminister Maucler klargeworden, als er bei einem Gespräch mit dem Fürsten Metternich auf dessen Rheingauer Besitz Schloß Johannisberg auskundschaften sollte, wie man nach der Abberufung der Gesandten die alten normalen Beziehungen zu den Großmächten wiederherstellen könne. Maucler scheint König Wilhelm geraten zu haben, er solle sich mit den Machtansprüchen der Großen abfinden, alles andere wäre unrealistisch und zum Schaden des eigenen Landes.

Am 23. September schrieb Wilhelm schließlich Briefe an den König von Preußen und an den Kaiser von Österreich. Dabei wählte er einen versöhnlichen Ton, wie ihm geraten worden war. Bald darauf kehrten die Gesandten nach Stuttgart zurück. Der Historiker Eugen Schneider, der diese Vorgänge Ende des 19. Jahrhunderts aus den Akten erschloß, kommentierte das Einlenken König Wilhelms mit den Worten: »Die Reaktion hielt damit ihren Einzug auch in Württemberg.«

Zar Alexander I. von Rußland war der Schwager und Vetter des württembergischen Königs. Von der engen Verwandtschaft erhoffte sich Wilhelm I. eine Stärkung der Stellung Württembergs in der deutschen und europäischen Politik.

Beschränkte Pressefreiheit

Pressefreiheit bedeutet nicht nur Meinungsfreiheit für Journalisten und Redakteure, sondern auch Informationsfreiheit im Interesse der Leser. Oft waren – und sind – Nachrichten wichtiger und wirkungsvoller als Meinungsbeiträge, als Kommentare und Leitartikel. Pressefreiheit, in einem umfassenden Sinne verstanden, ist die Grundlage der politischen Freiheit. In Württemberg kannte man den engen Zusammenhang von Pressefreiheit, politischer Freiheit und persönlicher Freiheit besonders gut, seit Herzog Karl Eugen den Herausgeber der »Deutschen Chronik«, Christian Friedrich Daniel Schubart, nach einer widerrechtlichen Festnahme fast zehn Jahre ohne Anklage und Gerichtsverhandlung auf dem Hohenasperg gefangengehalten hatte.

Die Erinnerung an das schlimme Schicksal des ersten, in Deutschland politisch einflußreichen Journalisten war bei den Württembergern noch lebendig, als König Wilhelm im Jahr 1817, nur kurze Zeit nach der Übernahme der Regentschaft, ein Pressegesetz unterzeichnete, dessen erklärte Aufgabe es war, im Königreich Württemberg die Pressefreiheit zu sichern. Würden nun neue politische Zeitungen erscheinen? Müßte man künftig keine Regierungserlaubnis mehr einholen, wenn man gedruckte Informationen und Meinungen verbreiten wollte? Das blieb zunächst unklar, weil im Gesetzestext eine Konzessionspflicht nicht ausdrücklich genannt war. König Wilhelm selbst beseitigte im Dezember 1818 die Unklarheit und dämpfte zugleich die Erwartungen derjenigen, die sich eine neue Ära der Freiheit erhofft hatten. In einer »authentischen Interpretation« wurde festgestellt, daß mit dem neuen württembergischen Pressegesetz »das von der Staatsregierung bisher ausgeübte Recht, Privilegien und Concessionen zur Herausgabe von Zeitungen und Zeitschriften zu erteilen, nicht aufgehoben« sei.

Der staatliche Anspruch auf Konzessionierung oder – wie es nach 1945 hieß – »Lizenzierung« von Zeitungen und Zeitschriften hatte eine nicht ausdrücklich erwähnte, aber doch sogleich praktizierte Konsequenz: mit ihr entstand der staatliche Anspruch auf ein Aufsichtsrecht. Das galt in doppelter Hinsicht: Die Behörde hatte die Macht, eine Konzession zu erteilen oder zu verweigern, ein Beauftragter der Regierung, in diesem Fall des Königs, entschied über

Personen, die man für geeignet hielt, eine periodische Druckschrift herauszugeben. Die gleiche Behörde war auch imstande, bei Mißliebigkeit die Druckerlaubnis zu entziehen. Wer eine Zeitung herausgeben wollte, mußte das Vertrauen der königlichen Regierung besitzen. Das war der unausgesprochene Sinn jener »Interpretation« vom Dezember 1818, die Wilhelm I. mit seinem Namen unterzeichnet hatte. Das letzte Wort in Pressesachen blieb bei der Regierung, und das bedeutete: beim König selbst.

In den Auseinandersetzungen über Pressefreiheit und Zensur, in die sich der württembergische Monarch nach den Karlsbader Beschlüssen mehr als einmal verwickelt sah, stellte sich rasch heraus, daß die Machtfülle, die sich aus der Konzessionspflicht für Zeitungen und Zeitschriften ableiten ließ, dem König auch Nachteile brachte, die er 1818 möglicherweise unterschätzt hatte. Die auswärtigen Gegner Wilhelms waren imstande, alles, was ihnen an Informationen und Meinungsbeiträgen in württembergischen Zeitungen mißfiel, der königlichen Regierung anzulasten, waren solche Artikel doch in staatlich konzessionierten Blättern gedruckt worden. Besonders belastend empfand man die – indirekte – Verantwortung, wenn man die Konzession einem Nicht-Württemberger, einem »Ausländer«, erteilt hatte. Bei Konzessionären mit ausländischer Staatsangehörigkeit – das konnten Badener oder Bayern, Österreicher oder Preußen sein – legte die königlich-württembergische Regierung denn auch besonders strenge Maßstäbe an, sei es, weil man Kritik an württembergischen Verhältnissen den eigenen Landsleuten vorbehalten wollte, nach dem Motto: »Es muß in der Familie bleiben«, sei es, weil man – nicht immer zu Unrecht – befürchtete, daß ein Nicht-Württemberger von Württemberg aus seine heimatliche Obrigkeit attackieren und damit die auswärtigen Beziehungen des Königreiches stören könnte.

Es scheint, daß König Wilhelm selbst schon bald nach dem Erlaß der Karlsbader Beschlüsse wiederholt Anlaß gesehen hat, sich über Zeitungen zu ärgern, die in Württemberg gedruckt, aber auch außerhalb Württembergs verbreitet und in Staatskanzleien aufmerksam gelesen wurden. Aktenkundig ist ein Zornesausbruch des Königs, der bei einer Sitzung des Geheimen Rates am 20. Januar 1821 vom »Preßunfug« sprach. Zwei Blätter nannte König Wilhelm dabei mit Namen: die »Neckarzeitung« und den »Volksfreund«, mit dem Friedrich List eng verbunden war. Die Blätter trieben »frechen

Mißbrauch«. Der Herausgeber des »Volksfreunds« sei ein »übelprädicierter Ausländer«, ihm sei die Konzession zu entziehen.

Zwischen der »authentischen Interpretation« des württembergischen Pressegesetzes von 1817 und der Aufhebung der Konzessionspflicht im Januar 1849 vergingen mehr als 30 Jahre. Der entscheidende Schritt zur Freiheit, erzwungen von der revolutionären Bewegung der Jahre 1848/49, wurde allerdings im Dezember 1850 nach dem endgültigen Scheitern der bürgerlichen Revolution wieder rückgängig gemacht. Vor Jahresende 1850 verkündete die königlich-württembergische Regierung eine Verordnung »zum Schutze gegen den Mißbrauch der Presse«. Der verantwortliche Redakteur einer Zeitung mußte nun württembergischer Staatsbürger und 25 Jahre alt sein. Wer innerhalb von drei Jahren mehr als einmal wegen eines »Preßvergehens« bestraft worden war, durfte nicht mehr Redakteur sein, er erhielt damit ohne Rücksicht auf die Art seines Vergehens und die Höhe der Strafe für die Zukunft Berufsverbot.

Sechs Jahre danach trat auch für Württemberg eine Bestimmung in Kraft, die vom Bund beschlossen worden war: Konzessionen für die Herausgabe politischer Zeitungen wurden nur dann gewährt, wenn der Konzessionär eine Kaution leistete. Solange König Wilhelm lebte, änderte sich an diesen Vorschriften nichts mehr. Erst König Karl, Wilhelms Sohn und Erbe, hob im Dezember 1864 die einschränkenden Vorschriften auf.

Zensoren und Zensur

In Paragraph 2 des Pressegesetzes von 1817 wird gesagt, es sei erlaubt, »alles ohne Censur drucken zu lassen«. Der 25. September 1819, der Tag der Karlsbader Beschlüsse, machte diese württembergische Gesetzesvorschrift für lange Zeit zu einem leeren Versprechen. Das Bundesrecht beanspruchte den Vorrang vor dem Landesrecht, und es dauerte trotz eines Vorstoßes in der Zweiten Kammer im Jahr 1833 noch 15 Jahre, bis eine königliche Verordnung am 1. März 1848 die Zensur aufhob. Von da an galten für Pressevergehen nur die allgemeinen Gesetze. Als König Wilhelm seine Unterschrift unter die Verordnung zur Abschaffung der Zensur setzte, handelte er unter dem Eindruck der in Paris ausgebrochenen Revolution. Es galt, auch in Württemberg ein Zugeständnis zu machen, um so den befürchteten revolutionären Umtrieben ein wenig die Grundlage zu entziehen.

Hauptaufgabe der württembergischen Pressezensur war es, Zeitungsbeiträge zu verhindern, die – Wahres oder Unwahres enthaltend – die Beziehungen zum Ausland belasten oder gefährden könnten. Zum Ausland rechnete man auch alle anderen Mitgliedstaaten des Deutschen Bundes – Württemberg selbst war das »Vaterland«. Ganz wichtig erschien der württembergischen Regierung von Anfang an die Rücksichtnahme auf Frankreich und Rußland, die eigentlichen »ausländischen Mächte«. Empfindlichkeiten gab es überall. Bayern zum Beispiel wünschte, daß württembergische Zeitungen aus dem Lande König Ludwigs I. nur solche Nachrichten verbreiten sollten, die »in Bayern zensiert« worden waren. Vom Wahrheitsgehalt sprach man bei alledem kein Wort.

Zensur hieß immer »Vorzensur«, das heißt, der Zensor mußte die Abzüge der vorgesehenen Beiträge gelesen und genehmigt haben, erst dann konnten sie gedruckt werden. Dieses Verfahren erstreckte sich nach 1819 auch zunehmend auf Nachrichten und Artikel, die innerwürttembergische Themen behandelten. Prüft man einige Beiträge aus der damaligen Zensurpraxis, die württembergische Fragen betrafen, so zeigen sich groteske Methoden, die auch mit der Berufung auf die Karlsbader Beschlüsse nicht zu rechtfertigen waren. Eine Politisierung der Bevölkerung schien die königliche Regierung lange Zeit am meisten zu fürchten. Trotz ständig wiederholter Forderungen von Mitgliedern der Ständeversammlung, also von gewählten Repräsentanten der Oberämter und »guten Städte«, durften erst von 1839 an Beiträge zu den Landtagswahlen erscheinen.

Zensur war oftmals eine Ermessensfrage. Vieles hing von der Person des Zensors ab. Unterstellt war die Zensurbehörde seit 1819 dem Minister des Auswärtigen. Das erschien logisch, weil ja hauptsächlich irgendwelche Beschwerden des Auslands vermieden werden sollten. Unklar ist, wieweit die alte Zensurverordnung von 1808 dem Zensor zuweilen als strenge Richtschnur gedient hat. Danach durfte in Zeitungen nichts erscheinen, was »Beunruhigung über Katastrophen« und dergleichen hätte hervorrufen können. Verboten war die »Verletzung von Sitte und Anstand« und die »Beleidigung der Religionsgesellschaften«. Diese Formulierung aus der Zeit König Friedrichs hatte unter anderem auch den Zweck, die von Friedrich verfügte Gleichrangigkeit der Religionsgemeinschaften, in der späteren Verfassung »Kirchen« genannt, dadurch zu sichern, daß

Angriffe auf Andersgläubige unterbunden werden sollten. Man verstand dies auch als Minderheitenschutz, nicht zuletzt als Schutz der Bürger mosaischen Glaubens, deren Gemeinschaft man als »israelitische Kirche« bezeichnete.

Eine ganz und gar schwäbische Beigabe zum Thema Zensur soll hier nicht verschwiegen werden, nämlich der Streit über die Frage: »Wer bezahlt eigentlich den Zensor?« Nach der Zensurordnung von 1808, soviel war klar, mußte der Drucker für die Kosten aufkommen. Die Drucker und Verleger nahmen diese Last anfangs noch auf sich und akzeptierten damit auch stillschweigend jene Zensurverordnung, die dem Gesetz von 1817 im Kern widersprach. Bald aber wehrten sich Verleger wie Cotta und andere gegen Kosten, die sie für eine von ihnen keineswegs gewünschte Leistung entrichten sollten. Nach einigen Jahren hatten die andauernden Beschwerden der Drucker und Verleger Erfolg. Im Jahr 1832 bestimmte die königliche Regierung durch eine »höchste Entschließung«, daß aus der Staatskasse jährlich 1500 Gulden bereitzustellen seien, um den Aufwand für die Zensurbehörde zu bestreiten.

Die Sache ging so lange gut, wie der Haushaltsvorschlag der Regierung das Plazet der Zweiten Kammer erhielt, die damit – nach allgemeiner Auffassung – auch die Zensur akzeptierte. Als die Zweite Kammer den Etattitel für die Zensurbehörde beim Haushalt des Jahres 1845 nicht bewilligte, entstand eine unklare Situation. Eindeutig war dabei nur der Wille der Kammermehrheit, die Zensur abzuschaffen. Während der Etatberatung des Jahres 1848/49 faßte die Zweite Kammer unter dem Eindruck der revolutionären Situation wieder einen Beschluß, die Zensurbehörde betreffend. Die Abgeordneten verlangten, daß die seit dem Jahr 1841 »aufgelaufenen Zensurkosten in Höhe von 9000 Gulden von demjenigen Minister zurückgefordert« werden sollten, »unter dessen Verantwortung diese Kosten gemacht wurden«.

Was darauf folgte, ist eine staatsrechtliche Rarität und zugleich ein Lehrstück für kameralistische Spitzfindigkeit. Finanzminister Christoph von Herdegen, der schon vor der Bildung des sogenannten »März-Ministeriums« sein Amt innehatte und sicherlich das Vertrauen König Wilhelms als strenger Sachwalter der Staatsfinanzen besaß, schickte dem Grafen Joseph Ignatz von Beroldingen, dem damals verantwortlichen Außenminister, ein Zahlungsersuchen. Herdegens Begründung: Der Beschluß der Zweiten Kammer von 1845 sei rechtsgültig geworden, weil die Regierung dagegen keine Verwahrung eingelegt und den Beschluß in die gedruckte Zusammenstellung der Kammerbeschlüsse habe aufnehmen lassen. Ungeachtet des Fortgangs der turbulenten politischen Ereignisse in jener Zeit beschäftigte dieses Ersuchen des Finanzministers intensiv den Geheimen Rat. Als sogenannte Rekursbehörde hob dieser schließlich im Sommer 1850 die Zahlungsaufforderung an Graf Beroldingen auf.

Was hatte man im Geheimen Rat entdeckt, um dem Grafen die Zahlung zu erlassen? Entlastet hatte ihn ein Gutachten eben dieses Geheimen Rats aus dem Jahr 1845. Darin war man zu dem Schluß gekommen, daß die Fortdauer der Zensur – unbeschadet des Haushaltsbeschlusses der Zweiten Kammer – gesetzmäßig sei. Unter diesen Umständen wäre es unbillig gewesen, wenn einzelne Minister die Zeche hätten bezahlen müssen. Wie man mit der hier festgestellten Gesamthaftung der Regierung verfahren ist und wie man die Kosten schließlich verbucht hat, das hätte in unserer Zeit vielleicht ein Rechnungsprüfer oder ein Rechnungshof lückenlos ans Licht gebracht. Unter den damaligen Umständen blieb es ein württembergisches Staatsgeheimnis.

Lohbauer – ein Herausforderer

Die Pariser Juli-Revolution von 1830 sorgte auch im Königreich Württemberg für Unruhe – für eine politisch-produktive Unruhe bei freiheitlich gesinnten Geistern und für eine angsterfüllte Unruhe bei Repräsentanten der Obrigkeit. Die politische Lethargie, die sich im dritten Jahrzehnt des 19. Jahrhunderts immer stärker ausgebreitet hatte, begann vor allem in der jungen Generation einer neuerwachten politischen Aktivität zu weichen.

König Wilhelm selbst spürte, daß einige Reformen nun in Angriff genommen werden müßten, wollte man unruhige Verhältnisse vermeiden. Zu den wichtigsten, auf Erledigung harrenden Vorhaben gehörten Änderungen des Strafgesetzbuches und der Strafprozeßordnung, wie sie ein Friedrich List und andere schon Jahre zuvor angemahnt hatten. Der König ordnete bereits im März 1830 an, daß ein außerordentlicher Landtag die entsprechenden Gesetzesvorlagen beraten solle. Ganz dringlich erschien der Regierung auch die Ablösung alter Verpflichtungen, die mit der Leibeigenschaft verbunden waren.

Die guten königlichen Vorsätze wurden jedoch nicht verwirklicht. Die Pariser Juli-Revolution machte König Wilhelm allem Anschein nach unsicher und ratlos. Der außerordentliche Landtag wurde nicht einberufen. Die Reformpläne blieben auf der langen Bank. Die Regierung verhielt sich unschlüssig. Man wollte abwarten. Die Abgeordneten, ohnedies nur noch für kurze Zeit gewählt, konnten weiterhin zu Hause bleiben.

Die Untätigkeit und Unschlüssigkeit erfreute indes die liberale Opposition. Die württembergische Zensur handelte bei der Durchsicht der Druckerzeugnisse nun ziemlich großzügig. Metternichs Ratgeber, Friedrich Gentz, der geistige Vater der Karlsbader Zensurbeschlüsse, klagte empört über das »jakobinische Schwabenland«. Die Klage des Metternich-Ratgebers betraf einen Vorgang im Stuttgarter Geheimen Rat. Dort hatte Staatsrat Wilhelm Seybold – kein Liberaler, sondern ein Konservativer – die Meinung vertreten, daß man in Württemberg die gesetzmäßige und verfassungsgemäße Pressefreiheit bisher mehr beschränkt habe, als dies nach den Bundesbeschlüssen erforderlich gewesen wäre. Man habe nämlich, so Seybold, die Zensur auch auf die inneren Verhältnisse und auf die des Auslandes ausgedehnt.

Das Ergebnis dieser Debatte im Geheimen Rat faßte ein Antrag an König Wilhelm zusammen. Der Rat bat den Monarchen um »befreiende Zensurvorschriften«. Sie traten im Oktober des Jahres 1831 in Kraft. Der König beherzigte in seiner Verfügung auch Seybolds Rat, die Genehmigung neuer politischer Zeitschriften nicht länger zu verweigern, weil man sonst gewärtig sein müsse, daß Kritik durch ausländische, unzensierte Blätter verbreitet werde.

Im Grunde zog König Wilhelm mit der Bekanntgabe der veränderten Zulassungsvorschriften nur die Konsequenz aus inzwischen eingetretenen Veränderungen in der Zeitungslandschaft. Bereits im Februar 1830 hatte der Buchdrucker Johann Gottlieb Munder um die Erlaubnis für die Herausgabe eines nicht-politischen Tagblattes ersucht und diese Erlaubnis auch bekommen. Das Blatt sollte »Allgemeine Stadt- und Landpost« heißen. Das Innenministerium versah die Druckerlaubnis für den »wegen Verfehlung gegen die Preßgesetze noch nie in Untersuchung gekommenen« Munder mit der Auflage, in die Zeitung keine »das Land oder das Ausland berührende Artikel« aufzunehmen.

Es dauerte sieben Monate, bis Munder auf seinen Zeitungsplan zurückkam. Am 30. Oktober bat er das Zensurkollegium um die Bestellung eines Zensors für ein Blatt mit verändertem Titel. Es sollte nicht »Stadtpost« genannt werden, sondern »Hochwächter«. Das Ministerium des Auswärtigen bestimmte den Geheimen Legationsrat Georg Bilfinger zum Zensor der geplanten Zeitung. Das Innenministerium war mit dem neuen Titel einverstanden. Auch die Stuttgarter Stadtdirektion, die am Genehmigungsverfahren beteiligt war, stimmte zunächst zu, meldete aber kurz danach Bedenken an, indem sie auf mögliche »Anstände« wegen der Bundestagsbeschlüsse, der sogenannten Karlsbader Beschlüsse gegen »revolutionäre Umtriebe«, verwies. Am Ende blieb es dann bei der Auflage, auf den Abdruck politischer Beiträge zu verzichten.

Die erste Ausgabe des »Hochwächter« erschien am 1. Dezember 1830. Am Projekt beteiligt war indes nicht nur der Drucker Munder. Mit von der Partie waren zwei politisch interessierte und engagierte Stuttgarter: die Rechtskonsulenten Gottlob Tafel und Friedrich Rödinger. Als verantwortlichen Redakteur engagierte man wenige Tage nach dem Erscheinen der ersten, von Munder verantworteten Ausgabe einen jungen Feuerkopf: Rudolf Lohbauer.

Der neue Redakteur, Sohn des 1809 gefallenen württembergischen Hauptmanns und lyrischen Dichters Karl von Lohbauer, war den Stuttgarter Behörden nicht ganz unbekannt: Er hatte sich als Student in Tübingen bei den Burschenschaften engagiert. Es kam zu einem Zwischenspiel: Die Stadtdirektion verfügte eine Beschlagnahme der von Lohbauer redigierten Ausgaben. Eine Beschwerde bei König Wilhelm hatte jedoch Erfolg. Die Stuttgarter Stadtdirektion wurde von der Regierung darüber belehrt, daß »der Bundestagsbeschluß vom 1. Oktober 1819 in seinen Paragraphen nur die Nennung des Namens des Redakteurs« vorschreibe. Ein Blatt »von so gemischtem und das Gebiet der Politik im engsten Sinne nur gelegentlich berührenden Inhalt« bedürfe »einer eigentlichen Konzession« gar nicht. Verfasser des zitierten regierungsamtlichen Gutachtens war der Ministerialreferent, Oberregierungsrat August von Köstlin. Ihm verdankte Lohbauer, daß er nun doch der leitende Mann des »Hochwächter« sein durfte.

Das Blatt erschien sechsmal wöchentlich, wurde im Oktavformat gedruckt und hatte anfangs nur einen kleinen Umfang. Der Turm der Stuttgarter Stiftskirche schmückte den Zeitungskopf. Die

Blattgründer legten Wert auf solche Symbolik. Dies sollte zeigen, daß man von hoher Warte aus im Lande Umschau halte. Unterhaltende und belehrende Artikel erschienen ebenso wie Diskussionsbeiträge. Der »Hochwächter« richtete dafür einen »Turnierplatz« ein unter der Devise: »dessen Schranken sind geöffnet für jeden guten Streit mit offenem oder geschlossenem Visier«. Man behauptete, daß man zwar »ein der Politik nicht ganz fremdes, aber auch nicht ein rein politisches«, sondern ein »politisch-literarisch-artistisch-öconomisches Conversationsblatt« herausgebe, also keine Zeitung im streng politischen Sinn. Unser inzwischen gängiger Begriff des »Politischen« ist sicherlich etwas anders. Tatsächlich erwies sich der »Hochwächter« schon bald als Vorkämpfer freiheitlicher und demokratischer Ideen und war nicht nur gelegentlich, sondern stets ein politisches Blatt. Wäre es anders gewesen, dann hätte der Zensor Bilfinger fortan nicht soviel Arbeit – und auch Ärger – mit dem »Hochwächter« und mit dem Redakteur Rudolf Lohbauer gehabt.

Jugendfreundschaft mit Mörike

Rudolf Lohbauer, 1802 in Stuttgart geboren, erlebte nach dem frühen Soldatentod seines Vaters einen Teil seiner Jugendzeit in Ludwigsburg. In der Oberen Marktstraße, wo seine Mutter eine Wohnung bezogen hatte, lebte auch die Familie Eduard Mörikes. Zwischen Lohbauer und Mörike entstand eine Jugendfreundschaft, die später, als die beiden Freunde örtlich voneinander getrennt waren, in Briefwechseln fortgesetzt wurde. Ein anderer Dichter, Wilhelm Waiblinger, gehörte in Lohbauers Tübinger Studentenzeit ebenfalls zum Kreis der Freunde.

Eine enge Verbindung bestand auch zwischen Lohbauer und Wilhelm Zimmermann, Mitseminarist von David Friedrich Strauß und Friedrich Theodor Vischer in Blaubeuren und damit ebenfalls zur sogenannten »Genie-Promotion« gehörend. Zimmermann hat sich als Autor der »Geschichte des Bauernkrieges« verdient gemacht. Seine journalistischen Anfänge erlebte er zusammen mit Lohbauer beim rasch populär gewordenen »Hochwächter«. Lohbauer, der keine Schwierigkeit hatte, rasch ein paar gereimte Strophen zu Papier zu bringen oder ein Bild zu zeichnen, galt bei seinen Zeitgenossen vor allem als künstlerische Begabung. Mörike hat ihn in seinem »Maler Nolten« als Larkens porträtiert. Das Künstlerische schloß Lohbauers leidenschaftliches Interesse für Politik nicht aus.

Bei den Theater- und Literaturhistorikern hat der Name Lohbauer im übrigen einen besonderen Platz: Er gilt als derjenige, der erstmals regelmäßig Theaterkritiken veröffentlicht hat – im »Hochwächter«. In einem Brief an einen gemeinsamen Freund schrieb Eduard Mörike: »Grüße Lohbauer aufs beste. Ich wünsche sehr, daß seine Kritiken, die ohne alle Frage köstlich sind, nicht aufhören möchten!« Eben dies wünschten sich jedoch viele Mitglieder des königlichen Stuttgarter Hoftheaters. Die Art, wie Lohbauer Inszenierungen, schauspielerische Leistung und Stückauswahl kritisch durchleuchtete, war bis dahin in Württemberg unbekannt und ungewohnt. Die Betroffenen protestierten wiederholt und beschwerten sich. Man drohte Lohbauer ein mehrwöchiges Hausverbot für das Hoftheater an, »falls er sich nicht mäßige«; gegebenenfalls werde man ihn durch den Polizeidiener aus dem Theater hinausführen lassen.

Der Streit mit den Theaterleuten erwies sich indes als harmlos im Vergleich zu den ständigen Konflikten und Reibereien mit dem Zensor. Der »Hochwächter« griff vornehmlich Beschwerden über Behördenwillkür auf und machte sich zum Anwalt und Sprachrohr all derer, die sich als Untertanen schikaniert fühlten. So wurde Lohbauers Blatt erstmals in der jungen Geschichte des Königreichs Württemberg zu einer öffentlichen Instanz, zu einer »vierten Gewalt«. Falsch wäre es freilich, Rudolf Lohbauer zu unterstellen, er habe auf eine Beseitigung der bestehenden Ordnung abgezielt. Der »Hochwächter« blieb stets loyal gegenüber der verfassungsmäßigen Ordnung, allerdings pochte er entschieden auf die Freiheitsrechte, die in dieser Verfassung niedergelegt waren.

Die Pressefreiheit hielt man besonders hoch und kämpfte deshalb mit aller Entschiedenheit gegen die Zensur. Die Zensierung von Zeitungen laufe dem Staatsinteresse strikt zuwider – so Lohbauers immer wiederkehrende Argumentation. Der Zensor, einerseits dem württembergischen Gesetz und der Verfassung verpflichtet, andererseits aber auch zur Rücksichtnahme gegenüber den Bundesbeschlüssen gezwungen, befand sich häufig in einem Dilemma. König Wilhelm war inzwischen dem Zensor keine Stütze mehr, wenn dieser großzügig sein wollte. Es scheint, daß der Monarch

Um 1830 regte sich in einigen Zeitungen vernehmlich die Kritik an den politischen Verhältnissen. Hier die Titel der damals einflußreichen Blätter, darunter der von Lohbauer redigierte »Hochwächter«.

nicht länger Neigung verspürte, wegen seines Rufes als »liberaler Fürst« von anderen Mitgliedern des Deutschen Bundes kritisiert und angefeindet zu werden.

Zum besonderen Ärgernis wurde Lohbauer für die Regierung, weil er sich weigerte, einem Hinweis des Außenministers Graf Beroldingen zu folgen. Der Minister hatte den Redakteur des »Hochwächter« am 28. Juni 1831 schriftlich darauf hingewiesen, daß es laut Erlaß des Ministeriums des Auswärtigen vom 2. Oktober 1819 nicht erlaubt sei, eine Lücke, die durch Streichungen des Zensors entstanden war, durch leeren Raum oder durch Gedankenstriche für den Leser kenntlich zu machen. Lohbauer bestätigte, daß er den ministeriellen Hinweis zur Kenntnis genommen habe, erklärte dann aber im »Hochwächter« und damit öffentlich, er werde sich an dieses Verbot der »Zensurlücke« nicht halten. In den Bundesbeschlüssen von 1819, auf die sich der Minister berufe, stehe davon nichts. Es kam daraufhin zum Konflikt mit der Stadtdirektion als der Aufsichtsbehörde.

Lohbauer reichte Beschwerde wegen einer Reihe von Strichen des Zensors ein und erreichte eine Behandlung der Angelegenheit beim Geheimen Rat. Der Geheime Rat verfaßte ein Gutachten für König Wilhelm. Darin wurde die Aufhebung des vom Außenminister für notwendig gehaltenen Verbots der »Zensurlücke« vorgeschlagen. Zu jener Zeit hatte sich – auch dank Lohbauer und dem »Hochwächter« – im Land eine beachtenswerte »öffentliche Meinung« gebildet. Das Ministerium des Inneren riet deshalb von einer Zuspitzung im Konflikt Lohbauer ab. Es befürchtete, daß die Einleitung eines Verfahrens gegen den Redakteur zu einer gerichtlichen Prüfung der Verfassungsmäßigkeit des Verbotserlasses von 1819 führen werde und daß in diesem Fall schwerlich mit einer Entscheidung zugunsten der Regierung zu rechnen sei. Dieser Hinweis hatte Gewicht. Auch für König Wilhelm, der bei allem Ärger über manchen Zeitungsbeitrag eine gerichtliche Zurechtweisung der Regierung nicht riskieren wollte. So ließ man denn Lohbauer – sehr zum Verdruß des Außenministers – gewähren. Der »Hochwächter« erschien weiterhin mit Zensurlücken und steigerte so mit amtlicher Hilfe die Aufmerksamkeit seiner Leser.

Kritisch wurde die Sache, als der »Hochwächter« in die damals weit verbreitete, allgemeine Polenbegeisterung einzustimmen begann. Die polnische Sache war im Jahr 1832 beim Hambacher Fest –

Lohbauer trat dort als Redner auf – ein zentrales Thema als Symbol aller Freiheitsbestrebungen. Diese polnische Sache brachte den nicht allzu streng zensierenden Geheimen Legationsrat Bilfinger in arge Bedrängnis. Nach Meinung König Wilhelms versah der Zensor sein Amt nicht mit der nötigen Strenge, auch wenn er manchen, die Polen betreffenden Satz nicht hatte passieren lassen. Wer sich an die Seite der freiheitsbewußten Polen stellte, der stellte sich damit gegen Rußland und gegen den Zaren. Er stellte sich auch gegen Österreich und seinen Kaiser sowie gegen das Königreich Preußen. Als Bilfinger zu jener Zeit eine den Nachbarn Baden betreffende polemisch-kritische Einsendung durchgehen ließ, erhielt nicht der Redakteur Lohbauer, sondern der von der Regierung beauftragte Zensor eine amtliche Ermahnung – verbunden mit einer Ordnungsstrafe, ein wohl einmaliger Fall in der Geschichte der württembergischen Zensur.

Viele Monate nach dem Erscheinen der ersten Ausgabe galt der »Hochwächter« seltsamerweise immer noch als ein nicht-politisches Blatt. Lohbauer korrigierte dieses Urteil nach der Ausschreibung von Wahlen im Jahr 1831 auf seine Weise. Der »Hochwächter« nahm sich der Sache der »Vaterlandsfreunde« an, also *der* Wahlbewerber, die man später als »Demokraten« und als »Volksmänner« bezeichnet hat. Die Zeitung warb für die Bildung von Wahlvereinen und gab den Lesern Empfehlungen für die Wahl von Kandidaten. Das Ergebnis dieser Aktivitäten des »Hochwächters« war eine erheblich gestiegene Beteiligung an der Wahl. Kandidaten, die man den »Vaterlandsfreunden« zurechnete – der bekannteste von ihnen war Ludwig Uhland –, erzielten bemerkenswerte Erfolge. König Wilhelm registrierte den Einfluß des »Hochwächters« mit Mißbehagen. Es war ihm auch nicht entgangen, daß er selbst in Lohbauers Blatt zunehmend kritisch beurteilt wurde, weil er der Presse nicht den Spielraum gewähre, den die Gesetzgebung des Bundes zuließe. Als der »Hochwächter« dem Innenministerium wegen einer unterstellten Wahlbeeinflußung Vorwürfe machte, empörte sich König Wilhelm. Der kritisierte Artikel erfülle ihn »mit höchster Indignation« über Redaktion und Zensor, ließ er wissen. Bilfinger verlor sein Amt, an seiner Stelle berief man den Legationsrat Joseph von Linden zum Zensor des »Hochwächter«. Seine Instruktion war eindeutig: Er dürfe »keinerlei politische Nachrichten passieren lassen«.

Ein Sonderdruck aus Pforzheim

Die Ärgernisse blieben, allerdings ohne Verschulden des Zensors. Auf Grund einer heftigen Beschwerde der Frankfurter Bundesversammlung stellte sich heraus, daß in einem Fall, der Braunschweig betraf, zwei verschiedene Ausgaben des »Hochwächter« gedruckt worden waren. Einige Exemplare gingen unzensiert über die württembergischen Grenzen, die Hauptauflage erschien so, wie es der Zensor angeordnet hatte. Der erboste württembergische König äußerte sich dazu schriftlich und beklagte »die Anmaßung und Unverschämtheit dieser Menschen« – gemeint waren Drucker und Redaktion des »Hochwächter« –, denen man Grenzen setzen müsse. Die Redakteure der Oppositionsblätter, so Wilhelm I., erlaubten sich die »größten Frechheiten und Gesetzeswidrigkeiten«.

Gegen Lohbauer wurden immer wieder Klagen eingereicht und Geldstrafen verhängt. Der Abdruck einer Einsendung zur Wahlzeit führte dann zu einer vierwöchigen Festungsstrafe für Rudolf Lohbauer, die das Obertribunal als Berufungsinstanz in eine Geldstrafe umwandelte. Die Regierung änderte nun definitiv ihre Ansicht über den veränderten Charakter der Zeitung. Der »Hochwächter« sei kein unpolitisches Blatt mehr, da er »vorzugsweise teils in räsonierenden, teils erzählenden Darstellungen politische Gegenstände« behandle. Innerhalb von zwei Wochen, so lautete die Regierungsanweisung, müsse man um eine landesherrliche Konzession nachsuchen, entsprechend den Vorschriften für politische Blätter. Lohbauer blieb nichts anderes übrig, als dieser Aufforderung zu folgen. Doch bevor die Sache entschieden war, spitzte sich der Konflikt mit dem strengen, ja kleinlichen Zensor von Linden so zu, daß es zum Eklat kam. Lohbauer provozierte diesen Eklat: Am 5. Juni 1832 kündigte er im »Hochwächter« an, daß er die vom Zensor gestrichenen Stellen in einem 20 Bogen starken Band – 20 und mehr Bogen fielen nicht unter die Vorzensur – herausgeben werde. Die Leser des »Hochwächter« würden diese Sonderveröffentlichung unentgeltlich erhalten. Man wolle sie damit für die vielen weißen Stellen entschädigen und sie zugleich zu einem Urteil über das Zensurverfahren befähigen.

Die Behörden wurden von dieser Mitteilung alarmiert. Sie berieten, ob man die angekündigte Publikation beschlagnahmen solle. Der Band erschien im August 1832 unter dem Titel »Der Hochwächter ohne Censur«; Druckort war das badische Pforzheim. Die Leser erfuhren anhand zahlreicher minuziös vermerkter Beispiele, was dem Zensor mißfallen hatte. Etwa, daß am 28. Juni 1831 in einem Bericht über ein Konzert in Ulm zugunsten verwundeter Polen im Zusammenhang mit deren Kampf geschrieben worden war: »Ein Kampf für Freiheit und Gerechtigkeit«. Der Zensor hatte dies gestrichen. Besonders mißliebig war ein Polen-Gedicht, in dem vom Freiheitsdrang eines Adlers die Rede ist, es heißt dort, daß der »Aar zum Felsenhorst der Freiheit und des Rechts« fliege. »Felsenhorst der Freiheit« blieb stehen, die drei Worte »und des Rechts« durften im »Hochwächter« nicht erscheinen.

Man kann sich vorstellen, wie gründlich sich die Freunde des »Hochwächter« in das kleine Buch vertieft haben. Das taten freilich auch Lohbauers Gegner, an erster Stelle die Stuttgarter Regierungsbehörden. Sie entdeckten in der Pforzheimer Publikation außer einer Übersicht über die Geschichte der Zensur in Württemberg ein »Lied der Deutschen«, das man für revolutionär hielt. Der Abdruck dieses Gedichts war nach Meinung der württembergischen Obrigkeit Anlaß genug für die Einleitung einer »Kriminaluntersuchung«, also eines Ermittlungsverfahrens gegen Rudolf Lohbauer. Ihm nützte es nun nichts mehr, daß die königliche Regierung inzwischen nach langem Abwägen und Beraten einer Konzessionierung des »Hochwächter« als politischer Zeitung zugestimmt und Lohbauer als Redakteur akzeptiert hatte.

Die Justizbehörden wollten von Lohbauer wissen, wer das anstößige »Lied der Deutschen« verfaßt habe. Dieser gab freimütig Auskunft: Er selbst sei der Autor, und er sei der verantwortliche Herausgeber des Ärgernis erregenden Buches. Damit war klar, daß Lohbauer demnächst vor Gericht erscheinen müsse und zu einer Gefängnisstrafe verurteilt werden würde. König Wilhelm verfolgte aufmerksam den Fortgang der Sache »Hochwächter-Lohbauer«. Er ließ seine Minister wissen, daß er dem weiteren Verlauf des eingeleiteten Verfahrens »begierig entgegensehe«. Wenn damit das Erscheinen Lohbauers vor einem württembergischen Tribunal gemeint war, wurde der König enttäuscht. Lohbauer wollte die württembergische Gerechtigkeit nicht weiter auf die Probe stellen. Am 7. September 1832 verließ er das heimatliche Stuttgart. Sein Ziel war Straßburg. Im April 1833 fühlte er sich jedoch als Flüchtling im Elsaß nicht mehr sicher, nachdem im Zusammenhang mit dem mißglückten

Frankfurter Hauptwachensturm einer Gruppe von Verschwörern schärfere Maßnahmen gegen Flüchtlinge angekündigt worden waren. Ein Studienfreund verschaffte ihm eine Bleibe in Burgdorf im Kanton Bern; dort wohnten auch andere deutsche Oppositionelle, die geflüchtet waren.

Da der mit vielen Talenten ausgestattete Lohbauer als Jüngling beim Militär gedient und, wie sein Vater, zunächst eine Offizierslaufbahn als Berufsziel vorgesehen hatte, widmete er sich in der Schweiz militärischen Themen. In Bern erhielt er schließlich einen Lehrstuhl für Militärwissenschaften. Als Theoretiker für Sicherheitsfragen machte er sich bald über die Schweiz hinaus einen Namen. An eine endgültige Rückkehr in die Heimat, die ihm möglich geworden wäre, nachdem König Wilhelm im Jahr 1841 aus Anlaß seines fünfundzwanzigjährigen Regierungsjubiläums eine Amnestie erlassen hatte, dachte Lohbauer nicht. Es blieb damals bei einem kurzen Besuch in Stuttgart. Auch eine im Jahr 1848, am Beginn der Revolution, zunächst erwogene Übersiedlung nach Berlin, verbunden mit einem Engagement in der Politik, endete mit der Rückkehr in die Schweiz.

Rudolf Lohbauer ließ seine Freunde in Württemberg einmal wissen, daß er eine zweifache Heimat besitze – die Schweiz und Württemberg. Daß er bis zu seinem Tod 1873 unter Heimweh gelitten haben muß, offenbart ein Neujahrsgruß an die Gefährten aus der Jugend- und Studentenzeit:

Du schöne reiche Muttererde
Ich liebe heiß und innig dich
Und ob ich stets geächtet werde
Dein bleib ich ganz und ewiglich.

Geächtet war Lohbauer längst nicht mehr, als er den Freunden diesen Gruß entbot. Wer ihn als Kämpfer gegen die Zensur und für die Freiheit der Presse erlebt hatte, achtete den mutigen, hochbegabten Landsmann. Sein Vetter Gustav Rümelin, Kanzler der Universität Tübingen und mehrere Jahre Kultminister während der Regierungszeit Wilhelms I., überlieferte uns in der »Rümelin'schen Chronik« einige Hinweise auf die Herkunft seines nahen Verwandten, verbunden mit kritischen Anmerkungen. Politisch war der »kraftgenialische« Lohbauer seinem Vetter Rümelin, der in der Frankfurter

Paulskirche zu den »Gemäßigten« gehörte, nicht geheuer. Der Lohbauersche Freiheitsbegriff und Freiheitsdrang störte nun einmal die traditionelle württembergische Ordnung, denn Lohbauer verstand sich als ein Herausforderer, als Anstifter einer produktiven Unruhe.

Mit Genugtuung wird der Flüchtling einst registriert haben, daß der »Hochwächter« auch nach seiner Flucht als Anwalt des Volkes weiterexistierte, wenn auch seit dem 15. Januar 1833 unter einem anderen Namen. Er wurde damals zum »Beobachter«. Dieser demokratische »Beobachter« überdauerte das Königreich und brachte es schließlich auf hundert Jahrgänge. Sein Ende kam 1933.

Im Nachfolgeblatt des Lohbauerschen »Hochwächter« findet man als Redakteure die Namen vieler, ebenso bedeutender wie unbequemer württembergischer Demokraten und Literaten. Erwähnt seien nur Hermann Kurz, Ludwig Pfau und Karl Mayer d. J. Nicht anders als Lohbauer verstanden sie es, ihren Verdruß über Obrigkeit und politische Verhältnisse auch in Gedichtform zu verbreiten. Spricht man von den württembergischen »Volksmännern« in der Zeit Wilhelms I., dann sollte man neben Friedrich List und Ludwig Uhland den Redakteur des »Hochwächter«, Rudolf Lohbauer, nicht ganz vergessen.

Der Beobachter.
Ein Volks-Blatt aus Württemberg.
Nro. 71.
Samstag den 13. März 1847.

Der »Beobachter«, das Nachfolgeblatt des »Hochwächter«, brachte es von 1833 bis 1933 auf hundert Jahrgänge.

Gestärkte Opposition

Mit der Gründung des »Hochwächter« und der Herausgabe seines Nachfolgeblattes, des »Beobachter«, besaß die Opposition, die sich in der zweiten Hälfte der zwanziger Jahre kaum noch im öffentlichen Leben bemerkbar gemacht hatte, einen wichtigen Kristallisationspunkt. Später ist diese Opposition meist mit dem Beiwort »liberal« versehen worden. Die Freunde des »Hochwächter« und des »Beobachter« galten in Württemberg jedoch stets als »Demokraten«. Insofern trifft das Wort von der »liberalen Opposition« die Sache nicht genau. Seit den Tagen des Tübinger Vertrags aus der Zeit Herzog Ulrichs besaß das alte Württemberg eine Tradition, die man am besten mit den Begriffen »Macht« und »Gegenmacht« umschreibt. Der Liberalismus hatte andere Urheber, spanische vor allem. Im Spanien der nachnapoleonischen Zeit findet man seine eigentlichen Wurzeln.

Im jungen Königreich Württemberg dagegen herrschte der Volksbegriff vor, das »Volk« bildete die Gegenmacht zu einem selbstherrlichen Fürsten, und vor allem zu einer Ärgernis erregenden Bürokratie. Ludwig Uhland hat in seinen »Vaterländischen Gedichten«, die den Verfassungskampf zwischen 1815 und 1819 begleiteten, stets an das Volk erinnert, an dessen Rechte, aber auch an dessen Treue zum – württembergischen – Vaterland. Nicht der furchtlose »Liberale« war in aller Munde, sondern der furchtlose »Volksmann« als der Interpret und Verfechter des alten württembergischen Rechts. So gründete man denn auch folgerichtig am Beginn der dreißiger Jahre »Volksvereine« in Württemberg. Sie waren die Vorläufer von Parteien, wobei bemerkenswert bleibt, daß es später im wesentlichen zu einem Dualismus von »Volkspartei« und »Hofpartei« gekommen ist, zumindest im allgemeinen Sprachgebrauch.

Ausgewiesene Dichter und Schriftsteller hatten in dieser politischen Landschaft, deren Bewohner sich mit der Pariser Juli-Revolution von 1830 von einer viele Jahre dauernden Lethargie zu befreien schienen, einen festen Platz. Genannt seien als Beispiele neben Ludwig Uhland nur Paul Pfizer, Gustav Schwab und Karl Mayer d. Ä., Lyriker, Jurist und enger Freund Uhlands. Alle vier kandidierten im Dezember 1831 für die Wahl zur Zweiten Kammer. Uhland,

Pfizer und Mayer erreichten das Mandat, Gustav Schwab dagegen verfehlte das Ziel.

Das Ergebnis der Dezemberwahl von 1831 erschreckte die Regierung, und ganz besonders König Wilhelm. Von den 95 Angehörigen der Zweiten Kammer zählten nicht weniger als 39 zur Opposition; sie galten als »Demokraten«; 32 Mitglieder der Kammer wurden dem Regierungslager zugerechnet. Mit Uhland kehrte Albert Schott, der 1825 wie viele andere Oppositionelle aus der Kammer ausgeschieden war, in den »Halbmondsaal« zurück, den Tagungssaal der Zweiten Kammer. Auch Schotts Schwiegersohn, der Stuttgarter Kriegsrat Friedrich Römer, Pfarrersohn aus Erkenbrechtsweiler, erhielt im Dezember 1831 ein Mandat.

Der schon genannte Paul Pfizer, damals gerade 30 Jahre alt, zählte wie Römer zu den Jungen in der Kammer, besaß aber bereits einen weit über Württemberg hinaus bekannten Namen, hatte er doch bei Cotta kurz zuvor seinen »Briefwechsel zweier Deutscher« publiziert – nicht zur Freude König Wilhelms, wie man ausdrücklich anmerken muß. Pfizer bekannte sich nämlich in seinem politisch-literarischen Werk recht deutlich zu einem Deutschland unter der Führung des Königreichs Preußen, zur späteren »kleindeutschen Lösung«. Zur Kammer-Opposition zählten auch der aus Waldenburg in Schlesien stammende Schriftsteller und Literaturkritiker Wolfgang Menzel, ein Burschenschafter, und der in Württemberg volkstümliche Mundartdichter Johannes Nefflen, der in Pleidelsheim am Neckar als Schultheiß amtierte.

König Wilhelm reagierte auf die Wahl so vieler, ihm und der Regierung unerwünschter Oppositioneller mit einem Verbot aller Vereine, die sich zur »Beratung landständischer Angelegenheiten« gegründet hatten. Die Vereine seien – so seine regierungsamtliche Begründung – vor der Wahl nur geduldet worden, jetzt, nach der Wahl, seien sie verfassungswidrig. Der Geheime Rat fand schließlich heraus, daß Vereine jeweils einer Bestätigung bedurften, also staatlich genehmigt sein mußten.

Die Einberufung des neugewählten Landtags eilte dem König nicht mehr: Er verschob sie auf das nächste Jahr. Das entsprach den Rechten, die der König laut Verfassung besaß, und störte den Ablauf der Regierungsgeschäfte insofern nicht, als die Steuern bis zur Mitte des Jahres 1833 bewilligt waren. Die neugewählten Kammermitglieder waren freilich mit der Taktik König Wilhelms nicht einverstanden. Die Opposition versammelte sich unter der Leitung von Albert Schott im April 1832 in Bad Boll. Auch der in Ehingen gewählte, aber später als Abgeordneter nicht bestätigte Karl August von Wangenheim nahm an der Versammlung teil – ein Umstand, der bei König Wilhelm besonderen Unwillen auslöste.

Walter Grube meint in seiner Geschichte des Stuttgarter Landtags, daß das Treffen von Bad Boll im April 1832 der »erste Landesparteitag der Liberalen« gewesen sei. Man kann dies so bewerten. Richtig ist sicherlich, daß sich damals Oppositionelle versammelt haben, die sich freiheitlichen Grundsätzen verpflichtet fühlten und sich deshalb vor allem als Vorkämpfer der Presse-, Meinungs- und Versammlungsfreiheit verstanden. In anderen Berichten der württembergischen und der deutschen Politik gab es jedoch erhebliche Differenzen – man denke nur an die unterschiedlichen Ansichten, die einen Paul Pfizer und einen Ludwig Uhland in der Frage der preußischen Führungsrolle voneinander trennten.

Einig waren sich die oppositionellen Politiker bei einem ganz aktuellen Thema: der Polenfrage. Sie hatte schon im Spätherbst 1831, als in Württemberg die sogenannte Wahl-Agitation begann, die Gemüter bewegt und, wie sich an der vergleichsweise hohen Wahlbeteiligung zeigen sollte, die Wähler – genauer gesagt: die Wahlmänner – mobilisiert. Man wählte, wie es in Albert Eugen Adams württembergischer Verfassungsgeschichte heißt, »während der Durchzüge der Flüchtlinge, der edlen Polen«. Für die Polen, so Adams Meinung, habe »ein irregehendes Nationalgefühl geschwärmt«. Die Opposition habe davon vor allem in den Städten profitiert. Daß die anti-zaristische und zugleich anti-preußische und anti-österreichische polnische Freiheitsbewegung dem König von Württemberg weder ins innen- noch ins außenpolitische Konzept paßte, ist leicht einzusehen.

Das wenige Wochen nach dem Treffen von Bad Boll veranstaltete Hambacher Fest, bei dem das Thema Polen von keinem Redner ausgespart wurde, steigerte die Besorgnis noch zusätzlich. An einem Zusammentreten des Landtags bestand deshalb beim König und bei der Regierung weiterhin wenig Interesse. Man wollte sich in dieser heiklen Angelegenheit gegenüber den Großmächten so wenig wie möglich exponieren. Politische Versammlungen wurden nach dem Hambacher Fest im Königreich Württemberg kurzerhand untersagt – ein Verbot, das mit Blick auf das Treffen von Bad Boll zu spät kam, das allerdings die sogenannten »Juni-Ordonnanzen« des Frankfurter Bundestages mit den generellen Einschränkungen der landständischen Verfassungen teilweise vorwegnahm. Ludwig Uhland, so scheint es, ist durch all dies zum letzten seiner politischen Gedichte inspiriert worden, der »Wanderung«. Das Gedicht, im Jahr 1834 veröffentlicht, beschreibt eine Fahrt durch das damalige Deutschland:

Ich ging zur Tempelhalle
da hört ich christlich Recht:
Hier innen Brüder alle,
da draußen Herr und Knecht!
Der Festesrede Giebel
war: Duck dich
Schweig dabei!
Als ob die ganze Bibel
ein Buch der Kön'ge sei.

Eine andere Strophe von Uhlands Gedicht lautet:

Ich saß im Ständesaale,
da schlief ich ein und träumt,
ich sei noch im Spitale,
den ich doch längst geräumt.
Ein Mann, der dort im Fieber,
im kalten Fieber lag,
er rief: nur nichts, mein Lieber,
nur nichts vom Bundestag!

Noch vor seiner Wahl in die Zweite Kammer betrachtete Paul Pfizer »Des Deutschen Vaterland« ebenfalls in einem Gedicht. Darin wies Pfizer die von ihm für notwendig gehaltene Richtung der künftigen Politik, die Richtung gen Norden:

Der Wind, der aus dem Norden weht,
es ist kein eitler Hauch,
und wenn der Wein zur Neige geht,
schmeckt oft der Hefen auch –
Schilt nicht den Hunger, den der Ruhm,
den Durst, den Größe stillt!
Blieb doch das wind'ge Preußentum
der Ehre letzter Schild.

Als am 15. Januar 1933 der im Dezember 1831 gewählte Landtag endlich zusammentrat, war alles anders als in den ersten beiden Wahlperioden. Die Stuttgarter beteiligten sich in großer Zahl an dem Ereignis. Sie säumten den Zug der Ständemitglieder, als diese von der Kirche in ihr Haus zogen. Man ließ die »Volksmänner« hochleben und verlangte laut rufend die Pressefreiheit.

Im letzten Augenblick ließ König Wilhelm wissen, daß er diesmal an der feierlichen Eröffnungssitzung nicht teilnehme. Wäre er anwesend gewesen, hätte er bei der Vereidigung auch Paul Pfizer die Hand reichen müssen; das aber wollte der Monarch vermeiden. Für ihn war dieser junge Politiker ein erklärter Gegner, wollte er doch den mittleren deutschen Staaten zumuten, ihre Hoheitsrechte zugunsten der Großmacht Preußen einzuschränken. Bei Hofe versuchte man zuerst, die Sache ohne Aufsehen zu regeln. Durch einen Mittelsmann ließ man Paul Pfizer fragen, ob er bereit sei, der Eröffnungssitzung fernzubleiben. Der selbstbewußte Pfizer lehnte dieses Ansinnen ab. Nun sorgte das Fernbleiben König Wilhelms für reichlich Gesprächsstoff. Pfizer erhielt für seine Ideen erneut Publizität.

Ins Gespräch kamen neben ihm und dem ausgeschlossenen Wangenheim auch die beiden Mitgründer des »Hochwächter«, die Rechtskonsulenten Rödinger und Tafel. Ihnen verweigerte man den Sitz in der Kammer, weil sie im Jahr 1825 als Tübinger Burschenschafter, wie zuvor schon Friedrich List, zu einer »Festungshaft mit angemessener Beschäftigung« verurteilt worden waren. Die Regierenden ließen die beiden Stuttgarter Juristen auf diese Weise entgelten, daß sie Rudolf Lohbauer als Redakteur des »Hochwächter« gestützt und immer wieder verteidigt hatten.

Spannung zwischen König und Abgeordneten

War die Zweite Kammer in den beiden ersten Wahlen vor allem mit der Gesetzesberatung und mit dem Haushalt beschäftigt, ohne daß die Öffentlichkeit von den Verhandlungen viel Notiz genommen hätte, so änderte sich das. Der Wahlspruch »furchtlos und treu«, den der erste Kammerpräsident als Furchtlosigkeit im Aussprechen der Ansichten und Treue zum Volk und König interpretiert hatte, wurde nun in seinem ersten Teil so ernst genommen, daß Ärger mit der Krone nicht ausbleiben konnte.

Der junge Schriftsteller Paul Pfizer wurde bei den Wahlen im Dezember 1831 in die Zweite Kammer gewählt. Erst im Januar 1833 trat der Landtag zusammen, in dem zu König Wilhelms Ärger 39 »Demokraten« ein Mandat wahrnahmen – mehr als je zuvor.

Im sogenannten »Halbmondsaal« tagte die Zweite Kammer, der württembergische Landtag.

Es begann damit, daß der erfahrene Albert Schott in einer wohlformulierten, leidenschaftlich vorgetragenen Rede von der Regierung die Befreiung der Presse von den »rechtswidrigen Fesseln« der Karlsbader Beschlüsse verlangte. Schott erhielt für diese Forderung nicht nur heftigen Beifall von den Abgeordneten, auch die Zuhörer auf der Galerie äußerten ihre Zustimmung und sorgten damit für ein Novum in der Geschichte der Kammerverhandlungen. Der junge Friedrich Römer, 15 Jahre später Leiter des März-Ministeriums von 1848, schloß sich der Kritik seines Schwiegervaters an und appellierte an die Regierung, sie solle Versammlungsfreiheit gewähren; das Verbot politischer Versammlungen sei aufzuheben. Als Dritter unter den Kritikern der gegenwärtigen Verhältnisse kam am 15. Februar der von König Wilhelm so wenig geschätzte Paul Pfizer zu Wort. Mit großer Beredtsamkeit, die den Kenner seiner Schriften nicht überrascht, attackierte Pfizer die sogenannten Juni-Ordonnanzen des Frankfurter Bundestags. Diese Bundesbeschlüsse seien für das Königreich Württemberg ohne Rechtskraft, denn der Landtag als Gesetzgeber habe ihnen nicht zugestimmt.

Da Pfizer in seiner Rede die bisherigen Methoden der Bundesgesetzgebung mit verfassungspolitischen Argumenten für fragwürdig erklärte, entwickelte sich im Anschluß an diese Rede eine allgemeine Debatte. Man nahm von Pfizers Argumenten auch außerhalb Württembergs Kenntnis. Der Stuttgarter Landtag, der zur Tribüne für eine öffentliche Diskussion über die deutschen Verhältnisse geworden war, verschaffte sich allgemeine Aufmerksamkeit im Deutschen Bund.

König Wilhelm hielt diese Art von Aufmerksamkeit für nachteilig, ja für gefährlich. Er betrachtete vor allem Pfizers Generalangriff auf die Praxis des Bundes als eine Sache, die dem Lande schaden könne. Deshalb entschloß sich der König zu einem Vorgehen, das die Abgeordneten nicht erwartet hatten. Von der Kammer verlangte Wilhelm I., sie solle Paul Pfizers »freche Motive mit verdientem Unwillen« verwerfen, sich also vom Redner und dessen Kritik und Forderung distanzieren. Das königliche Eingreifen in die Freiheit der gewählten Repräsentanten brachte die Gemüter vollends in Wallung. Ludwig Uhland sprang dem Getadelten bei. Er entwarf eine Antwort, in der sich die Kammer dagegen verwahren sollte, daß man ihr »selbst die Gemütsstimmung für ihre Beschlüsse« vorschreibe. Der Uhlandsche Entwurf fand eine Mehrheit. Einige Kammermitglieder, die sich weder der Opposition noch dem Regierungslager zurechnen ließen, stellten sich auf die Seite Pfizers und der Opposition.

Zwei Lager standen sich nun gegenüber: der König auf der einen, die Mehrheit der Zweiten Kammer auf der anderen Seite. Die Fronten hatten sich verhärtet. Die Ruhe im Lande, die General Varnbüler dem Zaren zehn Jahre zuvor in beredten Worten gepriesen hatte, existierte nicht mehr. Es gab Gerüchte über österreichische Drohungen mit einem Einmarsch in Württemberg. Wilhelm I. fand einen Ausweg, indem er zu einem Mittel griff, das in der Verfassung zwar vorgesehen, dessen Anwendung bis dahin aber wohlweislich unterblieben war: Der König hob den Landtag auf. Das Dekret zur Aufhebung wurde am 22. März 1833 ausgefertigt, einem denkwürdigen Tag. Waren Pfizer, Uhland, Römer, Schott und deren freiheitlich gesinnte Freunde die Verlierer? Keineswegs. In ganz Deutschland hatte man den parlamentarischen Kampf der Württemberger gegen die rückschrittlichen, von den Großmächten veranlaßten Bundesbeschlüsse aufmerksam registriert. Die angeblich so bedächtigen Schwaben waren diesmal vorangegangen und hatten sich zu Wortführern gegen die Karlsbader Beschlüsse gemacht.

Wenn später von der demokratischen und freiheitlichen Tradition in Württemberg die Rede war, dann bezog man sich wissentlich oder unbewußt auch auf den von König Wilhelm vorzeitig nach Hause geschickten Landtag. Im übrigen blieb die Frage, ob denn der Monarch gut beraten war oder sich gut beraten ließ, als er von der Kammer eine Zurückweisung des von Pfizer vorgebrachten Verlangens forderte. Die Antwort darauf konnte nur lauten: wohl kaum. In diesem Fall waren die königlichen Emotionen, die sich schon bei der Landtagseröffnung gegen die Person Paul Pfizers gerichtet hatte, stärker als das von einem König erwartete kühle Abwägen. Aber Wilhelm I. besaß neben seinen vielen Stärken eben auch manche Schwäche, die ihm sein herrischer Vater vererbt hatte. Er hatte feste Ansichten und Überzeugungen und hielt andere oder gegenteilige Meinungen für nicht erlaubt. Zuverlässig war dieser König im übrigen bei der Pflege seiner Antipathien, ob sie nun einem Fürsten Metternich gegolten haben oder einem jungen Schriftsteller wie Paul Pfizer.

Neuwahlen in unruhiger Zeit

Die Unruhe, die mit der Pariser Juli-Revolution auch in Deutschland begann, erreichte am 3. April 1833 in Frankfurt, dem Sitz des Bundestags, einen Höhepunkt. An diesem Tag kam es zur Erstürmung der Frankfurter Hauptwache und der Konstabler Wache. 50 Personen, darunter 40 Angehörige der Burschenschaften, waren daran beteiligt. Haupt der Verschwörung, die auf den Bundestag zielte, war der ehemalige Göttinger Universitätsdozent Dr. Jakob von Rauschenplatt. Mit dem Sturm auf die beiden Polizeiwachen wollten die Verschwörer ein Signal für eine allgemeine Erhebung in Deutschland geben. Man befreite zunächst Gefangene, täuschte sich aber in der Erwartung, daß nun eine revolutionäre Erhebung beginnen würde. Die Frankfurter Bevölkerung blieb passiv. Das Militär schlug den Putsch nieder. Einigen Verschwörern, darunter Rauschenplatt selbst, gelang die Flucht in die Schweiz, andere wurden vor Gericht gestellt und verurteilt. Truppen des Bundes wurden fortan in der freien Reichsstadt Frankfurt stationiert, eine Art Bundesbesatzung, wie die Frankfurter Bürger meinten.

Eine Zentralbehörde ermittelte auf Beschluß der Bundesorgane in ganz Deutschland gegen insgesamt 2 000 Personen – vorwiegend Burschenschafter –, die sich als Sympathisanten der Frankfurter Putschisten verdächtig gemacht hatten. Dabei stellte sich heraus, daß die Verbindungen der Rauschenplatt-Gruppe auch nach Württemberg reichten. Der Oberleutnant Ernst Ludwig von Koseritz, stationiert in Ludwigsburg, wurde zusammen mit mehreren Gesinnungsfreunden verhaftet. In Tübingen ermittelte man gegen einen burschenschaftlichen Geheimbund und nahm mehrere Verdächtige in Haft, deren Schuld zum Teil vor allem darin bestand, daß sie die Monarchien beseitigen und republikanische Verfassungen einführen wollten. Gegen den Oberleutnant Koseritz und einen Mitangeklagten verhängte ein Gericht die Todesstrafe. Beide wurden jedoch auf dem Richtplatz begnadigt.

Die Furcht vor umstürzlerischen Aktivitäten veranlaßte die Regierung in jenen Jahren, von Examenskandidaten eine Loyalitätserklärung zu verlangen. In den Personalakten der Theologen, die im Archiv des Oberkirchenrats lagern, findet man diese vorgedruckten Erklärungen, in denen die Treue zur bestehenden Ordnung versichert werden mußte. Der Wortlaut solcher, im Königreich Württemberg unterschriebenen Vordrucke unterscheidet sich nur wenig von den Erklärungen, in denen in unserer Zeit Bewerber für den öffentlichen Dienst ihre Verfassungstreue schriftlich bestätigen müssen.

Bei den Neuwahlen zum Landtag, die wegen des Frankfurter Wachensturms von allgemeinpolitischen Themen beherrscht wurden, versuchte die Regierung Einfluß auf das Verhalten der Wahlmänner zu nehmen. Die Opposition schien durch das Verbot der Wahlvereine behindert. Sie fand jedoch rasch einen Ausweg. Bürgergesellschaften veranstalteten Zusammenkünfte unterhaltsamer Art. Bei solchen Gelegenheiten fanden sich Gleichgesinnte zusammen und diskutierten über Kandidaten im besonderen und über die Politik im allgemeinen. Die Opposition fühlte sich freilich dennoch im Wahlkampf benachteiligt. Um so fester scharte man sich um die Männer, die sich durch offene Reden in der Zweiten Kammer hervorgetan hatten. Als die Stimmen gezählt wurden, war man zwar geschwächt, verfügte aber immer noch über 32 Mandate.

Ein Mittel, das die Regierung anwandte, um die Opposition zu schwächen, war die Verweigerung eines Urlaubs für Abgeordnete, die als Beamte – Richter, Pfarrer oder Hochschullehrer – im öffentlichen Dienst standen. Karl Mayer d. Ä., Amtsrichter in Waiblingen, mußte deshalb aus der Zweiten Kammer ausscheiden, ebenso der Pfarrer Friedrich Knaus. Ludwig Uhland und Friedrich Römer, denen der Urlaub nicht wegen dienstlicher Unabkömmlichkeit, sondern wegen ihrer politischen Gesinnung verweigert wurde, zogen Konsequenzen auf ihre Art. Beide ersuchten um die Entlassung aus dem Staatsdienst, beide entschieden sich für das Mandat. Damit endete für Uhland die Professur an der Universität Tübingen. König Wilhelm ließ sich das Entlassungsgesuch Uhlands vorlegen. An den Rand notierte er zwei Worte: »Sehr gerne«.

König und Kirchenoberhaupt

Als Wilhelm I. die Königskrone erbte, übernahm er auch die Funktion eines Oberhauptes der evangelisch-lutherischen Kirche. Nirgends ist verzeichnet, daß er dieses Amt mit großer Begeisterung angetreten hätte. Ähnlich wie sein Vater war Wilhelm ein Kind der Aufklärung. Religionsfragen interessierten ihn nicht sonderlich. Sein späterer Kult- oder Kultusminister Gustav Rümelin schrieb in einer Rückbetrachtung auf die Regierungszeit König Wilhelms, daß dieser Monarch »überhaupt nicht zu den religiös angeregten oder anregbaren Naturen« gehört habe.

»Er war«, so Rümelin, »nach seiner Erziehung und Jugendbildung ein Zögling der Aufklärung, ein Schüler und Verehrer Voltaires und ist es geblieben.« Ein »deistischer Vernunftglaube« und eine antikirchliche Skepsis hätten sich in König Wilhelms Denken gepaart, der Unterschied der Konfessionen habe ihm wenig bedeutet. Das Urteil Rümelins ist unzweideutig: »Er war ein von praktischer Politik geleiteter Fürst, nicht ohne macchiavellistische Zugaben; über kritische Fragen urteilte er durchaus vom Gesichtspunkt des Staatsmannes aus.«

Was aber war in Kirchenfragen der Gesichtspunkt des Staatsmannes? Die Antwort auf diese Frage findet man beim Betrachten der Entscheidungen, die König Wilhelm sogleich nach der Übernahme der Krone für notwendig hielt. Diese Entscheidungen betrafen in erster Linie die katholische Minderheit im jungen Königreich, bestehend aus immerhin fast einer halben Million Gläubigen.

Zwei Aufgaben waren zu erfüllen: Man mußte diesen Katholiken, die bis zur Gründung des Königreichs Württemberg vorderösterreichisch-habsburgischen, reichsfürstlichen, reichsstädtischen oder kirchlichen Territorien wie der Propstei Ellwangen angehört hatten, das Bewußtsein geben, nun Württemberger zu sein, und zwar gleichberechtigte – keine minderen Ranges. Der König, obwohl Oberhaupt der evangelisch-lutherischen Kirche, mußte auch *ihr* König sein.

König Friedrich, der Staatsgründer, hatte von Anfang an erkannt, daß es nicht leicht sein werde, eine innere Teilung, ja Spaltung des neuen Württemberg zu vermeiden. Deshalb betrieb er die Vereinheitlichung der Staatsverwaltung und den Aufbau einer neuen Verwaltungsorganisation mit großem Eifer und setzte sich dabei entschlossen – manche Zeitgenossen meinten »rücksichtslos« – über Traditionen hinweg. Von Anfang an war für König Friedrich unabdingbar, daß sich auch das Kirchenrecht und die Kirchenorganisation dem neuen Staat anzupassen hätten. Das bedeutete die Forderung an die katholische Kirche, ein Landesbistum zu schaffen oder mit der Gründung eines württembergischen Bistums einverstanden zu sein.

König Wilhelm unterschied sich in dieser Grundüberzeugung nicht von seinem Vater. Als er 1816 die Regierung übernahm, befand sich die Neuorganisation der katholischen Kirche im Königreich noch in den Anfängen. In Rom hatte man keine Eile mit Neuerungen. Die Kurie verhielt sich so, wie sie sich bei Grenz- und Gebietsveränderungen immer verhalten hat: Sie wartete zunächst einmal ab, ob sich die neuen Territorien in Deutschland als dauerhaft und stabil erweisen würden. Auch das muß man in diesem Falle hervorheben: Die römische Kurie vermied ebenso wie die von der Neuordnung betroffenen Bischöfe, irgend etwas rechtlich anzuerkennen, was die Beseitigung der alten kirchlichen Territorien sowie die Enteignung anderen Besitzes bei der Säkularisation von Kirchengut indirekt bestätigt hätte.

Das alte Württemberg, von seinem Ursprung in der Herrschaft Beutelsbach über die Grafschaft im Jahr 1495 mit Eberhard im Bart zum Herzogtum aufgestiegen, war vor der Reformation – und nach dem Recht der katholischen Kirche auch noch danach – ein Territorium, das in drei fränkische Bistümer hineinreichte: Speyer, Würzburg und Worms. Zugleich war es – soweit die Gebiete im mittelalterlichen Herzogtum Schwaben lagen – dem großen Bistum Konstanz zugeordnet. Die wenigen Katholiken, die Ende des 18. Jahrhunderts im Herzogtum Württemberg lebten, gehörten kirchlich immer noch zu den alten Bistümern. Bei der Gründung des Königreichs Württemberg war der Bischof von Speyer mit drei Pfarreien im Land präsent – unter anderem mit Weil der Stadt –, das Bistum Augsburg besaß 28 Pfarreien, und Würzburg im nördlichen Landesteil hatte 65 Pfarreien. Dem Bistum von Worms unterstanden vier Pfarreien, und das Bistum Konstanz, damals verwaltet von seinem Generalvikar Heinrich von Wessenberg, zählte im neuen Königreich Württemberg nicht weniger als 490 Pfarreien.

Zusammen mit der Neuordnung der allgemeinen Verwaltung in den Jahren 1808 bis 1810 verfügte König Friedrich auch den Anfang einer ihm sinnvoll erscheinenden kirchlichen Organisation, indem er eine bestimmte Anzahl von Pfarreien jeweils in sogenannte »Landkapitel« – sprich Dekanate – zusammenfaßte. Diese Landkapitel entsprachen im wesentlichen den neuen Oberamtsbezirken. Dies alles geschah ohne Mitwirkung der Bischöfe, ja ohne deren Wissen. Der Zusammenarbeit von Staat und Kirche war die durchaus logisch erscheinende Anpassung an die staatlichen Verwaltungseinheiten nicht zuträglich.

In Konkurrenz mit Österreich

Von Anfang an war sich König Wilhelm bewußt, daß er nach Möglichkeit alles unterlassen müsse, was die neuwürttembergischen Katholiken zu Opponenten machen könnte. Besonders wichtig war ihm, im südlichen Landesteil, in Oberschwaben und in den alten vorderösterreichischen Bezirken am oberen Neckar, keine Sehnsucht nach der ehemals habsburgisch-österreichischen Herrschaft aufkommen zu lassen. Das war nicht einfach, empfand man doch am Bodensee und im Allgäu die neuen Grenzen als ziemlich künstlich, ja willkürlich. Schließlich hatte die Verbindung zum vorderösterreichischen Vorarlberg jahrhundertelang bestanden. Etwas anderes war ebenfalls zu bedenken: Der Bischof von Konstanz blieb zunächst für große Teile der Innerschweiz und für Zürich zuständig. Zu dem schweizerischen Teil des großen mittelalterlich-schwäbischen Bistums Konstanz gab es auch nach der territorialen Neuordnung immer noch enge Beziehungen, nicht zuletzt bei der einflußreichen Geistlichkeit. Es empfahl sich für den württembergischen König also ein behutsames, schrittweises Vorgehen. Widerstand mußte vermieden werden, die alten, über den Bodensee reichenden Verbindungen galt es zu respektieren.

Prinzipiell war die Gleichberechtigung der Konfessionen seit dem Jahr 1806 garantiert. Damals erließ König Friedrich für das gerade gegründete Königreich ein entsprechendes Religions-Edikt. Bei Verhandlungen mit der römischen Kurie schlug König Friedrich die Stadt Ellwangen als Sitz eines württembergischen Bischofs vor und benannte auch gleich einen Kandidaten für das hohe Amt: den Fürsten Franz Karl von Hohenlohe-Schillingsfürst, Weihbischof von Augsburg und Titularbischof von Tempe.

Unterhändler in Rom war der Stuttgarter Stadtpfarrer und Geistliche Rat Johann Baptist Keller – ein Mann, der sich bei der Kurie Vertrauen erwarb und später der erste Bischof in Rottenburg wurde. Die Verhandlungen in Rom erleichterte es nicht, daß König Friedrich seinen Anspruch auf ein Staatskirchentum auf seine Weise demonstrierte: Er schuf als Landesbehörde einen »katholischen Kirchenrat«. Dieser Kirchenrat blieb auch nach dem Inkrafttreten der Verfassung von 1819 im Amt. Daß er zuweilen in die seelsorgerischen und die liturgischen Belange eingriff, führte mehrfach zu Spannungen mit dem Bischof und dem Domkapitel.

Eine andere eigenwillige Entscheidung traf König Friedrich beim Tod des Kurfürsten von Trier und Fürstbischofs von Augsburg, Clemens Wenzelslaus von Sachsen, im Jahr 1812. Friedrich verfügte ohne weitere Rücksicht auf die Verhandlungen mit der römischen Kurie die Einrichtung eines Generalvikariats mit Sitz in Ellwangen und übertrug es dem Augsburger Weihbischof, Fürst Karl Franz von Hohenlohe-Schillingsfürst. Es dauerte vier Jahre, bis der Vatikan die Entscheidung des württembergischen Königs anerkannte.

Akzeptiert wurden von der Kirche im Jahr 1816 auch zwei andere Verfügungen des Königs Friedrich: die Gründung eines Priesterseminars in Ellwangen und die Einrichtung einer theologischen Lehranstalt oder Hochschule. Sie trug einen wohlklingenden Namen: »Königlich-katholische Friedrichs-Universität Ellwangen«. Dort sollten künftig die katholischen Geistlichen des Landes ihr Rüstzeug erhalten, nicht an Universitäten außerhalb des Königreichs, wie etwa in Salzburg, in Dillingen oder in Ingolstadt. Der eigentliche Verwalter des Generalvikariats Ellwangen war jener Johann Baptist Keller aus Stuttgart, der im Vatikan über die kirchliche Neuordnung für Württemberg verhandelt hatte. Er amtierte als Provikar des Fürsten von Hohenlohe.

Das war der Stand der kirchlichen Neuordnung für die württembergischen Katholiken, als König Friedrich im Oktober 1816 starb. Sein Sohn und Erbe Wilhelm bemühte sich sogleich um eine Lösung der strittigen Bistumsfrage. Die endgültige Errichtung eines katholischen Landesbistums wollte König Wilhelm möglichst einvernehmlich mit allen Beteiligten und Betroffenen zustande bringen. Das war nicht einfach, weil neben Württemberg auch das Großherzogtum Baden ein eigenes Landesbistum errichten wollte, ebenso wünschten sich die hessischen Territorien – Hessen-Darmstadt, Hessen-Kassel und Hessen-Nassau – eine Anpassung an ihre Staatlichkeit. Kompliziert wurde die Sache zusätzlich durch die Zuordnung der linksrheinischen Pfalz zu Bayern. Was sollte mit dem Bistum Speyer geschehen, dem ebenso wie dem Bistum Konstanz ein großer Teil der nun badischen Pfarreien angehörte?

Eine wichtige Frage stellte sich bei alledem, nämlich inwieweit neue Bistümer und neue Bistumsgrenzen am Oberrhein auch folgenreiche Abgrenzungen zur Schweiz, zum Elsaß sowie zur linksrheinischen Pfalz mit sich bringen würden. In allen Fällen handelte es sich um schwerwiegende Eingriffe in jahrhundertealte kirchliche Verbindungen und Territorien, wenn man das Bistum Speyer von seinen nordbadischen Kirchengemeinden trennen und das Bistum Konstanz am Ende auflösen müßte. Es stand da mehr zur Debatte als eine einfache Neuordnung von Zuständigkeiten, nämlich der Abschied von einer Kirchenorganisation, die mit den Herzogtümern des Mittelalters entstanden war.

Ob König Wilhelm für derartige Traditionen mehr Interesse hatte als sein ganz auf praktische Vernunft eingestellter Vater, ist trotz der Behutsamkeit, mit der sich der junge König der Kirchenfrage widmete, zumindest zweifelhaft. Besonderen Respekt vor geschichtlichen Überlieferungen ließ König Wilhelm in seiner ganzen, langen Regierungszeit nur selten erkennen. So hätte er zum Beispiel einmal das Stuttgarter Alte Schloß am liebsten abreißen lassen, weil es gewisse neue Planungen behinderte. Daß dieses Denkmal württembergischer Geschichte heute noch steht und nach dem großen Brand von 1931 und nach der Bombardierung im Zweiten Weltkrieg wieder in seiner alten Form aufgebaut werden konnte, verdanken wir einigen Ratgebern König Wilhelms, die dem Abriß mit guten Argumenten widersprachen. Auf dem Rotenberg freilich mußte altes Burggemäuer aus den Anfängen des Hauses Württemberg dem von Wilhelm verfügten Bau einer Grabkapelle für seine Gemahlin Katharina weichen.

Bedenkt man dies, dann darf man wohl annehmen, daß sich König Wilhelm bei der Auswahl und Entscheidung über den Sitz eines katholischen württembergischen Landesbistums in erster Linie von praktischen Überlegungen leiten ließ und eine Rücksichtnahme auf alte Bindungen für weniger wichtig hielt. So traf der König denn auch im Jahr 1817 eine Entscheidung, mit der er die römisch-katholische Kirche vor vollendete Tatsachen stellte: Er gab den von seinem Vater erwogenen Gedanken an die Errichtung eines Bischofs-

Ellwangen im 19. Jahrhundert. König Friedrich verfügte 1812 die Einrichtung eines Generalvikariats mit Sitz in Ellwangen.

Wilhelm I. gab den von seinem Vater vertretenen Plan der Errichtung eines Bischofssitzes in Ellwangen auf und entschied sich für das ehemals vorderösterreichische Rottenburg als Bischofsstadt des Königreichs Württemberg. Der Holzstich von 1866 zeigt Rottenburg und Ehingen von Westen.

sitzes in Ellwangen auf und entschied sich für Rottenburg als künftige Bischofsstadt des Königreichs Württemberg.

Was sprach für das relativ kleine Rottenburg, das über keinen dem Sitz eines Bischofs halbwegs angemessenen Kirchenbau verfügte? Rottenburg hatte geographische Vorteile: Als ehemaliger Hauptort der Grafschaft Hohenberg lag es am nördlichen Ende des einst vorderösterreichisch-katholischen Gebietes und war außerdem nicht allzuweit von der Landeshauptstadt Stuttgart und von der Landesuniversität Tübingen entfernt. Außer der Verlegung des Ellwanger Generalvikariats nach Rottenburg als künftigem Bischofssitz ordnete König Wilhelm auch die Verlegung der Ellwanger Theologen-Bildungsstätte nach Tübingen an. Als Zeichen der Gleichberechtigung der beiden großen christlichen Konfessionen entstand so in Tübingen eine katholisch-theologische Fakultät. Das Gegenstück zum evangelischen Stift bildete fortan das »Wilhelmsstift«, das alte »Collegium illustre«.

Wieweit diese Entscheidungen König Wilhelms die römische Kurie zur Schaffung einer oberrheinischen Kirchenprovinz veranlaßt haben, ist nicht exakt zu bestimmen. Sicher scheint indes, daß der Vatikan durch die Politik des württembergischen Königs in Zugzwang geriet. Jedenfalls entstand unter der Federführung des Kardinalstaatssekretärs Ercole Consalvi jene päpstliche Bulle, die am 16. August 1821 verkündet wurde. Versehen mit dem Titel »Provida sollersque« legte diese sogenannte »Zirkumscriptionsbulle« fest, daß es nunmehr neue Bistumsgrenzen gebe. Zuständig für Baden war ein Erzbischof mit Sitz in Freiburg, die drei hessischen Staaten hatten Bischöfe in Mainz, Limburg und Fulda; für das Königreich Württemberg bestätigte der Papst die Errichtung einer Diözese Rottenburg. Die aus mehreren ganz unterschiedlichen Bistümern stammenden württembergischen Pfarreien erhielten damit einen gemeinsamen Oberhirten.

Favorit Ignaz Heinrich von Wessenberg

Als die päpstliche Bulle rechtskräftig wurde, bekam das württembergische Bistum zwar in Johann Baptist Keller zunächst einen Generalvikar, die Entscheidung über den Bischof ließ aber noch auf sich warten. König Wilhelm hatte dafür einen Kandidaten: Ignaz Heinrich von Wessenberg, den Verweser des bisherigen Bistums Konstanz. Wie sein Förderer Karl Theodor von Dalberg, der in Mainz amtierte, aber seit 1800 auch zugleich Bischof von Konstanz war, galt Wessenberg als Anwalt einer deutschen Nationalkirche, als Reformer und als Gegner ausgedehnter päpstlicher Kompetenzen. Bei der Verwaltung des alten, großen Konstanzer Bistums war Wessenberg mit dem Vatikan immer wieder in Konflikt geraten, unter anderem, weil er sich im Eherecht über päpstliche Bestimmungen hinwegsetzte. Statt jedoch seinen Generalvikar aus dem Amt zu entlassen, wie es der Papst gewünscht hatte, sandte Dalberg seinen Bistumsverweser in die österreichische Hauptstadt, wo Wessenberg beim Wiener Kongreß die Interessen deutscher Bistümer wahrnehmen sollte.

Abgesehen davon, daß Wessenberg ein politisch hochbegabter Mann war, schien er sich für diese heikle Aufgabe auch aus verwandtschaftlichen Gründen gut zu eignen: Sein Vetter, Fürst Metternich, dirigierte als österreichischer Staatskanzler den Kongreß. In Wien kam Kronprinz Wilhelm von Württemberg, den König Friedrich zur Wahrung der württembergischen Interessen zum Kongreß entsandt hatte, mit Wessenberg in Kontakt und lernte den hochgebildeten, scharfsinnigen Kirchenmann schätzen. Daß Wessenberg irgendwelche Auseinandersetzungen mit der römischen Kurie nicht scheute, wenn es um die innere Ordnung in der Diözese Konstanz ging, dürfte Wilhelm imponiert haben. So ist es denn kaum verwunderlich, daß er Wessenberg, dem man die Leitung des badischen Erzbistums Freiburg verweigerte, gerne als Bischof in Rottenburg gesehen hätte. Dafür sprach im übrigen die genaue Kenntnis, die sich Wessenberg in seinen Konstanzer Jahren über die katholischen Pfarrgemeinden im schwäbischen Oberland und in anderen ehemals vorderösterreichischen Gebieten erworben hatte. Mit Wessenberg, soviel war sicher, würde das württembergische Bistum einen selbständig handelnden Oberhirten erhalten, dessen verwandtschaftliche Beziehungen zum Fürsten Metternich auch für die württembergische Politik nützlich sein könnten.

Ein ganz entscheidender Gesichtspunkt für König Wilhelms Personalvorschlag dürfte gewesen sein, daß sich für die weitaus größte Zahl der württembergischen Katholiken mit Wessenbergs Wahl im Grunde außer dem Namen des Bistums nichts an der obersten Repräsentanz ihrer Kirche geändert hätte. Es gab also gute Gründe, Wessenbergs Kandidatur zu betreiben, zumal einflußreiche Mitglieder des Klerus in Württemberg kirchenpolitisch mit der Dalbergisch-Wessenbergischen Linie übereinstimmten.

Freilich traf dies nicht für den ganzen Klerus zu. Johann Baptist Keller zum Beispiel stand weder in Württemberg noch in Rom in dem Ruf, ein Anhänger der Nationalkirchen-Idee zu sein. Sonderwege waren nicht seine Sache. Deshalb war Keller, der sich seiner Aufgabe als Generalvikar gewachsen gezeigt hatte, von Anfang an einer der Favoriten der römischen Kurie. Der Name Wessenberg fehlte auf der päpstlichen Kandidatenliste. Kellers Vorzug war es überdies, ein Württemberger zu sein. Man entschied sich für ihn.

Die endgültige Einsetzung des Staatsrates Johann Baptist von Keller, Titularbischof von Evora, beanspruchte freilich Zeit, viel Zeit. Insgesamt mehr als zehn Jahre vergingen von der Verlegung des Ellwanger Generalvikariats nach Rottenburg bis zur Inthronisation des ersten Bischofs in Rottenburg am 28. Mai 1828. Man verhandelte in diesen Jahren mit dem Vatikan über die Art der Wahlen zum Domkapitel, über die Rechte der Regierung und des Königs gegenüber der Kirche, über die Ausbildung der künftigen Kleriker, über die bischöfliche Gerichtsbarkeit usw. Einen wesentlichen Teil der Forderungen, die Papst Leo XII. an den württembergischen Staat richtete, wollten die Ratgeber König Wilhelms keineswegs akzeptiert wissen. Am Ende siegte jedoch die Kompromißbereitschaft des Königs. Ein Dauerkonflikt mit der katholischen Kirche, und damit wohl auch ein stets gespanntes Verhältnis zum katholischen Teil der Bevölkerung, hätte nicht den württembergischen Interessen entsprochen.

Der Kompromiß ging im übrigen keineswegs nur zu Lasten des Staates. Es blieb am Ende nämlich bei einem Staatskirchentum, zumal der staatliche »Katholische Kirchenrat« weiter amtierte. »Der Bischof konnte keinen Schritt unternehmen ohne den vom Kirchenrat gestellten landesherrlichen Kommissär«, urteilte darüber der – evangelische – Kirchenhistoriker Heinrich Hermelink. Der Kommissär begleitete den Bischof bei all seinen Visitationsreisen.

In einer Verordnung, die König Wilhelm im Jahr 1830 erließ, wird bestätigt, daß der dienstliche Verkehr mit dem Papst auf den Bischof beschränkt sei, der Verkehr des Klerus mit dem Bischof erfolgte über den Kirchenrat. Diese – umstrittene – königliche Verordnung veranlaßte Bischof Keller, der von Amts wegen der Ständekammer angehörte, in der Kammersitzung vom 11. März 1833 zu ei-

König Wilhelms Favorit für das Rottenburger Bischofsamt war Ignaz Freiherr von Wessenberg, der Generalvikar des alten Konstanzer Bistums. Wessenberg besaß als Verfechter einer selbständigen katholischen Kirche im Deutschen Bund allerdings keine Freunde im Vatikan.

Erster Oberhirte im neuen Bistum Rottenburg war Johann Baptist von Keller, ursprünglich Stadtpfarrer in Stuttgart. An den Verhandlungen über die Gründung der oberrheinischen Kirchenprovinz hatte Keller erheblichen Anteil.

ner Erklärung. Er habe, so der Bischof, seine Zustimmung zu dieser Verordnung nur gegeben, »soweit es der katholischen Kirchenverfassung und der verfassungsmäßig begründeten Autonomie der Kirche nicht widerstrebe«. Daß man in Rom mit der königlich-württembergischen Verordnung nicht einverstanden war, versteht sich. Im württembergischen Klerus allerdings war die Sache nicht so eindeutig, jedenfalls nach Meinung des staatlichen katholischen Kirchenrats. Dort glaubte man sicher zu sein, daß zahlreiche Geistliche der von Dalberg und Wessenberg vorgezeichneten Reformpolitik anhingen und weiterhin in der Tradition des sogenannten aufkläerischen »Josefinismus« stünden, also mit der strengen, vom Papst vertretenen konservativen Kirchenpolitik nicht übereinstimmten.

Diese Ansicht oder Hoffnung des katholischen Kirchenrats gründete sich darauf, daß in katholischen Gemeinden Oberschwabens zu jener Zeit ein starker Reformeifer verbreitet war. Man verlangte unter anderem die Bildung von Synoden, die Mitsprache von Laienorganisationen und propagierte, angeregt durch altwürttembergische Traditionen der evangelischen Kirche, die Bibelverbreitung. Auch Reformen der Liturgie wurden angestrebt.

Das Thema »Zölibat« stand ebenfalls zur Debatte. »Antizölibatsvereine« meldeten sich zu Wort. Einer der Wortführer war der spätere Rottenburger Bischof Lipp. Zu seinem Glück blieb das dem Vatikan verborgen, sonst wäre ihm die Bischofswürde sicher verwehrt geblieben. Papst Gregor XVI. warnte die oberschwäbischen Neuerer im Jahr 1833 in einem Breve, einem Erlaß, vor solchen Forderungen. Der Augsburger Bischof hielt die oberschwäbischen Reformer gar für so gefährlich, daß er den Pfarrern in den Grenzorten den Verkehr mit den württembergischen Nachbarkollegen untersagte: »wegen ihres erneuerungssüchtigen und gefährlichen Geistes«.

Vertauschte Fronten

Manchmal schien es, als hätten sich die Fronten im Verhältnis zwischen König und Kirche ein wenig verkehrt. Als das Rottenburger Ordinariat und der Kirchenrat im Jahr 1837 eine einheitliche Gottesdienstordnung für die katholische Kirche in Württemberg erließen, regte sich dagegen in manchen Gemeinden Widerstand. Vorgeschrieben waren nämlich die »Predigt nach dem Evangelium« und »deutsche Gesänge zur Begleitung der Messe«. In Tettnang und in Ravensburg mißfiel diese Vorschrift: man protestierte. Das Domkapitel, dem eine Reihe von »Aufklärern« angehörte, wollte diese Proteste zurückweisen. König Wilhelm jedoch befand, daß man den beiden Kirchengemeinden ihren Willen lassen und bei ihnen nicht auf den Neuerungen bestehen solle – um des lieben Friedens willen.

Am Ende der dreißiger Jahre ging der Einfluß der »Josefinischen« Richtung insgesamt merklich zurück. Im Rottenburger Domkapitel repräsentierte zwar der Domdekan Ignaz von Jaumann weiterhin die von der Aufklärung geprägte Theologengruppe, viele junge Geistliche wandten sich jedoch strikt vom »Josefinismus« ab. Mancher Pfarrer verweigerte nun die Einsegnung gemischt-konfessioneller Ehen, wenn die katholische Erziehung der Kinder nicht gesichert schien. Weil das württembergische Recht ein derartiges Verhalten nicht erlaubte, kam es wiederholt zu Strafversetzungen und damit auch zu einer Solidarisierung mit den rebellischen Geistlichen. Der Tübinger Professor Mack verlor wegen der Veröffentlichung einer angeblichen »Tendenzschrift« sogar seinen Lehrauftrag. Er wurde auf eine Landpfarrei versetzt.

Vorgänge dieser Art sorgten für Aufsehen. Im Kirchenvolk und im Klerus bildeten sich Pro- und Contra-Richtungen. Man ergriff Partei für oder gegen die Gemaßregelten, für oder gegen deren Auffassung vom wahren katholischen Christentum. Bischof von Keller, zunehmend bedrängt vom päpstlichen Nuntius, der in München residierte, sah sich seinerseits veranlaßt, nun doch Einwände gegen die staatliche Bevormundung geltend zu machen. Er tat dies im November 1841 in einer Rede »Über den Kirchenfrieden« in der Kammer. Keller faßte die vorgebrachten Beschwerden in zehn Punkten zusammen und veranlaßte den Landtag mit einer sogenannten »Motion« zu einer Stellungnahme. Debatte und Abstimmung über die bischöflichen Beschwerden fanden am 15. März 1842 in der Kammer statt. Die Regierung fühlte sich durch das Vorgehen des bis dahin zurückhaltend agierenden Bischofs von Rottenburg herausgefordert. Sprecher der Regierung war der Minister Johannes Schlayer. Er stand in dem Ruf, ein guter Redner und Streiter zu sein. Ein nachträglich angeführter Beschwerdepunkt scheint den Minister besonders geärgert zu haben. Schlayer unterstellte dem Bischof, daß hier »fremde Federn jugendlicher und streitlüsterner Kampfhähne« mitgewirkt hätten. Als Bischof von Keller sich gegen solche Vorwürfe zur Wehr setzte, antwortete ihm der Minister mit der rhetorischen Frage: »Wollen Sie Ihr Alter mit Untreue gegen den König beflecken?«

Ob König Wilhelm dieses verletzende Vorgehen seines Ministers gebilligt oder ob es ihm mißfallen hat, ist nicht überliefert. Im Sinne des Königs kann es jedoch nicht gewesen sein, Gräben aufzureißen und den Eindruck zu erwecken, die königliche Regierung und der katholische Bischof stünden sich feindlich gegenüber und seien in einen Machtkampf verstrickt. Domdekan von Jaumann, ebenfalls Mitglieder der Kammer, wollte in dieser Situation Schaden von beiden Seiten abwenden und versuchte zu vermitteln. Er schlug vor, einen Antrag zu beschließen und festzustellen, man habe Vertrauen zur Regierung, daß »sie etwaige Mißstände, die das Ordinariat ihr ordnungsgemäß zuleite, sicher beseitigen« würde. 80 Abgeordnete stimmten für Jaumanns Antrag, nur sechs votierten dagegen. Für Bischof von Keller war der Vorgang schmerzlich, hatte doch die Regierung am Ende die Oberhand behalten, dank des Vorschlags eines Rottenburger Domkapitelmitglieds.

Die starken Emotionen, welche die bischöflichen Beschwerden auslösten, machten sich auch in einer weiteren Abstimmung bemerkbar. Es ging dabei um das Begehren, Bestimmungen aus dem Religionsedikt aufzuheben, das König Friedrich im Jahr 1806, die gemischten Ehen betreffend, erlassen hatte. Dieses Edikt schrieb vor, daß eine gemischte Ehe jeweils vom Pfarrer *der* Konfession einzusegnen sei, der der männliche Ehegatte angehöre; eine Zivilehe gab es damals noch nicht. Nur neun Abgeordnete schlossen sich diesem Antrag an, der die Entscheidungsfreiheit der Brautleute ermöglichen sollte, nicht weniger als 79 Abgeordnete sprachen sich für die Beibehaltung der nicht gerade zwingend logischen Vorschrift aus.

Gesetz statt Konkordat

Die Vorgänge in der Zweiten Kammer scheinen die Standesherren, die der Ersten Kammer angehörten, aus ihrer sonst zu beobachtenden Lethargie aufgeweckt zu haben. Erbgraf Konstantin von Waldburg-Zeil beantragte zusammen mit Richard Graf von Schaesberg, daß die Regierung »die Angelegenheiten der katholischen Kirche bestimmter ordnen« solle. Dafür sei »ein geeigneter Weg« zu finden. Gemeint war damit ein Konkordat, also eine Vertragsbeziehung zwischen dem Königreich Württemberg und der römisch-katholischen Kirche. Die Standesherren unterstützten dieses Begehren mehrheitlich. König Wilhelm antwortete den Antragstellern selbst. Es seien, so versicherte er am 29. Juni 1842, bereits »Einleitungen zu einer wünschenswerten Regelung« getroffen.

Bischof von Keller nahm die Ereignisse in der Kammer so ernst, daß er darüber mit dem Papst sprach. In Sendschreiben mit kritischem Inhalt wandte sich der Papst daraufhin an den Bischof und an das Domkapitel. Ein weiteres päpstliches Schreiben sei, so wurde verbreitet, an König Wilhelm gerichtet gewesen und habe beim König Eindruck gemacht. Allerdings scheint dieser Eindruck nicht besonders nachhaltig gewesen zu sein. Als der Papst nach dem Tod von Bischof Keller die Wahlentscheidung des Domkapitels als »unkanonisch« – als nicht dem kanonischen Recht entsprechend – ablehnte und aus Rom einen Dreiervorschlag nach Rottenburg schickte, protestierte König Wilhelm beim Papst ganz entschieden gegen dieses Verhalten. Im Schreiben des Königs heißt es, »leidenschaftliche und übelwollende Menschen« hätten »einseitige, die Wahrheit entstellende Nachrichten an den Papst« gelangen lassen und falsche Angaben gemacht. Schließlich wählte das Domkapitel in einem neuen Wahlgang *den* Kandidaten, der auf der päpstlichen Vorschlagsliste an erster Stelle verzeichnet war, den Dekan und Stadtpfarrer von Ehingen: Joseph Lipp.

Bald schon meldete der neue Bischof alte Forderungen der Kirche an. Gelegenheit dazu bot die Revolution von 1848, die zunächst das strenge königliche Regiment eingeschränkt und das sogenannte März-Ministerium hervorgebracht hatte. Kultminister war nun jener Paul Pfizer, dessen »Briefwechsel zweier Deutscher« den König von Württemberg einst sehr verärgert hatte. Zusammen mit dem Erzbischof von Freiburg forderte Bischof Lipp im Namen der Oberrheinischen Kirchenprovinz nun vom zuständigen Minister Pfizer die volle Respektierung der in der Frankfurter Nationalversammlung beschlossenen Grundrechte. Das bedeutete: die Selbständigkeit der Kirche ohne Bevormundung durch Staatsorgane. Der Beistand des Staates sollte indes erhalten bleiben.

Es blieb zunächst bei der Forderung. Als die Revolution schon längst gescheitert war, berieten die Regierungen der Staaten der Oberrheinischen Kirchenprovinz noch immer über eine Antwort an die Bischöfe. Im März 1853 erließen die einzelnen Regierungen dann eine gleichlautende Verordnung, die nur ein kleines Entgegenkommen enthielt: Man stellte in Aussicht, die Aufsichtsrechte des Staates über die katholische Kirche zu mildern. Mehr nicht. Bischof Lipp war von diesem, fünf Jahre nach seiner Intervention mitgeteilten Bescheid enttäuscht. Er ging deshalb, wie seine Kollegen in anderen Diözesen, auf Oppositionskurs. Eine der bischöflichen Reaktionen bestand darin, daß Lipp die sogenannte staatliche Konkursprüfung der Geistlichen verbot und eigene Prüfungen anordnete. Der Nachfolger Pfizers als Kultminister, Karl Freiherr von Wächter-Spittler, versuchte den Bischof zurechtzuweisen. Lipp ließ es aber auf einen Machtkampf ankommen. In den Kirchen des Landes mußte auf bischöfliche Anordnung jeder Priester das »Gebet gegen die Verfolger der Kirche« sprechen.

König Wilhelm sah diesen Konflikt voller Sorge. Er griff ein und bediente sich dabei auch der Vermittlung katholischer Adeliger aus Oberschwaben. Die österreich-freundliche Stimmung in diesem Landesteil nehme zu, berichteten Mitglieder der Ständekammer dem König. Das war ein besonders beunruhigender Aspekt der Auseinandersetzung. Bischof Lipp erhielt eine Einladung zum Gespräch mit dem König. Man wollte gemeinsam eine umfassende Lösung erstreben, lautete das Fazit dieser Begegnung.

Als Unterhändler akzeptierte König Wilhelm zwei Mitglieder des Domkapitels – den Generalvikar Anton von Öhler und den Domkapitular Thaddäus von Ritz –, obwohl der Bischof beide ohne Genehmigung der Regierung ernannt hatte. Das Ergebnis der Bemühungen war im Jahr 1854 eine erste »Vereinbarung«, eine Vorstufe für die danach mit dem Vatikan ausgehandelte vertragliche Regelung. Auf württembergischer Seite engagierte sich dabei vor allem Gustav Rümelin, der Nachfolger von Wächter-Spittler als Kultminister.

Alle wichtigen Entscheidungen bei den Vertragsverhandlungen behielt sich allerdings König Wilhelm selbst vor. Er wollte 40 Jahre nach dem Beginn seiner Regentschaft endlich eine zuverlässige Grundlage für die Zusammenarbeit mit dem katholischen Klerus erreichen. In der Konvention – man vermied das Wort »Konkordat« – war die genaue Abgrenzung der staatlichen und der kirchlichen Kompetenzen festgeschrieben. Ermöglicht wurde das Werk im wesentlichen dadurch, daß König Wilhelm den kirchlichen Unterhändlern bei schwierigen Punkten entgegenkam. Der König nahm sich dabei Österreich und dessen Konkordat zum Vorbild. Die Katholiken im Königreich Württemberg sollten rechtlich nicht schlechter gestellt sein als die österreichischen.

Der katholische Adel war mit dem Verhandlungsergebnis ebenso einverstanden wie der katholische Klerus. Von ihnen erhielt König Wilhelm viele Dankadressen. Ganz anders reagierten die evangelischen Teile der württembergischen Bevölkerung, genauer gesagt: deren Repräsentanten. Es geschah etwas ganz Neues: Pietisten, württembergische Demokraten und Liberale fanden sich zusammen und kritisierten Regierung und König. Gerüchte schwirrten durchs Land und fanden Glauben. Der alt gewordene König, so wurde kolportiert, sei heimlich zum katholischen Glauben übergetreten. Die Autorität der Krone war durch all das gefährdet. Deshalb entschloß sich König Wilhelm zu einer ungewöhnlichen Reaktion: Er gab gegenüber den evangelischen Prälaten im Land und dem Stuttgarter Stiftsprediger die Erklärung ab, daß er nicht an einen Übertritt zur katholischen Kirche denke. Diese Erklärung, das ordnete der König an, sei beim sonntäglichen Gottesdienst von allen Kanzeln zu verlesen.

Katholikenfurcht und Klatsch haben sich bei dieser Staatsaffäre auf seltsame Weise vermengt. In Stuttgart wurde unter der Hand verbreitet, daß bei der Annäherung des Königs an den Papst und die katholische Kirche eine Frau die Hand im Spiel gehabt habe, die Schauspielerin Amalie von Stubenrauch, die am Hoftheater die Rollen der großen Heroinen verkörperte und seit ein paar Jahren als Favoritin König Wilhelms galt. Man hatte nun zwar amtlich erfahren, daß der König evangelisch bleiben wolle, ganz geheuer war die Sache mit der »Konvention« aber vielen Württembergern nicht, zumal sich in der Kammer zwei bekannte Persönlichkeiten gegen die Bestätigung dieser Vereinbarung aussprachen und als Führer der Opposition auftraten: der Staatsrechtslehrer Ludwig Reyscher und der ehemalige Minister Johannes Schlayer. So erlitten denn König Wilhelm und seine Regierung in der Zweiten Kammer eine Niederlage: 69 Abgeordnete stimmten gegen das Ratifikationsgesetz, 27 Stimmen waren dafür. Unter den 63, die ablehnten, befanden sich zwei Katholiken, vier Evangelische billigten die Konvention zusammen mit 23 Katholiken.

Das Land, so schien es, war bis tief in die beiden Konfessionen gespalten. Gustav Rümelin trat als Minister zurück. Am Ende aber fand man einen Ausweg, den auch die Katholiken akzeptierten: Alle wesentlichen Teile der ausgehandelten Konvention wurden in einen Gesetzentwurf zur »Regelung der Verhältnisse der Staatsgewalt zur katholischen Kirche« aufgenommen. Die Abgeordneten billigten dieses Übereinkommen am 30. Januar 1862. Das Kirchengesetz entsprach inhaltlich den Vorstellungen König Wilhelms. Daß es ebensogut wie notwendig war, sollte sich später zeigen: Der Bismarcksche Kulturkampf fand im Königreich Württemberg erheblich weniger Resonanz als in anderen Teilen des 1871 gegründeten Kaiserreichs.

Als Nachfolger für Bischof Keller entschied man sich in Rom für Joseph Lipp, den Stadtpfarrer von Ehingen an der Donau. In den Personalakten der Nachfolge-Kandidaten fehlte der Hinweis auf Lipps Mitgliedschaft im Anti-Zölibatsverein oberschwäbischer Pfarrer.

Des Königs eigene Kirche

König Wilhelm habe die evangelische Landeskirche als seine eigene Kirche betrachtet und dementsprechend die staatskirchenrechtliche Gewalt unbedenklich ausgeübt, liest man in der »Geschichte der evangelischen Kirche in Württemberg«, die Heinrich Hermelink 1949 publiziert hat. Der Kirchenhistoriker Hermelink wollte Wilhelm I. mit diesen Feststellungen gewiß kein Lob spenden, auch wenn er dem zweiten der vier württembergischen Könige bestätigte, daß er seine Rolle als Oberhaupt der evangelischen Landeskirche – also das sogenannte »Summepiskopat« – ernstgenommen und »für die beste Lösung des Verhältnisses von Staat und Kirche gehalten« habe.

Ein Zeitgenosse Wilhelms I., der im 19. Jahrhundert in ganz Deutschland als führender Kirchenhistoriker gerühmte Karl August von Hase, nannte in seinen Jugenderinnerungen »Ideale und Irrungen«, die auch die Anfänge seiner Lehrtätigkeit in Tübingen und eine Haftstrafe auf dem Hohenasperg wegen burschenschaftlicher Aktivitäten in Sachsen einschließen, den König von Württemberg einen »selbstherrschenden Monarchen«. Alles wichtige oder alles, was ihm wichtig erschien, entschied dieser König selbst. Die Besetzung der theologischen Lehrstühle an der Universität Tübingen begleitete er mit großer Aufmerksamkeit, die Berufung der vier evangelischen Prälaten, also der Unterbischöfe im Königreich, entschied Wilhelm I. nach Gesichtspunkten, die nicht vorrangig von innerkirchlichen Erwägungen bestimmt waren. Politische Überlegungen hatten den Vorrang.

Die evangelischen Prälaten gehörten kraft Amtes der Zweiten Kammer an. Ihre Stimme zählte bei Entscheidungen genauso wie die Stimme eines Abgeordneten der Oberämter und der »guten Städte«. Allerdings zeigte sich bald, daß die vier Prälaten zumindest in den ersten 15 der insgesamt 48 Jahre von Wilhelms Regierungszeit bei den Verhandlungen der Zweiten Kammer ziemlich »einsilbig« blieben, was im Lande oft belächelt wurde, weil dieses Verhalten zufällig auch den einsilbigen Namen der vom König berufenen evangelischen Theologen entsprach. Die ersten vier, die ihren privilegierten Sitz in der Kammer einnahmen, hießen nämlich: Dapp, Haas, Geeb und Pahl. Die Szene wandelte sich, als König Wilhelm dem Theologen Kapff eine Prälatur übertrug. Dieser Sixt Karl Kapff, dem der König später als Namensbestandteil das »von« verlieh, war alles andere als zurückhaltend oder gar einsilbig in öffentlichen Dingen. Nach der Revolution von 1848 verband Kapff den Pietismus so eng mit der Politik, wie man es bis dahin in Württemberg nicht gewohnt war.

Man kann die Beziehungen König Wilhelms zur evangelischen Kirche in Württemberg in ziemlich genau drei Zeitabschnitte einteilen: Der erste dauerte von der Übernahme der Krone bis etwa ins Jahr 1835, der zweite endete mit der Auflösung des in Stuttgart tagenden Frankfurter Rumpfparlaments 1849, also mit dem Ende aller Träume von einem freiheitlich-demokratischen Deutschland, und der dritte Abschnitt, in dem Sixt Karl Kapff die bestimmende Person in der evangelischen Kirche war, dauerte bis zum Tod Wilhelms I. im Jahr 1864. In diesen letzten 15 Jahren der Regierungszeit König Wilhelms bestand ein zwar nicht öffentlich proklamiertes, aber gleichwohl gut funktionierendes Bündnis zwischen den Repräsentanten der streng pietistischen Landestradition und einem König, der sich genauso gegen demokratische Neuerungen im Staat und in der evangelischen Kirche wandte wie Sixt Karl Kapff und dessen zahlreiche Anhänger, Bewunderer und Freunde im Kirchenvolk. Die Mehrheit der Pfarrer freilich hielt Distanz zu der Gruppe, die Kapff repräsentierte.

Komplizierte Rechtsverhältnisse

Wer die Verfassung von 1819 nach den Rechtsverhältnissen befragt, die über die Beziehungen von Staat und Kirche Auskunft geben, kann leicht zu falschen Schlüssen kommen, etwa, wenn er den Paragraphen 71 wörtlich nimmt. Darin heißt es, daß »die Kirchen« bei der Ordnung ihrer inneren Angelegenheiten autonom seien. Gemeint war damit nicht nur die evangelische Landeskirche, sondern auch die katholische Kirche – oder das Bistum Rottenburg, das einige Jahre nach dem Inkrafttreten der Verfassung endgültig gegründet wurde. Außerdem existierte als dritte, amtlich registrierte Religionsgemeinschaft die »israelitische Kirche«. Sie umfaßte die Bürger mosaischen Glaubens, die »Israeliten«.

Bei einer Betrachtung über das Verhältnis von Staat und Kirche im Königreich Württemberg – und speziell in der Regierungszeit

Wilhelms I. – muß man allerdings auch die Bedeutung des Verfassungsparagraphen 72 würdigen. Dort steht, der König besitze das »oberhoheitliche Schutz- und Aufsichtsrecht« über die Kirchen. Vor allem für die Evangelischen im Land hatte diese Bestimmung eine ganz konkrete Wirkung: Sie bildete die Rechtsgrundlage dafür, daß König Wilhelm alle Entscheidungen, die ihm für die evangelische Kirche wichtig erschienen, an sich ziehen konnte, angefangen bei den schon erwähnten Personalentscheidungen bis zur Genehmigung von Gesangbuchtexten.

Die in diesem Fall zu beachtenden Organisationserlasse, die man als königliche Edikte kennt, wiesen nicht eindeutig auf diese königliche Kompetenz hin. Im Gegenteil: Ein im Jahr 1817, also noch vor dem Inkrafttreten der Verfassung verkündetes Edikt läßt eher vermuten, der König wolle sich von den Kirchenfragen, auch von den Angelegenheiten der evangelischen Kirche, ziemlich fernhalten. Geregelt ist in diesem Edikt, daß insgesamt sechs Ministerien die Regierungs- und Verwaltungsgeschäfte führen. Eines dieser sechs Departements war für Schul- und Kirchenangelegenheiten zuständig, hatte aber bis zur Berufung des sogenannten März-Ministeriums unter Römer 1848 keinen eigenen Ressortchef oder Minister, sondern unterstand dem Minister des Inneren. Er leitete beide Ressorts in Personalunion.

Waren Kirchen- und Schulfragen also im Verständnis König Wilhelms in erster Linie Ordnungs- und Sicherheitsfragen, Verwaltungsangelegenheiten? Warum oblag die Aufsicht über dieses Ressort dem gleichen Minister, der sich um die innere Verwaltung, die Polizeiaufgaben, auch um die öffentliche Gesundheit zu kümmern hatte? Diese naheliegenden Fragen lassen sich aus den Akten und aus Zeugnissen von Zeitgenossen nicht beantworten. Alles, was nicht die Finanzen, die auswärtigen Beziehungen und die Justiz betraf, ordnete man früher – und noch bis in unsere Zeit – ohnedies fast überall dem Minister des Inneren zu. Daß er in Württemberg nun zwei Ressorts zu verantworten hatte, dürfte deshalb am Beginn der Regierungszeit Wilhelms I. nur wenig verwundert haben. Wohl auch deshalb nicht, weil sich das königlich-württembergische Regierungssystem von Anfang an durch eine Besonderheit von dem unterschied, was sich in modernen Staaten durchsetzen sollte. Über den sechs Regierungsdepartements befand sich in Württemberg als Oberinstanz nämlich der Geheime Rat, ein Kollegium, das dem König in allen wichtigen Angelegenheiten Empfehlungen geben und so Entscheidungshilfe leisten oder Entscheidungen veranlassen konnte.

Die königlichen Edikte bestimmten, daß der Geheime Rat für »allgemeine Staats- und Landesangelegenheiten« zuständig sei. Ausdrücklich hieß es in dem Organisationsedikt von 1817, der Geheime Rat besitze auch die »Zuständigkeit für Kirchenangelegenheiten«. Da König Wilhelm aber mit Berufung auf Paragraph 72 der Verfassung das letzte Wort in Kirchenangelegenheiten sprechen konnte, durfte man sich von dieser Zuständigkeit des Geheimen Rats nicht täuschen lassen. Tatsächlich erreichten, wie es scheint, den Geheimen Rat im allgemeinen nur *die* Vorlagen des Innen-, Kirchen- und Schulministers, die der Minister überhaupt weitergab. Daß dieser Minister – lange Zeit war es Johannes Schlayer – manches, was aus der evangelischen Kirche an Bitten und Vorschlägen auf seinen Schreibtisch gelangte, durch einfaches Liegenlassen für erledigt ansah, sollte sich mehrfach erweisen, zum Beispiel bei der gewünschten Einführung eines neuen Gesangbuchs. Die Verhältnisse, die König Wilhelm für das Regieren und Verwalten Württembergs mit seinen Edikten geschaffen hatte, waren also ziemlich kompliziert. Niemand hatte allerdings Grund daran zu zweifeln, daß sich Wilhelm I. nach alledem, was er als Kronprinz in anderen Staaten erlebt und erfahren hatte, bewußt für solch komplizierte Verhältnisse entschied. Bei klaren Kompetenz-Regelungen hätte sich der königliche Herrschaftsanspruch nicht so leicht verwirklichen lassen. So hing am Ende alles vom Willen des Monarchen ab. Dieser Wille tat sich allerdings erst kund, wenn man den umständlichen Dienstweg nicht scheute.

Die evangelischen Kirchenoberen blieben ohne direkten Zugang zum König. Sie mußten ihre Belange zunächst beim zuständigen Ministerium und dessen Leiter vorbringen. Das galt auch für Angelegenheiten, die man in der sogenannten Synode verhandelte, einem Leitungsgremium, gebildet aus dem Konsistorium und den Prälaten. War also der König am Ende doch weit entfernt, ja sorgfältig abgeschirmt von der Leitung der evangelischen Kirche in Württemberg? Keineswegs. Es gab da nämlich eine Verbindung, die weder in der Verfassung noch in einem Edikt zu entdecken ist: die Stelle des Oberhofpredigers. Dieser gehörte dem Konsistorium als Mitglied an und verwaltete dort im allgemeinen ein wichtiges Ressort.

Oberhofprediger Wilhelms I. war lange Zeit der poetisch begabte, als Förderer kirchlicher Kunst hervorgetretene Karl Grüneisen, später *von* Grüneisen. Im Konsistorium war er eine Art Personalreferent, verantwortlich für die Besetzung der Pfarrerstellen im Land. Es ist unwahrscheinlich, daß Grüneisen *alle* Personalvorschläge mit König Wilhelm abgestimmt hat. Als sicher darf jedoch gelten, daß er über die Ansichten und über die prinzipiellen Präferenzen des Monarchen Bescheid wußte, zum Beispiel darüber, daß der König die einseitige Bevorzugung einer bestimmten theologischen Richtung nicht für nützlich hielt, sondern auf Ausgewogenheit bedacht war.

Einseitigkeiten hätten Unruhe gebracht, mit klugen Personalentscheidungen ließ sich der Friede in der Kirche am besten sichern. Dies scheinen wohl die allgemeinen königlichen Direktiven gewesen zu sein. Grüneisen, ein auf Ausgleich und Vermittlung bedachter Kirchenmann, mußte unter solchen Umständen sicherlich nicht gegen seine Natur handeln. Im Grunde war es ja schon bezeichnend, daß sich König Wilhelm bei der Berufung seines Oberhofpredigers für Grüneisen entschied.

Strauß – Störer des Kirchenfriedens

Der in den Anfangsjahren der Regierungszeit König Wilhelms vorherrschende Frieden in der württembergischen evangelischen Kirche endete abrupt im Jahr 1835. Einer der jungen Stiftsrepetenten, der Ludwigsburger Kaufmannssohn David Friedrich Strauß, sorgte für allgemeine Aufregung, ja für Aufruhr, als er bei Osiander in Tübingen ein zweibändiges Werk publizierte, das den Titel trug: »Das Leben Jesu – kritisch betrachtet«. Schon dieser Buchtitel war für die »Stillen im Lande« – so nannten sich die Angehörigen pietistischer Gemeinschaften nach einem Psalmenvers – eine Provokation. Sie waren nach altwürttembergischer Tradition gewohnt, ganz auf das Wort der Bibel zu setzen und diesem Wort so zu vertrauen, wie es im Luther-Deutsch gedruckt war – oder in der von Johann Albrecht Bengel geschaffenen Übersetzung des Neuen Testaments. Diese »Stillen im Lande« wurden nach dem Erscheinen des Straußschen Werkes plötzlich ziemlich laut und besannen sich bei ihrer Buchkritik auf ein Schimpfvokabular, das bis dahin in der Kirchensprache kaum als zulässig galt.

Der Bibelkritiker Strauß bemühte sich um den Nachweis, daß wichtige Teile des Neuen Testaments keineswegs exakte Berichte über Ereignisse im Leben und Wirken Jesu seien. Es handele sich immer wieder um Mythen, die man schon bei den alten Griechen, bei den Persern, den Ägyptern usw. finden könne. Kritisch behandelte Strauß unter anderem die Darstellung der Auferstehung und der Himmelfahrt Christi. Einen Teil dessen, was in der ersten Hälfte des 20. Jahrhunderts durch den Theologen Rudolf Bultmann unter dem Begriff »Entmythologisierung« wiederum zum Streitgegenstand wurde, nahm der Stiftsrepetent Strauß in seinem 1835 publizierten Werk vorweg.

Überrascht von einer Reaktion, die er so nicht erwartet hatte, gab Strauß später – nämlich bei Wahlveranstaltungen zur Frankfurter Nationalversammlung im Frühjahr 1848 – zu verstehen, daß er doch kein Buch für jedermann, sondern eine streng wissenschaftliche Abhandlung geschrieben habe, adressiert an gelehrte Mitglieder der Gesellschaft, nicht an einfache Gläubige. Und er bekundete auch, daß er niemanden in seinen religiösen Gefühlen habe verletzen wollen, als er herauszufinden gedachte, wie groß und wie wichtig alte Mythen für die Darstellung des Leben Jesu durch die Autoren des Neuen Testaments gewesen seien. Es nützte alles nichts. Auch nicht der Ratschlag, den Strauß seinen Kritikern gab, das umfangreiche Werk doch erst einmal gründlich zu studieren – was im übrigen gute Kenntnisse in Griechisch, der Sprache des Neuen Testaments, erforderte. Strauß sei ein »Hegeling«, ein verdammenswerter »Hegelianer«, wetterten einige seiner Gegner, darunter junge und alte Theologen.

Der Wissenschaftsstreit, den Strauß als engagierter Forscher gerne in Kauf genommen hätte, wurde bald zum Streit in der Kirche. Die »Rationalisten«, die Aufklärer aller Art, sollten in der evangelischen Kirche keinen Platz mehr haben, sie sollten als Ungläubige diese Glaubensgemeinschaft verlassen. Das war der Kern aller Forderungen, bei denen der Name Strauß nur beispielhaft stand für alle diejenigen, die sich in der Wissenschaft, speziell in der Theologie und in der Philosophie, der kritischen Methode verpflichtet fühlten.

Eduard Mörike beobachtete den ganzen Streit damals von Cleversulzbach aus, wo er einen nicht allzu anstrengenden Pfarrdienst versah. Der Kampf zwischen Glaube und Wissenschaft, der nun das ganze Land entzweite und dessen Lärm bereits ganz Deutschland und darüber hinaus einige andere Länder erreicht hatte, dieser Kampf inspirierte einen der Stillsten im Lande zu einem Gedicht, das 1837 in der Sammlung »Sommersprossen« gedruckt wurde. Als Verfasser dieses Gedichtbands zeichnete ein von Mörike erfundener Liebmund Maria Wispel, was – bei dem zweiten Vornamen – auf einen katholischen Autor hinweisen sollte. Das Opus über Strauß, einen Ludwigsburger Jugendfreund Mörikes, lautet:

Wer aus reinem Wahrheits-Eifer
Zweifel an der Bibel wagt,
sie mit Spottes Gift und Geifer
zu beschmitzen sich versagt
bleibt, wie Dr. Paulus lehrt,
immerhin höchst achtenswert.

Strauß hab' ich noch nicht gelesen
weil der Preis zu diffizil;
doch, er sei zu plumb gewesen,
selbst in Hinsicht auf den Stil.
Steudel, Bahn- und Eschenmayer
lieben keine Straußen-Eier.

Aber schrecklich ist's zu hören,
Strauß will durch sein Teufelswerk
die Unsterblichkeit zerstören,
auch sogar in Württemberg!
Dieses zeigt doch mehr und minder
einen ganz verstockten Sünder!

Strauß und Osiander
müssen beide sterb'
Einer wie der Ander,
trotz der Christoterp'!

Glaubt nur, daß die Hölle drüben
euch mit gleichem Recht verschluckt,
denn der eine hat's geschrieben,
und der Andere hat's gedruckt.

Die Zeitgenossen verstanden, daß Mörike-Wispel die damals sehr bekannten Tübinger Professoren Steudel, Bahnmaier und Eschenmayer gemeint hatte. Sie verstanden auch, was der Verfasser mit dem seltsamen Begriff »Christoterp'« sagen wollte. »Christoterpe« hieß nämlich eine von Albert Knapp redigierte Zeitschrift, die als Sprachrohr der pietistischen Gruppen auch außerhalb der Kirche bekannt war, zumal Knapp immer wieder Autoren zu Wort kommen ließ – wie den in Bonn lebenden Ernst Moritz Arndt –, die nicht mit dem schwäbischen Pietismus verbunden waren. Im Fall Strauß las man in der »Christoterpe« nun aber die heftigsten Polemiken gegen den Autor des »Leben Jesu«. Übertroffen wurden diese Anti-Strauß-Pamphlete wohl nur noch durch anonyme Beiträge im »Christenboten«.

In den Jahren 1831 bis 1836 handelten die Beiträge im »Christenboten«, wie das sonntägliche Blatt seit 1832 hieß, hauptsächlich vom bevorstehenden, von Bengel für das Jahr 1836 geweissagten Weltenende. Man achtete auf »die Zeichen der Zeit«, wie eine Rubrik im »Christenboten« hieß, und prüfte alles, was sich irgendwo an Berichtenswertem ereignete, auf Hinweise, die Bengels aus der Offenbarung des Johannes abgeleitete Ankündigung stützen konnte. War denn nicht die Revolution des Jahres 1830 in Frankreich ein Vorbote des nahenden Endes aller Zeiten? Im »Christenboten« deutete man es so. Nun aber, ein Jahr vor dem erwarteten unerhörten Ereignis, hatte man etwas ganz Entsetzliches erleben müssen, und zwar in Württemberg selbst: Ein evangelischer Theologe, ein Mann der Landeskirche, versündigte sich durch ein wissenschaftlich-literarisches Werk in einer beispiellosen Weise.

Solche Gedankengänge beschäftigten die Redaktion und die Autoren des »Christenboten« nach dem Erscheinen des Straußschen Buches. Bald nach Neujahr 1836 begann im Blatt der große Angriff auf die »Hegeleien« und auf Strauß. Da las man in einem nicht mit Namen gezeichneten Beitrag einen Hinweis auf giftige Früchte, »Lese-Früchte«: »Es gibt Tollkirschen, vor denen gewarnt werden muß. Wir leben in einer Zeit des Abfalls, ein finsterer Geist des Unglaubens geht durch die Welt, der Vater der Lüge sitzt auf Kanzeln und auf Lehrstühlen.« Der ungenannte Verfasser wurde konkret: »Besonders wird man jetzt bald allerlei Straußische Gründe gegen die Wahrheit hören. Da ist's gut, wenn der Leser auch ein Wörtlein über die Sache reden kann, weil er nähere Auskunft darüber bekommen hat.« Nähere Auskunft? Ein großes Versprechen, das der Verfasser auf seine Weise einzulösen gedachte. Er versicherte dem Leser: »Der Glaube und der Gegenglaube gehören zusammen. Die Ungläubigen dienen fremden Götzen, der Ehre, der Lust, dem Mammon.« Die Hauptattacke galt in diesem und in ähnlichen Beiträgen stets dem »Vernunftglauben«. Seine Grundsätze stammten aus dem »fleischlichen, irdischen, selbstgesinnten Ich«. Ihm komme es auf das Ausleben der Natur und ihrer Triebe an. »Von hier aus stammt die freche Kritik am Neuen Testament.« Die Gesetzlosigkeit habe einen vornehmen Namen angenommen, sie nenne sich »Aufklärung« oder »Rationalismus«.

Der junge David Friedrich Strauß durfte sich durch diese Gegnerschaft auch ein wenig geehrt fühlen. In den Schriften der württembergischen Strauß-Gegner wurden bei dieser Gelegenheit sogar Schiller und Goethe angegriffen und verdächtigt. Über Goethe konnte man lesen, er sei »leichtsinnig und ungläubig«. Ganz besonders aber nahm man zeitgenössische Dichter wie Heinrich Heine oder Karl Gutzkow ins Visier. »Sie meinten, die Wiederherstellung des Fleisches sei der Zweck aller Religionen und lehren die Aufhebung der Ehe und aller sittlicher Bande.« Von Strauß wird in diesem Zusammenhang behauptet, er »diene dem Götzen des Hochmuts«. Ohne Namensnennung wurde in einem der polemischen Beiträge des »Christenboten« ein Vertreter der Wissenschaft attackiert. Der Zorn des Verfassers richtete sich gegen »den Professor«, der in »heller Vernunft säuft, geizt, lügt und hurt« und am Ende untergehen muß. Der Hinweis auf den sicheren Untergang eines großen Sünders wurde im Kirchenvolk durchaus als Anspielung auf das von Bengel geweissagte, aber wegen eines offensichtlichen Irrtums bei der Datierung noch nicht eingetretenen göttlichen Gerichts verstanden, jenem Gericht, das man für das Jahr 1836 erwartet hatte.

Die deftige Sprache des »Christenboten« sorgte immer wieder für Gesprächsstoff und stachelte in den pietistischen Zirkeln die Empörung an. Für die Gegner von David Friedrich Strauß und seinen Freunden blieb in keinem Moment zweifelhaft, daß man zum Lager der Guten und der Gerechten gehöre. Wer in dem Streit nicht Partei ergreife zugunsten der pietistischen Auffassung, der befinde sich im Lager der »Bösen«, der »Verdammten«. Die Saat ging auf. Ein Jahrzehnt später wurde David Friedrich Strauß in der »Warte« der Jerusalemsfreunde – dem Blatt Christoph Hoffmanns – als

»Gottesleugner« attackiert und beim Kampf um das Ludwigsburger Mandat zur Frankfurter Nationalversammlung wirkungsvoll als Nicht-Mehr-Christ diffamiert. In den meisten Dörfern rund um seine Heimatstadt Ludwigsburg erhielt der Kandidat Strauß nur wenige Dutzend Stimmen. Christoph Hoffmann zog in die Nationalversammlung ein – als einziger und einsamer Repräsentant des schwäbischen und des deutschen Pietismus.

Wer aber war der Verfasser jener Betrachtungen über »Glaube und Unglaube«? Es war, wie sich bald herausstellen sollte, der damalige Pfarrer der Brüdergemeinde Korntal, Sixt Karl Kapff. Daß Kapff mit dieser Art von Polemik auch im eigenen Lager nicht nur Beifall erhielt, soll nicht verschwiegen werden. In der Kirchengeschichte, die der Calwer Verlagsverein publizierte, las man über den Kampf des »Christenboten«: »Das Mittel sittlicher Verdächtigung ist hier in solchem Maße gehandhabt, daß den Männern der eigenen Partei dieser Ton zu stark wurde.« Kapff zeigte daraufhin Einsicht und bekannte in einem Brief an seinen Freund Wilhelm Hofacker, die Kritiker aus den eigenen Reihen hätten ihm genützt, denn sie hätten ihm gezeigt, »daß ein Jesuit in mir steckt«.

Verteidigt wurde David Friedrich Strauß vor allem von zwei Schul- und Studienfreunden aus der Blaubeurer Zeit, von Gustav Binder und Christian Märklin. Der damals in Calw als Diakon amtierende Sohn des Heilbronner Prälaten Märklin veröffentlichte im Jahr 1839 eine Schrift mit dem Titel: »Darstellung und Kritik des modernen Pietismus«. Binder, Diakon in Heidenheim, hatte sich schon 1838 als Autor des Buches: »Der Pietismus und die moderne Bildung« zu Wort gemeldet. Beide Autoren bemühten sich um einen sachlichen Ton, ohne ihren kritischen Standpunkt zu vernachlässigen. Vor allem Märklins Schrift fand viel Aufmerksamkeit.

Allerdings waren diese Versuche einer kritisch-sachlichen Auseinandersetzung mit den kirchlichen Gegnern der Aufklärung nicht entfernt so öffentlichkeitswirksam wie die rüden Attacken, die Friedrich Theodor Vischer zur Verteidigung seines Jugendfreundes Strauß für angebracht hielt. In den »Hallischen Jahrbüchern«, dem Sprachrohr der Hegel-Verehrer, herausgegeben von Arnold Ruge, ereiferte sich Vischer über den Pietismus mit den Worten, er sei »eine Krätze und Schafsräude, welche die edelsten Säfte des Geistes in Eiterung« versetze. Einige Jahre darauf hat Vischer dann bei seiner Antrittsvorlesung als Professor der Ästhetik in Tübingen solch star-

Für Unruhe sorgte 1835 David Friedrich Strauß (links) durch sein zweibändiges Werk über das »Leben Jesu«. Hauptgegner von Strauß war Sixt Karl Kapff (unten), in den dreißiger Jahren Pfarrer der Brüdergemeinde Korntal, von 1852 an einflußreiches Mitglied des Oberkirchenrats.

ke Worte erneut gebraucht und den Pietisten zudem noch seine »ehrliche, ungeteilte Feindschaft« sowie seinen »offenen, herzlichen Haß« versprochen. Über die Antrittsvorlesung kam Vischer deshalb nicht hinaus. Die Stuttgarter Regierung suspendierte ihn für zwei Jahre von der Lehrtätigkeit, bezahlte ihm allerdings das Gehalt. Eine Mehrheit im Senat der Universität war für ein behutsames Vorgehen eingetreten.

Aus dem Briefwechsel zwischen Strauß und Vischer läßt sich entnehmen, daß sich König Wilhelm selbst der Sache annahm und wissen ließ, daß man »nur keine Märtyrer« schaffen solle. Entsprechend vorsichtig versuchten die Regierungsinstanzen die Tübinger Affäre, bei der sich die Studentenschaft stark für Vischer – und damit auch für Strauß – engagiert hatte, ohne allzu großes Aufsehen beizulegen. Nach dem vorangegangenen Streit befürchtete König Wilhelm, daß eine entschiedene Parteinahme für die von Vischer geschmähten Vertreter des württembergischen Pietismus eine in den vierziger Jahren immer deutlicher werdende Politisierung beschleunigen und das Land in feindliche Lager spalten könne.

In der Sache selbst gab es vom König keine Äußerung, die die eine oder andere Seite als Parteinahme für sich hätte reklamieren können. Für überzeugend hielten indes nicht wenige Pfarer im Land die von ihrem Kollegen Christian Märklin publizierte Ansicht, daß der gegenwärtige Pietismus noch mehr als der Frühpietismus Speners in Gefahr sei, »den Buchstaben der christlichen Lehre über Gebühr zu betonen und alle nicht direkt religiösen Gebiete, wie Staat, Kunst und Wissenschaft, von der Wirkung des Göttlichen in der Welt abzuschließen«.

Immer wieder haben sich später Theologen aller Richtungen mit David Friedrich Strauß beschäftigt und auseinandergesetzt. In Heinrich Hermelinks »Geschichte der evangelischen Kirche in Württemberg«, die 1949 erschienen ist, wird angemerkt, daß gewisse Abschnitte des Straußschen Buches ihre Bedeutung nicht verloren hätten. »Sie haben das Terrain geschaffen, auf welchem die Forschung bis heute sich bewegt. Es kann kein einziger, noch so konservativer und restaurationsfreudiger Theologe über Strauß zurück. Nur darin ist man sich einig, daß er die Grenze des Mythischen zu sehr vorgeschoben hat, daß er zu weit gegangen ist.« Und Albert Schweitzer, der Anfang des 20. Jahrhunderts als junger Theologe ein wichtiges Buch über die »Geschichte der Leben-Jesu-Forschung« veröffentlicht hat, befindet, man müsse Strauß lieben, um ihn zu verstehen. »Er war nicht der größte und nicht der tiefste unter den Theologen, aber der wahrhaftigste.«

Allein die Tatsache, daß fast 100 Jahre, ja bis in unsere Zeit, immer wieder über das Erstlingswerk des David Friedrich Strauß gestritten wurde und noch gestritten wird, zeigt, daß das »Leben Jesu – kritisch betrachtet« einmal zu Recht auf einer Liste der 100 wichtigsten Bücher des 19. Jahrhunderts genannt worden ist. Von den Werken seiner Kritiker, auch von denen seines wichtigsten Jugend- und Gesinnungsfreundes Friedrich Theodor Vischer, läßt sich Ähnliches nicht sagen.

Zwei Lager in der Kirche

Die relative Milde, mit der König Wilhelm den so heftig ins Feuer blasenden Friedrich Theodor Vischer nach seiner Tübinger Pietisten-Beschimpfung behandelte, hatte der Monarch schon vier Jahre zuvor auch gegenüber Sixt Karl Kapff praktiziert, der sich mit seinen »Christenboten«-Beiträgen als Gegner der modernen Wissenschaft einen zweifelhaften Ruf erworben hatte. Man beobachtete in Stuttgart damals aufmerksam, daß sich Kapff als Pfarrer der Brüdergemeinde Korntal zunehmend bemühte, die Kluft zur Landeskirche, die aus der Gründerzeit resultierte, zu verkleinern. Die Kirchenleitung bot Kapff nun im Jahr 1842 an, in den Dienst der Landeskirche zurückzukehren und die Leitung des Dekanats Münsingen zu übernehmen. Kapff sagte zu und verließ Korntal. Der Kirchenhistoriker Gerhard Schäfer hat dies als ein »Signal für die Heimholung des Pietismus« gewertet. Zumindest war es ein Versuch, der – ganz im Sinne der Prinzipien Wilhelms I. – unternommen wurde, um zu demonstrieren, daß man bereit sei, die Vielfalt der Ansichten in der Kirche zu respektieren und einen Repräsentanten des strengen Pietismus in die Verantwortung zu nehmen. Kapff fiel die Rückkehr in die Landeskirche nicht schwer. Er war überzeugt, daß sich im Vergleich zur Regierungszeit König Friedrichs unter dessen Sohn Wilhelm doch manches in der Landeskirche gebessert habe.

Der Münsinger Dekan erwies sich als einfallsreicher Organisator. Er veranlaßte die Gründung einer Ortsbibliothek, führte eine Missionsstunde ein und schuf eine pietistische Stunde, zu der sich regelmäßig 50 bis 60 Männer versammelten. Vor allem kümmerte sich Kapff um die Mitglieder der evangelischen Kirche in einigen überwiegend katholischen, neuwürttembergischen Gemeinden seines Dekanatsbezirks. Der neugegründete Gustav-Adolff-Verein war ihm dabei eine willkommene Stütze.

Beunruhigt war der Dekan Kapff des öfteren wegen der Aktivitäten des ihm aus der Tübinger Studentenzeit wohlbekannten Pfarrers der Gemeinde Suppingen, die zum benachbarten Oberamt Blaubeuren zählte. Dieser Pfarrer, Eduard Süskind, gehörte als ehemaliger Angehöriger der Blaubeurer Genie-Promotion zum Freundeskreis von Strauß, Vischer, Christian Märklin, Gustav Binder und Wilhelm Zimmermann. Ebenso wie Kapff galt Süskind als ein begabter Organisator und – wie sein Neffe Otto Elben in der Chronik des »Schwäbischen Merkur« in einer Würdigung Süskinds später zu verstehen gab – auch als ein hochbegabter, wortgewaltiger Agitator. Er handelte als ein »Volksmann« württembergischer Prägung, der es mit der Demokratie ernst meinte. Die Münsinger Wahlmänner entsandten Süskind wiederholt in den Landtag, nachdem er in den Volksvereinen aktiv geworden war. In Münsingen selbst hatte Süskind einflußreiche Verwandte; man kannte ihn im ganzen Bezirk. Dort warb er nicht nur unermüdlich für Reformen, mit denen in der Politik demokratische Verhältnisse geschaffen werden sollten, er wollte auch in der evangelischen Landeskirche dafür sorgen, daß die Laien ein Mitspracherecht in den Gemeinden, in den Dekanatsbezirken und in den Gremien der Landeskirche erhalten sollten. Derartige Bestrebungen beunruhigten nicht nur den Dekan Kapff, sie beunruhigten auch die Kirchenoberen in Stuttgart und nicht zuletzt König Wilhelm.

In einer ausführlichen Studie über das Leben und Werk Eduard Süskinds aus der Feder von Lina Benz wird festgestellt, daß es Eduard Süskind in Württemberg als erster gewagt habe, Geistliche und Laien zu öffentlichen Besprechungen von Kirchenfragen zusammenzubringen. Im Namen des »Geistlichen Alpvereins« – man schrieb die Schwäbische Alb damals noch mit p – lud Süskind im Frühjahr 1845 zu einer Versammlung nach Laichingen ein. Die Einladungen gingen an Pfarrer und Laien in nicht weniger als sieben Dekanatsbezirken, nämlich neben den Bezirken Münsingen und Blaubeuren auch an Gesinnungsfreunde in Ulm, Göppingen, Geislingen, Urach und Kirchheim/Teck. Insgesamt waren etwa 60 Personen nach Laichingen gekommen, darunter drei Beamte des Oberamts Münsingen. Der Oberamtmann selbst, dem Süskind Ort und Zeitpunkt der Versammlung mitgeteilt hatte, bat Sixt Karl Kapff als den zuständigen Dekan um seine Teilnahme. Er sollte, so der argwöhnische und durch eine derartige Neuerung irritierte königliche Oberamtmann, »mögliche Übergriffe« vermeiden. Welcher Art die befürchteten »Übergriffe« sein könnten, sagte der Staatsdiener nicht.

Das besondere Interesse der Geistlichen und Laien galt einem Gast: dem Abgeordneten des Oberamtes Tuttlingen, Gymnasialprofessor Christian Gottlieb Schmid. Er, wie Süskind ein engagierter Demokrat, hatte im Landtag beantragt, daß man die »rechtliche Stellung der evangelischen Kirche in Württemberg« sichern, also verbindlich festlegen solle. Eine Antwort auf dieses Begehren stand noch aus. Die Versammlung übertrug dem Münsinger Dekan den Vorsitz bei den Beratungen. Das Hauptreferat hielt der Initiator: Eduard Süskind. Thema war die »Entwicklung der protestantischen Kirchenverfassung«. Nach Süskinds Meinung sollten die Mitglieder des einst von Johann Valentin Andreä am Ende des Dreißigjährigen Kriegs eingeführten Kirchenkonvents frei gewählt werden. Eine Mitsprache »selbstgebildeter Gemeinde-Gremien« in der Seelsorge, bei der Gestaltung des Gottesdienstes, der Schulpflicht, bei der Armenpflege und bei der Einhaltung sittlicher Normen hielt Süskind ebenfalls für geboten. Eine Einmischung der kirchlichen Gremien in die politischen Angelegenheiten der Gemeinden lehnte der Suppinger Pfarrer ab. Er gab zu bedenken, wie wichtig die Volksbildung sei. Nur eine solche Volksbildung, gefördert durch Winterschulen für junge Männer und Sonntagsschulen für Mädchen, schaffe ein »verständiges Gemeindepublikum«.

Eine derartige Forderung, die in späterer Zeit ganz harmlos erschienen sein mochte, war im »Vormärz« eine unerhörte Sache. So konnte es denn auch nicht verwundern, was der Dekan Sixt Karl Kapff den Versammelten zu verstehen gab. Er meinte, vieles, was Süskind zur Verbesserung der Bildung wolle, sei richtig, aber den Grundsatz der Repräsentation müsse das Volk erst lernen, für die Bildung von Bezirkssynoden mit gewählten Vertretern gar sei »die Zeit noch nicht reif«. Diese Formel, die den Eindruck erweckt, als könne es eine »reife Zeit« geben, obwohl die Forderung der Reife an die Menschen gerichtet ist, sollte man fortan aus dem Munde der beharrenden Kräfte noch oft hören. In Laichingen wurde an jenem 5. Mai 1845 jedenfalls ziemlich rasch offenbar, daß Süskind und Kapff zwei ganz verschiedenen Denkschulen angehörten. Und es wurde bald ebenso klar, daß der »selbstherrschende König« bei seiner tiefen Abneigung gegen jede Art von demokratischem Fortschritt am Ende immer auf die Konservativen, vornehmlich die Pietisten, in der evangelischen Kirche des Landes zählen könne.

Das Veto gegen eine Landessynode

Die Anfänge einer Mitbestimmung in der evangelischen Kirche findet man im Jahr 1819. Damals freilich – ganz anders als in der Zeit des »Vormärz« – schien dieses Thema nur die Pfarrer zu betreffen. Parallel zu den Verfassungsberatungen bildeten sich in mehreren Dekanaten sogenannte Diözesanvereine als eine private Organisation von Geistlichen. Irgendwelche Kompetenzen besaßen diese Vereine nicht. Es waren genaugenommen Gesprächskreise, in denen die Pfarrer Erfahrungen und Meinungen austauschten. Die Entscheidungen der kirchlichen Hierarchie wurden von diesen Vereinen nicht berührt. In den Ortsgemeinden selbst existierte, wie seit fast 200 Jahren, der Kirchenkonvent, bei dem der Ortspfarrer ein gewichtiges Wort sprach. Im wesentlichen oblag diesem örtlichen Gremium die Überwachung des sittlichen Verhaltens. Der Konvent tadelte oder ahndete unter anderem Verstöße gegen die Sonntagsheiligung oder bekämpfte, wenn möglich, alle Arten von Glücksspiel. Auch Fragen, die die Finanzen und damit auch die Güter der Kirchengemeinde betrafen, beschäftigten den Kirchenkonvent. Einen Kirchengemeinderat, der als gewähltes Organ in Aktion treten konnte, kannte die Kirchenverfassung ebensowenig wie einen entsprechenden Diözesanrat oder gar eine Landessynode, die als Landeskirchen-Parlament über Haushalts- und Personalfragen, gar über die Gestaltung der Liturgie oder des Gesangbuchs hätte mitentscheiden können.

Die Diskussionen, die nach dem Erscheinen des »Leben Jesu« auch zu der Frage führten, ob denn die »Rationalisten«, die »Fortschrittler«, überhaupt weiterhin in der Kirche geduldet werden könnten und wer am Ende darüber zu befinden habe, begünstigten – zumindest indirekt – mancherlei Überlegungen zu den innerkirchlichen Verhältnissen und den wünschenswerten Reformen. Im

Landtag zählte man Anfang der vierziger Jahre dazu mehr als zwei Dutzend Anträge, Eingaben von Diözesen und Personen, darunter auch die sogenannte »Motion« des schon genannten Tuttlinger Abgeordneten Schmid. Im Jahr 1843 entstand eine Neuordnung für die Kirchenkonvente. Zwei Jahre danach folgte der Entwurf einer Presbyterial- und Synodalordnung. Über den Schreibtisch des Ministers Johannes Schlayer kamen beide Vorschläge nicht hinaus.

Die Aktivitäten von Christian Märklin, der sich in diesen Fragen besonders hervortat, änderten daran nichts. Man hatte weiterhin darüber zu klagen, daß die Kirche nichts anderes sei als ein »innenpolitisches Verwaltungsobjekt«. Der Zorn der Reformer konzentrierte sich seltsamerweise ganz auf Schlayer. Es hieß, dieser Minister übe den »territorialistischen Despotismus« mitunter in der »übermütigsten Weise« aus. Eine Kritik am König selbst, der doch in Kirchenangelegenheiten das letzte und entscheidende Wort hatte, wurde nicht laut. Der Monarch, so zumindest der Anschein, hielt sich aus dieser Sache heraus. Der Schein trog, das sollte sich nach 1848/49 deutlich zeigen. Nun galt es bei den hohen Beamten in den Ministerien als besonders riskant, mit einer repräsentativen Verselbständigung der Kirche den Liberalismus darin zu begünstigen und damit auch die Tendenz zu einer Trennung von Staat und Kirche zu verstärken. Als württembergische Besonderheit spielte dabei auch die in der Verfassung von 1819 in Paragraph 77 angekündigte, aber nie ernsthaft in Angriff genommene Wiederherstellung des alten Kirchenguts eine Rolle, von der sich die Vertreter der Kirche eine finanzielle Selbständigkeit und somit Unabhängigkeit erhofften. Jeder Schritt in die – während der Zeit des »Vormärz« mit den Entwürfen einer speziellen Kirchenverfassung – vorgezeichnete Richtung führte nach Ansicht der Regierungsvertreter in gefährliches, nicht überschaubares Terrain.

Die 1843 und 1845 an die Regierung überwiesenen Entwürfe waren dem Landtag vom März-Ministerium Römer mit der Bemerkung zurückgereicht worden, sie seien bei den Vorgängen liegengeblieben. Das März-Ministerium selbst hinterließ nun auch einen Vorschlag zur Neuordnung der Rechtsverhältnisse in der evangelischen Kirche. Es stützte sich auf die von der Frankfurter Nationalversammlung beschlossenen und vom Königreich Württemberg ausdrücklich akzeptierten Grundrechte. Trotz mancher Widerstände der Bürokratie trug der neue Entwurf wenigstens teilweise Frucht.

Im Januar 1851 führte man in Württemberg den Pfarrgemeinderat ein, ohne freilich den Kirchenkonvent oder den ebenfalls vorhandenen »Stiftungsrat« für erledigt zu erklären. Nicht alle Gemeinden wollten deshalb diese Neuerung einführen. Es gäbe schon genug Räte, lautete die Begründung.

Trotz der wenig populären Pfarrgemeinderäte bildete man im November 1854 auch einen Rat für jeden Dekanatsbezirk, die Diözesansynode. Eine Landessynode jedoch, deren Mitglieder von den Diözesansynoden hätten entsandt werden können, gab es zu Lebzeiten König Wilhelms nicht. Erst König Karl, Wilhelms Sohn, gab dazu sein Plazet.

König Wilhelm begleitete 1854 die Einrichtung der Diözesansynoden mit einem Ministerialerlaß. Darin teilte er kurz und bündig mit, daß er sein Einverständnis zur Bildung einer Landessynode niemals geben könne. Diese königliche Stellungnahme scheint die Bestrebungen der Anhänger einer derartigen Einrichtung für längere Zeit gelähmt zu haben. Erst im Jahr 1858 wagten Konsistorium und Prälaten, die sich als Synodus versammelt hatten, erneut einen Vorstoß in dieser Sache. In Pfarrerversammlungen untersützte man diesen Wunsch der Kirchenoberen. Man fühlte sich dazu nicht nur ermutigt, sondern geradezu verpflichtet, nachdem das Königreich Württemberg und sein Monarch mit der römisch-katholischen Kirche ein Arrangement in Form eines Gesetzes – anstelle eines Konkordats – gesucht und gefunden hatte.

Bei seiner Abweisung all dieser Vorstöße aus dem Lager der Evangelischen durfte sich König Wilhelm ziemlich sicher sein, daß er wichtige Kräfte des Pietismus auf seiner Seite hatte. Die Öffentlichkeit konnte dies unter anderem einer Schrift entnehmen, die Christian Gottlob Barth, der Begründer und Leiter des Calwer Verlagsvereins, zur Verfassungsfrage der evangelischen Kirche in Württemberg publizierte. Barth, einer der angesehenen Wortführer des Pietismus, betonte darin, daß man »ordentlich Angst habe vor einer Landessynode«. Nach Barths Ansicht könne das der Beginn einer »demokratischen Kirchenrepublik« sein, damit »einer gesetzlich sanktionierten permanenten Revolution in der Kirche selbst«.

Der Kirchenhistoriker Heinrich Hermelink ist bei der Betrachtung der Verfassungsfragen der evangelischen Kirche in der Zeit König Wilhelms I. zu der Ansicht gelangt, daß dies alles nichts anderes gewesen sei als ein »vergebliches Laufen nach dem Ziel eigenständiger kirchlicher Verwaltungsorgane«. Hermelink hätte auch sagen können, der König von Württemberg habe die Zügel gerade im Bereich der evangelischen Kirche nicht aus der Hand geben wollen. Er ahnte oder wußte, daß in der Kirche jede Form von Demokratie und Mitbestimmung, um es mit Begriffen unserer Zeit zu sagen, alsbald entsprechende Veränderungen in der allgemeinen Politik nach sich ziehen würden. Am Ende wäre dann Wilhelm I. nicht mehr der »selbstherrschende Monarch«, sondern nur noch ein repräsentierender König gewesen.

Ein neues Gesangbuch

Die im Grunde stets eindeutige, an politischen Erfordernissen orientierte Haltung König Wilhelms in Kirchenfragen schloß die bereits erwähnten Versuche um Ausgleich und Vermittlung zwischen den beiden großen Lagern, den »Aufklärern« und den in verschiedenen politischen Gruppierungen engagierten Anhängern eines traditionellen Bibelverständnisses, nicht aus. Ganz im Gegenteil. Überall dort, wo der königliche Herrschaftsanspruch nicht berührt oder gar gefährdet war, verhielt sich Wilhelm I. wie ein Kirchenoberhaupt, das stets um Kompromisse bemüht ist. Statt direkt zu handeln, sorgte der König durch kluge Personalentscheidungen dafür, daß Kirchenmänner seines Vertrauens die Wogen glätteten.

Die Berufung Karl Grüneisens zum Oberhofprediger und Personalreferenten des Konsistoriums muß so verstanden werden. Neben Grüneisen ist vor allem auch der weit über die württembergischen Grenzen hinaus bekannte Gustav Schwab zu nennen, der im Jahr 1837 in Gomaringen, unweit von Tübingen, eine Pfarrei übernommen hatte, die ihm nicht allzuviel abverlangte. Seine vielfältigen Verpflichtungen in Stuttgart als Lehrer, Zeitungsmitarbeiter und literarischer Berater waren ihm lästig geworden. Schwab galt unter seinen Pfarrerkollegen, die sich mehrheitlich zu der gemäßigten, der mittleren Gruppe im großen Streit zählten, als ihr wichtiger Repräsentant und als ein Mann des Ausgleichs. Man akzeptierte ihn in beiden extremen Lagern als Gesprächspartner.

Schwabs Talente wurden bei der Enthüllung des Schiller-Denkmals zwischen dem Alten Schloß und der Stiftskirche in Stuttgart im Mai 1839 auf eine harte Probe gestellt. Zur großen Verblüffung Schwabs und vieler anderer Württemberger begleiteten Repräsentanten des pietistischen Lagers die bevorstehende öffentliche Ehrung Friedrich Schillers mit einer harschen Kritik an Schillers Leben und Werk; man sah in seinem Idealismus eine Abkehr vom wahren Christentum. Für einen solchen Landsmann könne man nicht die Glocken der Stiftskirche läuten, befanden, wie es in zeitgenössischen Berichten hieß, Prediger der Stiftskirche. Zu diesen gehörte damals auch Albert Knapp, der verantwortliche Herausgeber des »Christenboten«. Die Sache drohte peinlich zu werden. Blieben die Glocken der ersten Kirche des württembergischen Protestantismus an diesem 8. Mai 1839 stumm, dann würde der Anspruch, mit Friedrich Schiller eines Großen unter den Württembergern zu gedenken, dem allgemeinen Gelächter preisgegeben. Gustav Schwab, als Festredner im Programm vorgesehen, setzte seine ganze Überredungskunst ein, um die sperrigen Pfarrerkollegen von der Christlichkeit Schillers zu überzeugen. Es gelang ihm schließlich auch, so daß er die Festrede ohne eine solche Belastung halten konnte. Im Jahr darauf publizierte Gustav Schwab eine Schiller-Biographie, in der auch Schillers gutes Verhältnis zum christlichen Glauben eingehend dargelegt wurde, zu eingehend, wie man später in einer Schrift über Schwab lesen konnte, die dessen Schwiegersohn Karl Klüpfel verfaßt hat. Das Familienmitglied meinte rückblickend, Gustav Schwab habe Schiller damals »zu sehr für die christliche Weltanschauung retten« wollen. Immerhin hatte Schwab in den ersten Tagen des Mai 1839 bewiesen, daß er von den Wortführern des Pietismus als Vermittler anerkannt wurde. Das war wichtig wegen eines Projekts, das schon längere Zeit von vielen Pfarrern als dringlich betrachtet worden war: der Publikation eines neuen, für die evangelische Landeskirche verbindlichen Gesangbuchs.

Das bis 1842 gültige Gesangbuch stammte aus dem Jahr 1791, also noch aus der Zeit Herzog Karl Eugens; damals war darüber ein heftiger Streit entstanden. Die Herausgabe galt den Pietisten als ein »Sieg der Aufklärung im Kirchenregiment«. Tatsächlich lag es den Gutachtern, die man zur Revision des alten Gesangbuchs schon in der Mitte der achtziger Jahre berufen hatte, ganz fern, in Kirchenfragen zugunsten der Aufklärung Partei zu ergreifen. Sie waren überzeugt, daß sie mit dem Weglassen von Liedern, die keine Ansprüche an literarische Qualität erfüllten, eine notwendige Korrektur in die Wege leiteten. Die Kommission der Gutachter griff bei der Neugestaltung im wesentlichen auf Vorschläge zurück, die man von

Der Theologe Karl von Grüneisen, ein Freund der bildenden Kunst und der schönen Literatur, war Hofprediger und einflußreiches Mitglied des Oberkirchenrats.

Der Pfarrer Eduard Süskind, aus einer alten Theologenfamilie stammend (Bengel war einer seiner Vorfahren), saß als Abgeordneter des Oberamts Münsingen im Landtag, wo er zu den »Volksmännern« zählte.

mehreren Dutzend Pfarrern im Land erbeten hatte. Von einem »Einschmuggeln des Rationalismus« in das Gesangbuch konnte unter diesen Umständen schwerlich die Rede sein. Die Herausgeber wollten Kirchenlieder vorschlagen, die so gut wie möglich auch literarisch-künstlerischen Ansprüchen gerecht würden. Dabei verschwand manches alte Kirchenlied, das bei den Gemeindemitgliedern als ein Stück Volkspoesie beliebt war.

Die Qualitätsargumente haben die Freunde der alten Lieder damals nicht überzeugt. Sie beharrten auf der Tradition, nicht auf der Qualität. Noch lange Zeit trauerte man dem Verlorenen nach und vermutete, daß nichts als böse Absicht die Revision des alten Gesangbuchs veranlaßt habe.

Das Gesangbuch von 1791 blieb bei großen Teilen des Kirchenvolks so unbeliebt, daß König Wilhelm gegen Ende der dreißiger Jahre die Herausgabe eines neuen Gesangbuchs für die evangelische Kirche in Württemberg anordnete, das den verschiedenen Gesichtspunkten und Wünschen gerecht werden sollte. Eine Kommission sollte Vorschläge unterbreiten und die vielfältigen Wünsche prüfen.

Sieben Theologen berief der König in die Gesangbuch-Kommission, vier von ihnen waren als Verfasser lyrischer Gedichte oder kirchlicher Lieder bekannt geworden: Gustav Schwab, Karl Grüneisen, Albert Knapp und Jonathan Friedrich Bahnmaier. Von diesen vier Dichtern war Bahnmaier, 1774 in Oberstenfeld bei Ludwigsburg geboren, der Senior. Schon im Jahr 1797 erschien von ihm ein erster Gedichtband. Später veröffentlichte er unter anderem »Christliche Gesänge zur Ernte- und Herbstdankfeier«. König Wilhelm hatte Bahnmaier von seiner Professur in Tübingen abberufen und als Dekan nach Kirchheim/Teck strafversetzt, als der – konservative – Theologe in einer öffentlichen Bemerkung zum Mord an Kotzebue um ein gewisses Verständnis für Sand, den Mörder Kotzebues, warb. Bahnmaier kannte Sand als Tübinger Student. In Kirchheim begegneten sich Bahnmaier und der junge Albert Knapp und wurden Freunde. Bahnmaier kannte man im Land unter anderem als Verfasser des Liedes »Walte, walte nah und fern, allgewaltig Wort des Herrn«.

Albert Knapp, 1798 in Tübingen geboren, begann mit dichterischen Versuchen im Stile der Romantik, entsagte dann aber als junger Vikar in Feuerbach und Gaisburg der weltlichen Dichtung, nachdem er unter dem Einfluß des früh verstorbenen wortgewaltigen Erweckungspredigers Ludwig Hofacker zu den pietistischen Gemeinschaftsleuten fand. Um sich keiner weiteren weltlichen Versuchung mehr auszuliefern, verkaufte er damals in Feuerbach seinen Flügel und verzichtete fortan auf die Ausübung des Klavierspiels, das der hochmusikalische Knapp meisterhaft beherrschte. Von da an schrieb er auch keine lyrischen Gedichte mehr, sondern stellte sein schriftstellerisches Talent ganz in den Dienst der religiösen Dichtung und der kirchlichen Publizistik.

Mit Bahnmaier und Knapp war der Pietismus in der Gesangbuch-Kommission repräsentiert. Gustav Schwab und Karl Grüneisen befanden sich in der Rolle von Vermittlern, die dafür sorgten, daß im neuen Gesangbuch die Wünsche aller Richtungen in der Kirche ausreichend vertreten waren.

Besonders aktiv scheint Knapp in der Kommission gewesen zu sein. Acht seiner Lieder wurden in die Neuausgabe aufgenommen. Er sei »der Sänger des württembergischen Pietismus im 19. Jahrhundert« gewesen, hat später ein Kirchenhistoriker festgestellt. Knapp war auch ein fleißiger Sammler kirchlichen Liedguts. Im Jahr 1837 veröffentlichte er in seinem »Evangelischen Liederschatz für Kirche, Schule und Haus« eine Auswahl von nicht weniger als 3590 Liedern, die im wesentlichen für die Hausandacht bestimmt waren. Über seine Arbeit am neuen Gesangbuch sagte Knapp rückblickend, er habe »für den heutigen Geschmack ungenießbare Lieder nachgebessert«. Eine »Verschlimmbesserung« sei es gewesen, sagten Knapps Kritiker. Gustav Schwab machte sich über den Eifer Knapps in einem Distichon lustig und sprach vom »gellernden Knapp« und vom »knappenden Gellert«. Der produktive Albert Knapp kam seinen Kritikern entgegen, indem er selbstkritisch einräumte, daß er wohl »hundertmal über die Schnur gehauen« habe. In seiner »Schwäbischen Literaturgeschichte« meinte Rudolf Krauß später, viele Kirchenlieder aus Knapps Feder seien »fromme Ergüsse« gewesen, leider habe der talentierte Kirchenmann seine hohen Gaben zu sehr verschwendet. Gleichwohl besitzt Albert Knapp wegen seines Engagements für das Kirchenlied große Verdienste. Er war, anders als mancher seiner Gesinnungsfreunde, ein Theologe, der mit sich reden ließ, kein Rechthaber.

So kam denn auch die Siebener-Kommission im Juni 1841 zu einem einvernehmlichen Ergebnis über den Inhalt des neuen Gesangbuchs. Man reichte den Entwurf, der Vorschrift entsprechend, beim Ministerium ein, hörte aber dann nichts mehr davon. Der Entwurf ruhte im Aktenschrank des Ministers Schlayer. Das Gerücht verbreitete sich im Land, daß über dem versprochenen neuen Gesangbuch »ein dichter Schleier« liege und man kolportierte, der Minister habe geäußert: »Solange ich Minister bin, wird dieses Gesangbuch nicht eingeführt.« Schlayer konnte dieses – angebliche – Versprechen nicht halten. Er übersah, daß König Wilhelm selbst an dem neuen Gesangbuch interessiert war. Der Monarch fragte beim Neujahrsempfang 1842 seinen Oberhofprediger Grüneisen, was denn mit dem Gesangbuch sei, man höre nichts mehr davon. Schlayer mußte kurz danach dem König den fertigen Entwurf vorlegen. Der Minister behauptete bei dieser Gelegenheit, das neue Gesangbuch sei nicht dringlich, nur etliche Pfarrer wünschten es. Wilhelm I. soll erwidert haben: »Nein, das Volk will es!« Mit königlicher Unterschrift versehen, ging der Entwurf sogleich in Druck. Kritische Stimmen, vergleichbar mit der Gesangbuch-Kritik des 18. Jahrhunderts, gab es diesmal nicht.

Die guten Dienste der Pietisten

König Wilhelms kurze Bemerkung »das Volk will es« ist ein Indiz dafür, daß der Monarch unter keinen Umständen einen neuerlichen Gesangbuchstreit riskieren wollte. Der genaue Inhalt dessen, was die Siebener-Kommission erarbeitet und als Kompromiß zwischen den verschiedenen Grundanschauungen vorgelegt hatte, dürfte den König, nach allem, was man über sein Verhältnis zu religiösen Fragen weiß, nur wenig interessiert haben. Wichtig erschien ihm nur, daß alle Beteiligten mit der Neuerung halbwegs zufrieden waren. Keine der verschiedenen Gruppen und Richtungen konnte in strittigen Glaubensfragen den König für sich in Anspruch nehmen, auch die pietistischen Zirkel nicht, denen Wilhelm I. zu Beginn seiner Regentschaft mit der Genehmigung zur Gründung der Brüdergemeinde Korntal und Wilhelmsdorf weit entgegengekommen war.

Trotz solcher Zugeständnisse an den württembergischen Pietismus gehörte König Wilhelm seiner ganzen Natur und seiner Erziehung nach zu jenen »Aufklärern«, die den Pietisten allzeit verdächtig waren. Die Wissenschaft, vor allem die modernen naturwissenschaftlichen und agrarwissenschaftlichen Erkenntnisse, schätzte der Monarch hoch ein. Er zögerte bei keiner Gelegenheit, die Wissenschaft in den Dienst der Modernisierung des Landes zu stellen. Bedeutende Wissenschaftler zeichnete der König öffentlich aus und demonstrierte bei einer Gelegenheit wie der Verleihung eines hohen Ordens an den einstigen Karlsschüler und später weltberühmten Begründer der vergleichenden Anatomie, Georges Cuvier, seine Verbundenheit mit der modernen Wissenschaft. Der württembergische König knüpfte damit an eine Tradition an, die Herzog Karl Eugen mit der Gründung der Hohen Karlsschule – als Gegengründung zu der von Theologen beherrschten Tübinger Universität – begonnen hatte.

Die Auszeichnung von Georges Cuvier, der als Vorsitzender des französischen Wissenschaftsrats amtierte und dessen Karriere im Frankreich der Revolutionszeit begann, war freilich keinesfalls eine Hinwendung zu den *politischen* Idealen der Aufklärung und der Aufklärer. Das zeigte sich schon bei König Wilhelms Verhalten in den Tagen der Pariser Revolution von 1830. Ganz deutlich wurde dies vollends in den Jahren 1848/49. Damals fühlte sich Wilhelm I. zwar veranlaßt, ein Ministerium zu berufen, das sich auf die Mehrheit der Landtagsabgeordneten stützte – das März-Ministerium unter Römer –, aber er fürchtete nichts mehr als einen Erfolg des liberalen Bürgertums und der im Lande inzwischen ziemlich lautstarken Demokraten, die man als »Radikale« entweder hochschätzte oder verachtete. Als es in der Revolutionszeit so schien, daß sich am Ende in Deutschland vielleicht doch noch eine liberal-demokratische Staatsordnung durchsetzen werde, kamen König Wilhelm Kräfte zu Hilfe, die die königliche Vorliebe für den allgemeinen Fortschritt bei Wissenschaft und Technik sowie in der Wirtschaft nicht teilten, weil sie – aus religiösen Gründen – der modernen Wissenschaft mißtrauten. Sixt Karl Kapff, so sagen uns die Kirchenhistoriker, sei in jener turbulenten Zeit zur Stütze und zum Retter der Königsherrschaft geworden. Damit habe in der Landeskirche jene Ära begonnen, in der der Pietismus die württembergische Kirche nachhaltig prägen sollte.

Wodurch hat sich Sixt Karl Kapff, seit 1847 Dekan in Herrenberg und damit nicht mehr so weit von der Landeshauptstadt entfernt wie als Dekan in Münsingen, die Dankbarkeit König Wilhelms verdient? Wenn man den zeitgenössischen Berichten vertrauen darf, dann neigte sich damals die Waage zugunsten der alten Ordnung, weil Kapff, aufgefordert von Geistlichen und von einer Versammlung der Pietisten, öffentlich Partei ergriff. Er publizierte im »Christenboten« einen Appell an die Angehörigen der evangelischen Kirche. Gewarnt wurde darin vor einer Begeisterung für die Revolution. Die Hilfe, ließ Kapff seine Anhängerschaft wissen, komme nicht von Menschen, Verfassungen und Fürsten, »ernste Frömmigkeit allein ist die Grundlage für wahre Wohlfahrt«. Große Teile des Kirchenvolks haben diesen Aufruf registriert. Man hielt Distanz zu den Parolen der Neuerer, zu den Liberalen und den württembergischen Demokraten. Anders als im benachbarten Baden oder in der Pfalz kam es in Württemberg nicht zu blutigen Kämpfen. Die alte Obrigkeit gelangte schließlich wieder an die Macht. Die Gerichte verurteilten Revolutionsfreunde, die im Land geblieben waren, wie den jungen Dichter Theobald Kerner – den Sohn Justinus Kerners –, zu relativ kurzen Freiheitsstrafen. Drei der führenden Anwälte einer modernen Demokratie, Ludwig Pfau, Karl Mayer und Julius Haußmann, die sich einer Strafverfolgung durch die Flucht in die Schweiz entzogen hatten – ihr »Verbrechen« war die angebliche Aufforderung zum Hochverrat –, wurden in Abwesenheit zu hohen Strafen verurteilt. Es herrschte wieder Ruhe im Lande.

Wer die Ergebnisse der Wahl zur Nationalversammlung im April 1848 genau betrachtete, mag von dieser, durch das Eingreifen der Sprecher des Pietismus in die Politik maßgeblich geprägten Entwicklung nicht überrascht gewesen sein. Nicht nur in den Dörfern rund um die Stadt Ludwigsburg galt ein »Aufklärer« wie David Friedrich Strauß als nicht wählbar. Hätte Friedrich Theodor Vischer im Wahlkeis Reutlingen einen so engagierten und polemisch begabten Gegenkandidaten gehabt wie Strauß in der Person Christoph Hoffmanns, dem Sohn des Gründers von Korntal, wäre wahrscheinlich auch Vischer nicht gewählt worden. Am Ende siegte der Pietistengegner Vischer im Wahlkreis Reutlingen nur knapp.

Die Einzelergebnisse der Wahl vom April 1848 zeigen, daß die Grundstimmung im Land geteilt war: auf der einen Seite das städtische Bürgertum, auf der anderen Seite die große Anhängerschaft des Pietismus in den Dörfern.

Sixt Karl Kapff selbst entschied sich für ein Engagement in der Politik, schon bevor er mit seinem Anti-Revolutions-Appell im »Christenboten« landesweit Partei ergriff. Als Herrenberger Dekan kandidierte er im Frühjahr 1848 im Wahlkreis Herrenberg-Nagold-Horb für die Nationalversammlung. Er blieb allerdings ebenso erfolglos wie sein großer Gegner Strauß. Die 2600 Stimmen, die Kapff vorwiegend in den altwürttembergisch-evangelischen Dörfern erhielt, reichten nicht zur Mehrheit. Im neuwürttembergischen, katholischen Oberamt Horb hatte ein Vorkämpfer des Protestantismus wie Kapff keine Chance. Das gab den Ausschlag.

Im Jahr 1850 belohnte König Wilhelm die Hilfe, die ihm Kapff in den schwierigen Zeiten der Revolution geleistet hatte, mit der Berufung in das Amt des Reutlinger Prälaten. Kapff nahm die Berufung zwar an, war aber mehr an einer Position im Konsistorium interessiert. Zwei Jahre später erfüllte sich dieser Wunsch. Bis zu seinem Tod 1879 behielt Kapff sein Amt in der Kirchenleitung. Er war während dieser 27 Jahre die stärkste und einflußreichste Persönlichkeit im Konsistorium. Wo immer es möglich war, sorgte er für ein enges Zusammenwirken von Kirche und Staat, getreu seiner Überzeugung, daß man nur so »einen Schutzwall gegen einen ins Uferlose laufenden Fortschritt« errichten könne.

War damit der politische Fortschritt gemeint, so herrschte in diesem Punkt seit den Revolutionsjahren weitgehende Übereinstimmung zwischen König Wilhelm und Sixt Karl Kapff. Diese Übereinstimmung ließ vergessen, daß große Teile der evangelischen Kirche in Württemberg, allen voran der tonangebende Kapff, König Wilhelms tiefe Skepsis gegen den König von Preußen und dessen Regierung nicht teilten. Für Kapff und seine Freunde war Preußen ein notwendiges Bollwerk des Protestantismus, ein Bollwerk gegen die befürchtete Ausbreitung der Macht des »Ultramontanen«, also der nach Rom orientierten Katholiken.

Wilhelm I. sah dies viel weniger dramatisch. Ihm lag an geordneten Beziehungen zu Bischof und Domkapitel in Rottenburg und an einem möglichst spannungsfreien Verhältnis zu Papst und römischer Kurie. Deshalb sein – nicht geglückter – Versuch, ein Konkordat oder eine Konvention mit dem Vatikan abzuschließen. In dieser Frage trennten sich dann auch eine Zeitlang die Wege von König Wilhelm und Sixt Karl Kapff. Der württembergische Pietismus befand sich beim Konkordatstreit plötzlich in der Nähe von Demokraten und Liberalen. Die inzwischen starke Stellung des Pietismus überdauerte jedoch auch diese Phase einer Irritation zwischen Wilhelm I. und seinen Verbündeten aus der Zeit der 48er-Revolution.

Mühsame Schulreform

Zu dem Erbe, das König Friedrich von Württemberg seinem Sohn Wilhelm hinterließ, gehörte eine Schulreform, die in den Anfängen steckengeblieben war und deshalb bis zu ihrer Vollendung noch viel Mühe versprach. So modern und effektiv, wie zuweilen behauptet wird, war die Volksschule in Württemberg am Beginn des 19. Jahrhunderts keineswegs. Es mangelte an vielem, vor allem an einer gründlichen und systematischen Lehrerbildung. Zwar hatte man schon im letzten Drittel des 18. Jahrhunderts mehrfach über die Dringlichkeit einer guten Ausbildung der Volksschullehrer diskutiert, aber die Verwirklichung von Vorschlägen und Plänen ließ auf sich warten. Die Gründung eines Seminars zur Ausbildung von Lehrern an den evangelischen Volksschulen des Landes genehmigte König Friedrich schließlich im Jahr 1811. Ein vergleichbares Institut für die Ausbildung der katholischen Lehrer existierte zu Lebzeiten König Friedrichs nicht. Das Versäumnis holte Wilhelm I. im Jahr 1819 nach. In Schwäbisch Gmünd schuf man ein Seminar für die Ausbildung der Lehrer an den neuwürttembergischen katholischen Volksschulen.

Als König Wilhelm im Herbst 1816 die Regentschaft übernahm, bestand für ihn kein Zweifel, daß die erstrebte Einheit des jungen Königreichs auf Dauer nur zu sichern war, wenn man die großen Unterschiede in der Schulpraxis der verschiedenen Landesteile der altwürttembergischen und der neuwürttembergischen Regionen beseitigte. Die Gründung eines Seminars zur Ausbildung von Lehrern an den katholischen Schulen des Landes erschien deshalb dringlich. In den katholischen Volksschulen war man immer noch auf Lehrkräfte angewiesen, die ein »Schulmeister«, so gut er konnte, angelernt hatte, nachdem er selbst im Lauf der Jahre vom »Provisor« zum »Meister« aufgestiegen war. Der Lehrernachwuchs für die evangelischen Volksschulen aber kam inzwischen – methodisch geschult und nach den Maßstäben der Zeit auf den Beruf eines Pädagogen vorbereitet – vom Esslinger Seminar.

Grundlage der Schulpolitik König Wilhelms waren fürs erste zwei Gesetze aus der Zeit seines Vaters. König Friedrich hatte speziell für die katholischen Volksschulen 1808 ein Gesetz unterzeichnet, eine entsprechende Regelung für die evangelischen Schulen folgte Ende des Jahres 1810. Beide Gesetze bestätigten die Rechte der Kirchen insofern, als sie die Volksschulen der Aufsicht der Geistlichkeit unterstellten. Bei den evangelischen Schulen lagen die obersten Aufsichtsrechte beim Oberkonsistorium, also bei den Oberkirchenräten, das Pendant auf katholischer Seite war der katholische »Geistliche Rat«.

Anders als im Schulgesetz für die Katholiken war im Gesetz für die evangelischen Schulen eine verbesserte Lehrerbildung vorgeschrieben. Vor dem Erlaß dieses Gesetzes mußte ein evangelischer Kandidat für den Beruf des Lehrers einige Jahre Schulpraxis nachweisen, wenn er sich als mindestens Einundzwanzigjähriger zur Prüfung anmeldete. Üblich waren damals drei Jahre Lehrzeit bei einem »Schulmeister«. In Zukunft, so eine der wichtigen Bestimmungen des Gesetzes von 1810, sollten die »Inspizienten« eine berufliche Bildung nur noch in einem öffentlichen Schullehrer-Seminar erwerben können. Als Alternative für die Seminar-Ausbildung an einem staatlichen Institut sah das Gesetz den Besuch einer vom Oberkonsistorium genehmigten privaten Bildungsanstalt vor. Eine derartige Anstalt müsse von einem Geistlichen geleitet werden, der sich »im pädagogischen Fach« auszeichne. Sie könne auch unter der Leitung eines dazu ausdrücklich legitimierten, tüchtigen Schullehrers stehen. Derart ausgebildete Kandidaten wurden schon im Alter von 17 Jahren zur Prüfung zugelassen. Mit diesen Neuerungen wollte man erreichen, daß die künftigen Lehrer an den evangelischen Volksschulen mit der neueren Pädagogik und Didaktik vertraut seien.

Wichtig war dabei vor allem die von Johann Heinrich Pestalozzi entwickelte Pädagogik. Für die Ausbildung am Seminar in Esslingen schrieb einer der Gesetzesparagraphen vor, daß der Unterricht dort für 30 Kandidaten im Jahr unentgeltlich sein solle, nach Bedürfnis könne auch eine Unterstützung gewährt werden. Man wollte damit jedem Begabten die Tür zum Lehrerberuf öffnen, wie es einst schon Johann Valentin Andreä am Ende des Dreißigjährigen Kriegs empfohlen hatte, als er meinte, die »Lehrer dürften nicht aus der Hefe des Volkes« genommen werden. Wer sich um einen Platz im Lehrerseminar bewarb, mußte ein vom Ortsgeistlichen oder vom Dekan ausgestelltes Zeugnis über sein seitheriges Leben beim Oberkonsistorium einreichen. Für die bereits tätigen Schulmeister und Provisoren machte das Gesetz den Besuch von Fortbildungskursen zur Pflicht, die von dazu geeigneten Geistlichen zu leiten seien.

Schon unter König Friedrich begann man also, die allgemeine Schule durch eine andere Aus- und Fortbildung der Lehrer zu verbessern. Aber dies allein reichte nicht aus. Wichtig war es auch, den Beruf des Lehrers materiell attraktiver zu machen. Anders ließen sich geeignete Nachwuchskräfte nicht gewinnen. Die Kommunen mußten nun dem Lehrer ein Mindestgehalt von 150 Gulden pro Jahr garantieren. Wenn möglich sollten sie dieses recht bescheidene Gehalt auf 300 Gulden erhöhen. Vorgesehen war auch eine freie Dienstwohnung oder ein Mietzuschuß. Bei den Holzabgaben aus dem Gemeindewald sollten die Lehrer nun ebenso berücksichtigt werden wie andere Gemeindebürger, ebenso bei der Nutzung der Allmende. Die soziale Stellung der Lehrer wollte man vor allem durch Vorschriften verbessern, die sich gegen schlechte Bräuche in den Gemeinden richteten. Abgeschafft wurde unter anderem die an vielen Orten übliche Entschädigung durch Naturalleistungen. Dazu gehörte auch der Brauch des »Umessens«, das war die Verköstigung des Dorfschullehrers, der nach einem festgelegten Plan jeden Tag in einem anderen Haus ein Mittagessen erhielt.

Anders als im evangelischen Altwürttemberg, wo seit dem Ende des Dreißigjährigen Kriegs eine gemeinsame Schultradition bestand, waren die Schulen in den neuwürttembergischen Landesteilen keineswegs einheitlich. Die von König Friedrich begonnene und von Wilhelm I. fortgeführte Neuordnung sollte deshalb nicht nur eine Angleichung der grundlegenden Schulbedingungen in den alt- und neuwürttembergischen Regionen ermöglichen, sondern auch Unterschiede in den katholisch-neuwürttembergischen Landesteilen beseitigen. Insgesamt war der Nachholbedarf in den neuwürttembergischen Bezirken beträchtlich. Im allgemeinen beschränkte sich der Schulbesuch in den katholischen Dörfern auf die Winterzeit. Erst im Jahr 1831 bestimmte ein Ministererlaß, daß der tägliche Schulbesuch an den katholischen Schulen auch in der Sommerzeit Pflicht sei. Für die evangelischen Volksschulen galt diese Regelung bereits seit 1810.

Kompliziert wurden die Verhältnisse, als im Königreich Württemberg eine Binnenwanderung einsetzte und sich die konfessionellen Minderheiten in den alt- und in den neuwürttembergischen Bezirken vergrößerten. Durften, sollten evangelische Kinder in eine katholische Schule eingewiesen werden, mußten katholische Schülerinnen und Schüler die evangelische Schule besuchen? In den Schulgesetzen aus der Zeit König Friedrichs blieb diese Frage unbeantwortet. Im Jahr 1818 erließ sein Nachfolger Wilhelm deshalb eine Verordnung, die Klarheit für den Schulbesuch in gemischt konfessionellen Gemeinden schaffen sollte. Die Lehrer, die in einem gemischt konfessionellen Ort unterrichteten, mußten danach der »herrschenden Konfession« angehören. Den Eltern, die der konfessionellen Minderheit angehörten, war freigestellt, ob sie ihre Kinder in eine Schule der Mehrheitskonfession schicken wollten oder in die Schule ihrer eigenen Konfession im Nachbarort.

Die Wahlfreiheit war allerdings eingeschränkt: Der Schulweg in die Schule der eigenen Konfession durfte nicht länger sein als eine Stunde Gehzeit. Zum Religionsunterricht mußten die Kinder »die nächste Schule ihrer Konfession« besuchen. Die hier in verkürzter Form zitierte Verordnung König Wilhelms zeigt, wie wichtig es dem Monarchen gewesen ist, in der Schulfrage beide Konfessionen gleich zu behandeln. Es sollte nirgends der Eindruck entstehen, daß die evangelisch-altwürttembergische Mehrheit in der Schulpolitik eine Majorisierung der neuwürttembergischen Katholiken beabsichtige.

Der katholische Klerus war im übrigen ebenso bestrebt wie die königliche Regierung, die Defizite in der Schulbildung der katholischen Bevölkerung möglichst rasch auszugleichen. Schon im Jahr 1808, also kurz nach der Eingliederung in das junge Königreich Württemberg, wies das von Ignaz Heinrich von Wessenberg geleitete bischöfliche Ordinariat in Konstanz die Geistlichen in den zuvor vorderösterreichischen Bezirken an, dem Mangel an ganzjährigem Unterricht in den Dörfern entgegenzuwirken und auf eine allgemeine Einführung von Sommerschulen zu achten. Daß die Verwirklichung dieses dringenden Wunsches noch lange auf sich warten ließ, hatte mehrere Ursachen: Einmal herrschte Mangel an geeigneten Lehrkräften, zum anderen waren viele Gemeinden gar nicht in der Lage, die Kosten für die Lehrer aufzubringen. In vielen Dörfern hörte man zudem ein Argument der Eltern, das den Bildungsplanern in der ganzen Welt auch in unserer Zeit noch vertraut ist: daß man selbst ja auch ohne Schule groß geworden sei und außerdem auf die Mithilfe der Kinder in der Landwirtschaft sommers nicht verzichten könne.

Tradition und Schulkompetenz

Einige Unklarheiten, man kann auch sagen Vieldeutigkeiten, in der Verfassung von 1819 sorgten bei der von König Wilhelm erstrebten einheitlichen gesetzlichen Regelung der Schulverhältnisse für

Streit. Die Verfassung sicherte den christlichen Konfessionen in Paragraph 70 die freie öffentliche Religionsausübung und den vollen Genuß ihrer »Kirchen-, Schulen- und Armenfonds« zu. An anderer Stelle war geregelt, daß das Oberkonsistorium bei den evangelischen und der »Geistliche Rat« bei den katholischen Schulen die oberste Aufsichtsbehörde seien. War die Volksschule unter diesen Umständen als eine kirchliche Schule anzusehen oder als eine staatliche Einrichtung unter Aufsicht oder Mit-Aufsicht der Kirchen? Die Antwort auf diese Frage erhitzte die Gemüter, als die königliche Regierung Mitte der dreißiger Jahre den lange erwarteten Entwurf eines einheitlichen Schulgesetzes vorlegte.

Um diesen Streit zu verstehen, muß man ein wenig an die altwürttembergische Schultradition erinnern. Sie ist untrennbar verbunden mit der Reformation und mit der Großen Kirchenordnung Herzog Christophs aus dem Jahr 1559, die auch eine Schulordnung enthielt. Einer der Hauptautoren dieser Kirchen- und Schulordnung für das Herzogtum Württemberg war Johannes Brenz. Er hatte zuvor schon in Schwäbisch Hall die Reformation durchgesetzt und dort auch eine allgemeine Schulpraxis propagiert. Wichtig war ihm vor allem anderen, daß Buben und Mädchen imstande sein sollten, die Heilige Schrift zu lesen. Das Lesen, das Schreiben, auch das Singen von Kirchenliedern und – nicht zu vergessen – das Memorieren, also das Auswendiglernen, besonders von Bibelsprüchen, bildeten auch die Grundlage der württembergischen Schulpraxis, die am Ende des Dreißigjährigen Kriegs mit den Vorschlägen des zum Oberkirchenrat und Hofprediger beförderten Calwer Dekans Johann Valentin Andreä begann. Der Schulbesuch war seitdem Pflicht im Herzogtum.

Nach Meinung des Schulhistorikers Egon Schmid entsprangen die mit den Namen Brenz und Andreä verbundenen Schul-Initiativen, die das Herzogtum Württemberg einst zu einem Land der Schulpioniere gemacht haben, der »Wertschätzung der aus der Einschränkung der mittelalterlichen Kirche befreiten Einzelpersönlichkeiten«. Drei Ziele wollten die Schulreformer des alten Herzogtums durch die allgemeine Schule und – seit Mitte des 17. Jahrhunderts – durch die Schulpflicht erreichen: die Erziehung in der »Furcht Gottes«, die Förderung der »rechten Lehre« und eine »gute Zucht«. Durch die Schule für alle, auch für die »arbeitenden Kinder der gemeinlich hartschaffenden Untertanen«, sollte die Gleichheit aller, die Menschenantlitz tragen, respektiert werden.

Wenn man die demokratische Tradition des alten Württemberg rühmt oder bei Festansprachen voraussetzt, darf man diese religiös-kirchliche Wurzel des Gleichheitsgedankens in der Volkserziehung nicht vergessen. Nicht übersehen sollte man auch, daß die alte Schulordnung die Pflicht der Eltern zur Unterweisung und Erziehung »zu christlichen Charaktern« hervorgehoben hat. Religiöse, intellektuelle und sittliche Bildung, das war seit der Regentschaft Herzog Christophs eine hauptsächlich der Kirche – der Kirche der Reformation – gestellte Aufgabe.

Will man verstehen, weshalb es denn allem Anschein nach für König Wilhelm und dessen Minister so schwierig gewesen ist, in einem Gesetz die Prärogative des Staates und der Staatsorgane in der Schulpolitik niederzulegen, dann muß man diese kirchlich-reformatorischen Wurzeln der Schule im alten Württemberg beachten. Zugleich muß man berücksichtigen, daß Wilhelm I. zwar Oberhaupt der evangelischen Kirche in Württemberg war, aber auch der König eines gemischt-konfessionellen Staates. Noch etwas war von Bedeutung: die Erziehung Wilhelms I. Dieser König war, ebenso wie sein despotischer Vater, in Fragen der Religion und der Erziehung des Menschen vom Geiste der Aufklärung bestimmt. Ein engagierter Anwalt der Tradition, gar der altwürttembergischen Überlieferung, das war er nicht. Wenn er solche Überlieferungen respektierte, wie etwa beim Verfassungskompromiß von 1819, dann geschah dies weniger aus Überzeugung als aus realistischer Einschätzung der Verhältnisse, man kann auch sagen: aus »Staatsräson«.

Der moderne Staat war für König Wilhelm ein wichtiges Mittel zum Zweck. Erreichen wollte der Monarch, daß sein Land eine gesicherte, der allgemeinen Wohlfahrt dienende Grundlage erhalten und somit aus der immer noch bestehenden Rückständigkeit – und Armut – befreit werde. Es war und es blieb ein alarmierendes Zeichen, daß nach wie vor viele tausend Württemberger ihre Zukunft in anderen Ländern, ja in anderen Erdteilen suchten oder suchen mußten. Wollte man dies ändern, mußte man für die wachsende Bevölkerung neue Möglichkeiten einer Existenz im Land selbst schaffen. Ohne verbesserte, moderne Schulen als Voraussetzung einer verbesserten Bildung war dies nicht möglich.

Solche Überlegungen waren nicht ganz neu. Brenz und Andreä, die beiden Schulpioniere, hatten schon im 16. und 17. Jahrhundert für den Vorrang der Bildungsinvestitionen plädiert. Brenz, indem er in Schwäbisch Hall die hohen Ausgaben für das Kriegführen kritisierte und statt dessen eine bessere Schulfinanzierung vorschlug – gute Bildung der Menschen sei ein sicherer Schutzwall, sagte Johannes Brenz.

Andreä machte am Ende des Dreißigjährigen Kriegs Vorschläge für die Schule, die erkennen lassen, daß er nicht nur ein Theologe war, sondern auch ein Praktiker, der sich von der Anwendung wissenschaftlicher Erkenntnisse eine Linderung der großen Not versprach. Andreä, ein Freund und Bewunderer der Naturwissenschaften, der Mathematik und der Technik, erkannte und betonte den Wert der »realen Wissenschaften«. Bei der Behandlung des Lehrstoffs verlangte er Anschaulichkeit. Die Schule sollte das Denken wecken und entwickeln, der Schüler müsse verstehen, was er lerne.

Solche Forderungen eines Kirchenmannes blieben stets aktuell. Nun freilich, am Beginn einer neuen naturwissenschaftlich-technischen Epoche und eines neuzeitlichen Staatsverständnisses stellte sich die Frage nach der Rolle und Verantwortung der Kirche – oder der Kirchen – für die Schule und damit auch für die allgemeine Volksbildung in einer anderen Weise als in der Zeit der Reformation oder des 17. Jahrhunderts. Über eine allgemeine Schulpflicht las man zwar in der Verfassung von 1819 nichts. Diese Lücke im Verfassungstext führte jedoch zu keinerlei Diskussionen. Die Pflicht zum Schulbesuch galt in Württemberg als selbstverständlich. Dementsprechend hielt man es bei den Verfassungsberatungen auch für überflüssig, dem Wunsch eines evangelischen Theologen zu folgen und einen besonderen Paragraphen in die Verfassung aufzunehmen, in dem ausdrücklich die Pflicht des Staates zur Errichtung und Unterhaltung von Bildungseinrichtungen festgeschrieben werden sollte. Die Pflicht des Staates zu einer derartigen Fürsorge gelte »auch weiterhin«, befand König Wilhelm. Dieser Zusatz findet sich denn auch im verabschiedeten Text.

Die Bedeutung und Mitwirkung der Kirchen bei der Volksbildung wurde in einem erläuternden Bericht zu jenen Teilen der Verfassung hervorgehoben, die den »Staatsbürgern« gewidmet sind. Man nenne, heißt es in dem Beitrag des Berichterstatters, im Verfassungstext »nicht ohne Bedeutung Kirchen und Schulen zusammen«, denn »religiöse und intellektuelle Bildung hängen aufs engste zusammen und müssen sich gegenseitig dienen«. Ein anderes Zitat aus dem erläuternden Bericht sei hier ebenfalls festgehalten, weil es zeigt, welche Überlegungen die Autoren der Verfassung des Königreichs Württemberg im Jahr 1819 geleitet haben. Man liest: »An den Schranken der Vernunft empfängt uns die Religion und ergänzt durch notwendige Begriffe das, was wir hier suchen und jenseits finden.« Das Gefühl dieser Wahrheit habe seit der Kindheit des Menschengeschlechts Tempel und Altäre gebaut und Schulen und Lehrstühle gegründet.

Prinzipien und staatsphilosophische Kommentare zu einem Verfassungstext sind eine Sache, die politische Wirklichkeit eine andere. Die Verbesserung des Schul- und Bildungswesens litt im ersten Viertel der langen Regentschaft König Wilhelms vor allem am Geldmangel von Staat und Gemeinden. So hatte beispielsweise die Stadt Esslingen nicht nur die Ehre, Heimstatt eines evangelischen Lehrerseminars zu sein, sie war auch trotz ihrer schmalen Finanzen an den Lasten des Unterhalts beteiligt. Noch in der Zeit König Friedrichs, als der württembergische Staat durch die napoleonischen Kriege hoch verschuldet war, hatte die Kommune einen großen Teil der Unterhaltskosten aufbringen müssen. Später erhöhte sich dann der Staatszuschuß, aber er reichte nicht aus.

Der Direktor des Seminars klagte über eine Geldnot, die oft nur die Beschäftigung nebenamtlicher Lehrkräfte erlaube. Allerdings hob der Leiter des Esslinger Lehrerseminars 1837 in einem Bericht für das Ministerium auch die Vorzüge und Erfolge der Anstalt hervor. Das Ausland, so liest man, habe »mit Begierde nach den Zöglingen des Seminares gegriffen«. Allem Anschein nach fanden die württembergischen Junglehrer vor allem in der Schweiz, aber auch in einer verhältnismäßig reichen Stadt wie Frankfurt rasch eine Anstellung, und zwar mit wesentlich höheren Bezügen als im Königreich Württemberg üblich. Der Seminardirektor wußte über die wachsende Bedeutung des Seminars allerdings auch zu berichten, daß die inzwischen eingeführten, »besseren Methoden des Elementarunterrichts in den gehobenen Schulen des Landes« meist dem Einfluß der Esslinger Absolventen zu verdanken seien. Diese Anmerkung zeigt, daß sich die Abwanderung in andere deutschsprachige Gebiete doch in Grenzen gehalten hat.

Die Not der Lehrer

Klagen über unzulängliche Verhältnisse an den Schulen des Landes begleiteten die ersten zehn Jahre der Regierungszeit König Wilhelms. Im Jahr 1827 nahm sich die Abgeordnetenkammer der Sache an. In einem Antrag an die königliche Regierung bat die Kammer um die Revision der beiden Schulgesetze von 1808 und 1810. Aus dem Antrag ging 1830 ein Kommissionsbericht hervor. Darin hieß es, eine unerläßliche Voraussetzung zur Verbesserung des Volksschulwesens sei unter anderem die Beseitigung des Vorschlagsrechts der Gemeinden für den Schuldienst. Mit anderen Worten: Die Personalvorschläge dürften nicht länger Sache der Gemeinden sein. Verlangt wurde außerdem eine »Vermehrung der Anzahl der Schuldienste«, also die Ausbildung und Einstellung von mehr Lehrern; die Vorbildung der Lehrer solle man durch ein Zusammenwirken der für diesen Zweck geschaffenen Anstalten verbessern.

Die Lehrer und Provisoren ihrerseits meldeten sich zur gleichen Zeit mit einer Bittschrift zu Wort, die nicht weniger als 1263 Unterschriften trug. Der Stand der Volksschullehrer müsse seiner »Unmündigkeit enthoben werden«, forderten die Lehrer des Landes. Sie wünschten vor allem, daß sämtliche Elementarschulen als Staatsschulen geführt und anerkannt würden und daß der Lehrerberuf »mehr Selbständigkeit und einen sicheren Rechtsboden« erhalte. In der Bittschrift beklagten sie die »nachteiligen Schulmeisterwahlen« unter »drückenden und erniedrigenden Bedingungen«. Deshalb der Wunsch der Betroffenen, nicht länger Gemeindeangestellte sein zu müssen, sondern in den Staatsdienst aufgenommen zu werden. Falls dies nicht geschehe, solle zumindest ein Wahlgesetz erlassen werden, das für Mißbräuche keinen Raum mehr lasse.

Abgelehnt wird mit deutlichen Worten die Pflicht zum Mesnerdienst. In manchen Gemeinden, so heißt es in der Bittschrift der Lehrer aus dem Jahr 1830, werde der Lehrer als Mesner in »Übertretung der Vorschriften« immer noch veranlaßt, »Mesnerlaibe, Mehl, Eier, Garben usw.« von Haus zu Haus zu sammeln. Daß die Armut und die unwürdige Stellung die jungen Lehrer oft an einer Heirat hindere, beklagte die Petition ebenfalls.

Bemerkenswert an dieser Bittschrift war, daß man in ihr nicht nur die bekannten Übel offen darlegte, sondern auch ein politisch heikles Thema anschnitt: die Mängel der Schulaufsicht. Gewünscht wurde eine »fachliche Schulaufsicht«, weil viele Geistliche mit den methodischen Fragen des Schulunterrichts nicht oder nicht ausreichend vertraut seien. Man wünschte die Beteiligung von Lehrern an der Aufsicht. Von einer Schulaufsicht nur noch durch Pädagogen anstelle der Theologen war allerdings in der großen Lehrer-Bittschrift nicht – noch nicht – die Rede.

Die vorsichtige Kritik der Lehrerschaft an der kirchlichen Schulaufsicht alarmierte einige Geistliche, die sich in pädagogischen Fragen für unzweifelhaft kompetent hielten. Am bestem vernehmbar war dabei die Stimme eines Katholiken, des Rottweiler Stadtpfarrers Alexander von Dursch. Er vertrat den Standpunkt der katholischen Seite in einer Schrift über das »Verhältnis der Schule zur Kirche und zum Staat«. Dursch wollte den Anfängen wehren. Seiner Ansicht nach stellten die Lehrer mit ihrer Kritik eine Schulaufsicht durch die Geistlichen überhaupt in Frage und ebneten so den Weg für eine Trennung von Schule und Kirche. Mit Hinweisen zur Schulgeschichte begründete der Rottweiler Stadtpfarrer die enge Verbindung von Schule und Kirche. Christlicher Geist könne die Schulen »nur im Schoße der Kirche« durchdringen.

»Wie soll«, fragte von Dursch, »die Kirche ihre Pflicht und ihr Recht, die Kinder zu würdigen Mitgliedern der Kirche heranzubilden, ausüben, wenn ihren Dienern kein Einfluß auf die Schule gestattet wird oder wenn sie an der Schule keinen anderen Anteil nehmen dürfen, als den Religionsunterricht zu erteilen und sich dann wieder zu entfernen, ohne sich weiter um die Schule kümmern zu können?« Die Warnung des katholischen Stadtpfarrers vor einschneidenden Veränderungen, die er angesichts der Forderungen der Lehrer befürchtete, gipfelte in der Feststellung: »Lehrer, welche von Staat und Kirche unabhängig sein wollen, scheinen eine Schulrepublik zu verlangen, um welche sich weder Gott noch die Menschen kümmern sollen.«

Die Einwände des Rottweiler katholischen Stadtpfarrers lassen erkennen, wie rasch in jener Zeit einfache Fragen einer Schulreform und einer neuen Schulgesetzgebung zu einem religiösen weltanschaulichen Streitfall werden konnten. War das von ihm gezeichnete Schreckensbild einer »Schulrepublik, weit entfernt von Gott und Menschen«, auch nur annähernd gerechtfertigt, wenn sich die Lehrerschaft von der Schulaufsicht eine bessere Fachkompetenz wünschte? Wohl kaum. Aber man darf nicht vergessen, daß hinter all dem die Frage stand, ob denn ein moderner, gemischt-konfessioneller Staat, geleitet von einem König, dem die Vorstellungen der Aufklärer nicht fremd waren, am Ende nicht versuchen werde, mit einer Schulreform den Einfluß der Kirchen zurückzudrängen und statt dessen die Rechte und die Macht des Staates auch in Erziehungsfragen zu stärken.

Kein Wunder, daß die königliche Regierung vorsichtig zu Werke ging, als sie den beiden Kammern im Sommer 1835 schließlich einen Gesetzentwurf zur Vereinheitlichung des Schulwesens vorlegte. Der zuständige Minister, Johannes von Schlayer, nannte als Zweck der Regierungsinitiative die »Ausbildung des Bestehenden«. Die Verschiedenheit zwischen katholischen und evangelischen Volksschulen wolle man beseitigen, vor allem aber bemühe man sich um eine bessere Fürsorge für den »sehr achtungswerten Stand der Volksschullehrer«. Der Minister wies in der regierungsamtlichen – und damit vom König mitzuverantwortenden – Begründung des Gesetzentwurfs darauf hin, daß die Volksschule keineswegs »lediglich eine Anstalt der Kirche oder ein ergänzender Teil der kirchlichen Einrichtungen« sei.

Vielleicht auch als Antwort auf die Kritik des katholischen Stadtpfarrers von Dursch gab Schlayer in der Zweiten Kammer zu Protokoll: »Ihrer wesentlichen Bestimmung nach sind die Volksschulen, wenngleich religiöse Bildung stets ihre Grundlage bleibt, Anstalten der bürgerlichen und nicht der kirchlichen Gesellschaft, und aus diesem Grunde soll auch die Konfession ihrer Lehrer und Schüler gleichförmig sein und nur *eine* Gesetzgebung für dieselbe bestehen.« Wem aber oblag die Vertretung der »bürgerlichen Gesellschaft«? Die Antwort auf diese Frage, durch den Minister des Königs aufgeworfen, war leicht zu finden: Vollzugsorgan der bürgerlichen Gesellschaft waren die Staatsorgane, an der Spitze der Monarch und seine Regierung, dazu die beiden Kammern als Mitwirkende an der Gesetzgebung.

Nicht nur auf katholischer Seite, sondern ebenso bei den Konservativen in der evangelischen Kirche fühlte man sich von der Regierung herausgefordert. Man sah in dem Gesetzentwurf und der von Minister Schlayer vorgetragenen Begründung einen verdeckten Angriff auf die rechtliche Stellung der Kirche gegenüber der Schule, und damit auch eine Abkehr von geschichtlichen Überlieferungen. Der Heilbronner Prälat Märklin, der Vater des Strauß-Freundes

Christian Märklin, machte sich in der Zweiten Kammer zum Sprecher der Kritiker. Das von der Regierung angestrebte Gesetz sei »eine Art Expropriations-Gesetz, sofern der Kirche zugemutet wird, das Eigentum der Volksschulen, an dem sie bisher herkömmlicher und rechtlicher Weise Anteil hatte, dem Staat ganz abzutreten«. Märklin erläuterte, weshalb er seine Kritik im Namen *der* Kirche vortrage. Er tue dies, weil in diesem Fall der Konfessionsunterschied verschwände. Katholiken und Protestanten seien hier durch ein gemeinschaftliches Interesse miteinander verbunden.

Die Rede des Heilbronner evangelischen Prälaten veranlaßte den Minister zu einer ausführlichen Replik. Es geschehe nichts erheblich Neues, »was den bisherigen Stand der Kirche gegenüber den Volksschulen« abändere. In Schlayers Entgegnung findet sich der Satz: »Die Erziehung des Menschen zum Bürger ist nicht Sache der Kirche.« Die Kirche, meinte der Minister, habe »um so weniger Ursache, diesen Prinzipienstreit zu erregen, als ja der Gesetzentwurf die Sache eigentlich ganz in die Hände der Geistlichen legt«. Man debattiere im übrigen über ein Schulgesetz, nicht über ein Kirchengesetz, für das die Kammer gar nicht zuständig wäre. Märklin, um Dämpfung der Emotionen bemüht, kam daraufhin dem Minister in der weiteren Debatte ein wenig entgegen, beharrte aber darauf, daß ein prinzipieller Unterschied gegenüber dem bisher gültigen Zustand bestehe. »Was die Geistlichen seither für die Schulen getan haben, besorgten sie als Kirchendiener, nach dem Gesetzentwurf würden sie jetzt im Auftrag des Staates handeln.«

Der staatliche Herrschaftsanspruch

Umstritten war bei näherer Betrachtung nicht der genaue Inhalt dessen, was die Regierung als Gesetz verwirklicht sehen wollte, Verdacht erweckte bei den Konservativen beider christlicher Konfessionen die allgemeine Tendenz, nämlich die Verstärkung eines staatlichen Herrschaftsanspruchs, den schon König Friedrich angemeldet und beansprucht hatte. Diesen Herrschaftsanspruch des Staates und seines Oberhaupts vertrat auch Wilhelm I. Von der 1819 verabschiedeten Verfassung fühlte er sich gerade im Hinblick auf das Verhältnis von Staat, Schule und Kirche kaum beschränkt, schließlich nützen ja zwei- und vieldeutige Verfassungstexte stets demjenigen am meisten, der in Staat und Regierung das letzte Wort hat, und das war stets König Wilhelm als »selbstherrschender Monarch«.

Zu einer solch realistischen Einschätzung der Verhältnisse war beim Streit über das Schulgesetz auch mancher Kollege des Prälaten Märklin bereit. Einer von ihnen, der Prälat Friedrich Köstlin, bemerkte, daß »Volksschulen sowohl ein Bedürfnis für die Kirche als auch für den Staat« seien. Nach Köstlins Deutung des Gesetzeswerks war »für die Kirche die religiöse Ausbildung die Hauptsache, und der Staat verlangt die religiöse Ausbildung als die sichere Grundlage, um sittlich gute Bürger zu bekommen«. Man könne, meinte Köstlin, also guten Mutes den Gesetzentwurf beraten.

Am Ende einigte man sich weitgehend über die zunächst so strittige Formulierung des sogenannten »Zweck-Paragraphen«. Er lautete in dem neuen Gesetz: »Zweck der Volksschulen ist die religiös-sittliche Bildung und Unterweisung der Jugend in den für das bürgerliche Leben nötigen allgemeinen Kenntnissen und Fertigkeiten.«

Bei der Gesetzesvorschrift über die Schulaufsicht griff der Bischof von Rottenburg, Johann Baptist von Keller, als erster Redner in die Debatte ein. Die Formulierung des Regierungsentwurfs mißfiel dem Repräsentanten der katholischen Kirche. Im Entwurf stand über die Aufsicht in den größeren Städten und Gemeinden, daß dort, wo »mehrere Geistliche einer Konfession angestellt sind«, die Ober-Schulbehörde einen dieser Geistlichen mit der Schulaufsicht beauftrage. Der Bischof beantragte, hier einzufügen: »unter Mitwirkung der Kirche«. Es könne ja sein, daß die Ober-Schulbehörde ganz andere Ansichten habe als die Ober-Kirchenbehörde, deshalb solle man den Text entsprechend verdeutlichen. Minister von Schlayer hielt diesen Zusatz für unnötig und nicht akzeptabel. Es sei ja vorgesehen, daß die Ober-Schulbehörde mit der Kirchenbehörde Rücksprache nehme, mehr als ein Recht auf Rücksprache könne aber nicht stattfinden.

Dieser regierungsamtlichen Ansicht widersprach energisch ein anderer Vertreter des katholischen Bevölkerungsteils: Freiherr August von Hornstein. Er holte weit aus und berief sich dabei auf ein Recht der Konfessionen aus dem Westfälischen Frieden von 1648. Hornstein sprach offen aus, daß man nach dem vorliegenden Text befürchten müsse, die Staatsbehörde werde sich am Ende auf Geistliche stützen, die für ihre Aufgabe bei der Schulaufsicht nicht das Plazet des allein für die katholische Seite zuständigen Bischofs hätten. Der Minister wies diese Einwände scharf zurück und belehrte den Freiherrn von Hornstein, daß aus dem Westfälischen Frieden keine Rechte mehr geltend gemacht werden könnten. Maßgebend sei vielmehr jetzt neben der Landesverfassung die Bundesakte. Als sich in diesem Streit keine Annäherung der Standpunkte abzeichnete, beendete der Kammerpräsident den Streit, indem er abstimmen ließ. Die Mehrheit entschied sich für die Regierungsvorlage, Bischof von Keller und Freiherr von Hornstein blieben erfolglos.

Ebenso erfolglos war ein Vorstoß des zur Linken in der Kammer gehörenden Abgeordneten Albert Schott. Er machte mit einem Änderungsantrag den Versuch, die Vorrechte der Geistlichkeit bei der Bezirks-Schulaufsicht ein wenig einzuschränken. Drei Worte wollte Schott eingefügt wissen: »in der Regel« sollten Geistliche die Schulaufsicht im Bezirk ausüben, meinte er. Dem widersprach sofort einer der evangelischen Vertreter, der Prälat Johann Gottfried von Pahl. Die Geistlichen würden von Jugend an zum Lehrer vorbereitet und seien auch angehalten, Pädagogik, Didaktik usw. zu studieren; man könne deshalb keine besser geeigneten Personen für die Schulaufsicht finden als die Geistlichen, argumentierte der evangelische Prälat. Schott fand bei der Abstimmung keine Mehrheit.

Das Thema Schule und Kirche und – eng damit verbunden – »Schulaufsicht durch die Ortspfarrer und Dekane« sollte dann bei der Beratung einer deutschen Bundesverfassung im Jahr 1848 in der Frankfurter Paulskirche erneut zum Gegenstand des Streites werden. Der Abgeordnete des Wahlkreises Reutlingen, Friedrich Theodor Vischer, geprüfter Theologe und Professor der Ästhetik, gehörte dabei zu den Initiatoren einer Neuregelung des Verhältnisses von Kirche und Staat. Das Scheitern der 48er-Revolution hatte auch zur Konsequenz, daß das württembergische Schulgesetz von 1836 in seinen Grundzügen noch viele Jahrzehnte in Kraft blieb und die geistliche Schulaufsicht im Königreich Württemberg erst am Beginn des 20. Jahrhunderts endete.

»Bildung ist Brot«

Beim Streit über die Schulaufsicht und über die Rolle der Kirchen in der Volksschule hielt sich König Wilhelm zurück. Es hatte den Anschein, daß er in diesen heiklen Fragen nicht öffentlich Partei ergreifen wollte. Für die Mitglieder der beiden Kammern, die das Volksschulgesetz zu beraten hatten, und für die interessierte Öffentlichkeit gab es dennoch keinen Zweifel, daß die zuweilen nicht besonders taktvoll vorgetragenen Argumente des Ministers von Schlayer ihrem Inhalt nach den Ansichten des Königs entsprachen. Ebenso wenig zweifelhaft war indes, daß König Wilhelm bei seinem Streben nach einer Modernisierung Württembergs auf eine bis dahin in Deutschland nicht erprobte und weitgehend unbekannte neue Methode bei der beruflichen Bildung setzte.

Der Vorkämpfer derartiger Neuerungen war Ferdinand Steinbeis, ein Neffe des früheren Innenministers und Leiters der staatlich-württembergischen Hüttenwerke Karl von Kerner. Das Wirken von Ferdinand Steinbeis ist eng verknüpft mit der »Zentralstelle für Gewerbe und Handel«, die im Revolutionsjahr 1848 auf Grund einer Initiative württembergischer Gewerbevereine gegründet worden war. Steinbeis, der als Organisator und als Techniker in Unternehmen des Fürsten von Fürstenberg und des saarländischen Industriellen von Stumm mancherlei Erfahrungen gesammelt und sich auch als Verfasser von Fachliteratur einen Namen gemacht hatte, bewarb sich bei dem neugegründeten Institut für die ausgeschriebene Stelle eines »Technischen Mitgliedes«, wie die Funktionsbezeichnung im Etat der Zentralstelle hieß. Von den vier Bewerbern, die als technisch und wissenschaftlich befähigte Kandidaten in die engere Wahl gekommen waren, blieb am Ende nur noch Steinbeis übrig. Das Innenministerium, das hierbei das letzte Wort sprechen sollte, hatte die Bewerbungsunterlagen mit einem Votum für Ferdinand Steinbeis an den König weitergereicht. Die beigefügten Referenzen überzeugten Wilhelm I. von der Eignung des Kerner-Neffen für diese wichtige Position. Der Monarch sollte seine Entscheidung nicht bereuen müssen.

Eine Bewährungsprobe auf dem bis dahin kaum bekannten Gebiet der Gewerbeförderung bestand Steinbeis, als er sich 1851 erfolgreich um eine angemessene Repräsentation Württembergs bei der Londoner Weltausstellung bemühte. Württemberg habe Qualitätsprodukte zu bieten, meinte Steinbeis, aber es brauche als armes Land dafür Absatzmärkte im Ausland und müsse sich deshalb auf den Export einstellen. Ein erster Schritt dazu sei, sich überhaupt erst einmal in der Welt bekannt zu machen. Die Weltausstellung biete dafür eine Chance, die man wahrnehmen müsse. Die Ausstellung bot allerdings auch die nicht weniger wichtige Chance, sich über den neuesten Stand der Technik zu informieren und die Defizite zu erkennen, die man in Württemberg beseitigen mußte, wollte man den eigenen Ansprüchen genügen, Ansprüche, die von vornherein nicht auf eine Massenproduktion, sondern auf spezielle, qualitativ anspruchsvolle Erzeugnisse zielten.

Der Aufenthalt in London, den Steinbeis unermüdlich für Kontakte mit möglichen Interessenten für württembergische Erzeugnisse nutzte, vermittelte dem Techniker Steinbeis auch Hinweise auf die damals sehr aktiven und beliebten Preisgerichte, die ein Urteil über die Qualität neuer Produkte abgaben. Steinbeis sorgte dafür, daß sich auch württembergische Unternehmer dieser Art von Qualitätsprüfung unterzogen. Bei alledem sammelte er Kenntnisse über den internationalen Markt und über moderne Produktionsverfahren, die man im eigenen Land dringend benötigte.

Besonders interessiert war der württembergische Vertreter an der Ausbildung der Ingenieure und der Arbeiter sowie an allem, was man die »soziale Lage« der Arbeiterschaft nannte. Vielleicht ist das besondere Interesse für die Arbeitsbedingungen, die Gesundheit, auch die Wohnsituation der Arbeiter in den noch jungen Industriebetrieben auf Anregungen zurückzuführen, die Ferdinand Steinbeis aus der eigenen nahen Verwandtschaft erhalten hatte. Der älteste Bruder seiner Mutter, der spätere Hamburger Armenarzt Georg Kerner, machte schon als Schüler und Student der Medizin an Herzog Karl Eugens Hoher Karlsschule auf die sozialen Ursachen bestimmter Krankheiten bei der ärmeren Bevölkerung aufmerksam. Justinus Kerner, der jüngste unter den Kerner-Brüdern, beschäftigte sich als Arzt in Weinsberg mit den Ursachen und Erscheinungsformen von psychischen Erkrankungen und war, wie man aus seinen Jugenderinnerungen weiß, besonders stolz auf das menschenfreundliche Wirken seines früh verstorbenen Bruders Georg. Ferdinand Steinbeis wiederum, der in Ilsfeld aufwuchs, nicht weit von Weinsberg entfernt, war im Haus von Justinus Kerner ein gern gesehener Gast, stets interessiert an den Erfahrungen seiner Verwandten mütterlicherseits.

Neugierde, vor allem gerichtet auf das Kennenlernen von technischen Entwicklungen und anwendbaren wissenschaftlichen Erkenntnissen, gehörte auch zu den Eigenschaften, die die Zeitgenossen an König Wilhelm immer wieder bemerkt und gerühmt haben.

Bedenkt man dies, so war es nur konsequent, daß sich der württembergische Monarch für Steinbeis entschied, als das technische Referat in der neuen Zentralstelle zu besetzen war. Im Herbst 1852 schickte König Wilhelm seinen »Technischen Rat« auf eine Studienreise nach Belgien. Unter den Ländern des europäischen Kontinents stand das neugegründete Belgien zu jener Zeit in dem Ruf, industriell besonders fortschrittlich zu sein. Nach England galt Belgiens Industrie damals als die Nummer zwei in Europa. Von Steinbeis erwartete der König, daß er »über die Art der Gewerbeförderung in Belgien Näheres ermittle«. Zur speziellen Aufgabe des Kundschafters Steinbeis gehörte es, zu erfahren, auf welche Weise man denn in den letzten Jahren »die Lage der flandrischen Weberbevölkerung« verbessert habe.

Der Bericht, den Steinbeis über diese Studienreise verfaßt hat, enthält neben vielen detaillierten Informationen auch zahlreiche Wertungen und Vorschläge, in denen er seine vielfältigen Erfahrungen zusammenfaßte. Steinbeis tat dies mit dem Ziel, seinen württembergischen Landsleuten die Furcht vor all den neuen Maschinen zu nehmen, die jetzt mehr und mehr die Handarbeit verdrängten und zugleich eine neue und ganz andere berufliche Bildung erforderten. König Wilhelm war mit dem Bericht zufrieden. Er scheint seinen Erwartungen im hohen Maße entsprochen zu haben. Das Innenministerium veranlaßte eine Publikation, die unter dem Titel »Die Elemente der Gewerbeförderung – nachgewiesen an den Grundlagen der belgischen Industrie« erschien und 228 Seiten umfaßte.

Nicht alles, was Steinbeis in Belgien gesehen und erfahren hatte, war neu für ihn. Vieles, so fand er, wurde in Württemberg bereits praktiziert. Man fühlte sich also nicht nur angeregt, sondern auch bestätigt und nahm dankbar zur Kenntnis, daß man inzwischen, bedingt durch die gegebenen Umstände und Ziele, anderswo zu den gleichen Konsequenzen gelangt war wie in Württemberg. Parallelen gab es zum Beispiel bei den Versuchen, das Niveau des gewerblichen Unterrichts zu verbessern. Allerdings schlug Steinbeis vor, auf diesem grundlegend wichtigen Feld nach ganz neuen Wegen zu suchen und die berufliche Bildung systematisch mit der allgemeinen Volksbildung zu verbinden.

Die Überlegungen, die Ferdinand Steinbeis dazu schon vor seiner Belgien-Reise zu Papier gebracht hatte, beruhten auf der Erkenntnis, daß theoretische und praktische Berufsbildung einander ergänzen müssen: »Die Leitung und Organisation von Schulen, die für das wirtschaftliche Leben im allgemeinen und das Gewerbe im besonderen nützlich sein sollen, muß zwar auch an die Bedingungen einer umfassenden wissenschaftlichen Vorbildung geknüpft sein, zugleich jedoch an die Voraussetzung erprobter Tüchtigkeit im Gebiete der ausübenden Technik.« Über die Handarbeiter notierte Steinbeis im Jahr 1851, diese besitzlosen Arbeiter seien von der Not zuerst und am härtesten betroffen. Man müsse also anstreben, die Handarbeiter »geistig und sittlich auf das Niveau der neuen Verhältnisse zu heben«.

Das Schulprogramm, das Ferdinand Steinbeis entwarf, gründete sich auf derartige Überlegungen. Die allgemeine und die berufliche Fortbildung, davon war er überzeugt, gehörten zusammen. Ohne solche Bildungsfortschritte könne man den Kampf gegen die allgemeine Not – sie war am Beginn der fünfziger Jahre infolge von Mißernten immer noch groß – nicht gewinnen. In seinen mehrfach mündlich vorgetragenen und auch schriftlich niedergelegten Überzeugungen fühlte sich Steinbeis durch Erfahrungen in anderen Ländern bestärkt. »Die Arbeiter«, so schrieb er, »gewinnen in ihrer ganzen Lebenshaltung, je besser man für ihre gewerbliche Ausbildung sorgt.« Das Leitmotiv all dieser Überlegungen faßte Ferdinand Steinbeis in drei Worte zusammen: »Bildung ist Brot.«

Die Ratschläge von Steinbeis wurden beachtet. Im Sommer 1853 gründete man eine »Königliche Kommission für die gewerblichen Fortbildungsschulen«. Sechs Monate danach war man sich über ein Schulprogramm einig, das fast exakt den Prinzipien entsprach, die Steinbeis propagierte. Zum Programm gehörten sogenannte »Auslese-Schulen«, die der Schüler aus eigenem Antrieb aufsuchen sollte. Unterwiesen wurde er dort in seinem Beruf theoretisch und praktisch von »fachlich gebildeten Meistern«. Unterrichtsfächer waren Freihandzeichnen, geometrisches Zeichnen, Fach-Zeichnen und Modellieren, dazu kaufmännisches und gewerbliches Rechnen sowie gewerbliche Buchführung und Korrespondenz. Weitere Fächer waren gewerbliche Betriebslehre, Geschäftsaufsätze, gewerbliche Mechanik, Physik, Chemie und volkswirtschaftliche Grundlehre. Sogar das Erlernen von Sprachen fehlte nicht in diesem Unterrichtsangebot.

Es gab keinerlei Zwang zum Besuch einer derartigen »Auslese-Schule«. Alles war freiwillig, aber nicht kostenfrei: Man verlangte

Schulgeld. Es bestand im übrigen eine freie Wahl der Unterrichtsfächer. Die Lehrveranstaltungen fanden außerhalb der betrieblichen Arbeitszeit statt. Man besuchte sie am Abend und sonntags. Die Lehrer, so die Grundforderung, mußten in ihrem Unterrichtsfach möglichst eine betriebliche Praxis nachweisen können.

Der Zweifel war am Anfang weit verbreitet, ob sich denn für die Schulen, die in der keineswegs üppig bemessenen Freizeit besucht wurden und für die man sogar noch Schulgeld bezahlen mußte, auch genügend Schüler melden würden. Steinbeis ließ sich von den Skeptikern nicht beirren: Der Erfolg bestätigte ihn. In einem Tätigkeitsbericht, den er rückblickend auf seine Initiative im Jahr 1873 verfaßte, schrieb er mit berechtigtem Stolz: »Die Elite der gewerblichen Jugend hat sich förmlich zu den von allem Ballast befreiten Abend- und Sonntagsschulen gedrängt und tut dies immer noch in steigendem Maße.«

Das Programm, das Ferdinand Steinbeis 1853 für die berufliche Bildung und Fortbildung entworfen hatte, erwies sich als so gut durchdacht, daß es in seinen Grundzügen mehr als 50 Jahre lang für Württemberg maßgebend blieb und Nachahmung in zahlreichen anderen Staaten fand, auch außerhalb der deutschen Grenzen. Neben den Fortbildungsschulen sorgte Steinbeis auch für die Errichtung von »gewerblichen Fachschulen«. Sie sollten die fachliche Berufsbildung verbessern und dabei auf der allgemeinen Vorbildung aufbauen, die man sich auf den Fortbildungsschulen erwarb. Den Anfang machte Steinbeis bei diesem Schultyp mit Fachschulen für die Woll- und Webwarentechnik. Entsprechende Lehranstalten entstanden in Reutlingen, Stuttgart, Blaubeuren, Heidenheim und Laichingen.

Lehrwerkstätten ließ Ferdinand Steinbeis ebenfalls fördern. Er hatte diese Einrichtungen bei seiner Studienreise in Belgien entdeckt und sah darin mehr als nur eine spezielle Schule. Sie sollte auch eine Fabrik-Abteilung sein, in der man sich an Aufträgen von Kunden erproben konnte. Eine Unterweisung in betriebswirtschaftlichen Fragen gehörte von Anfang an zum Auftrag der Lehrwerkstätten. Anders als in Belgien verzichtete Steinbeis in Württemberg jedoch auf deren Verstaatlichung; die Unternehmen sollten sie selbst einrichten und leiten. Dabei vertraute er auf die Einsicht der Unternehmer und deren Interesse an qualifizierten Arbeitskräften. Ein Betrieb, der sich zur Gründung einer Lehrwerkstätte entschloß, durfte mit der Förderung durch die Stuttgarter Zentralstelle rechnen, die bald von Steinbeis als Präsident geleitet wurde. Die Eigeninitiative der Gewerbetreibenden sollte an erster Stelle stehen, danach erst fühlte sich die staatliche Behörde zur Unterstützung veranlaßt. Mit diesem Prinzip befand sich Steinbeis im Einklang mit den Initiativen, die König Wilhelm schon zu Beginn seiner Regentschaft vor allem für die Landwirtschaft verwirklicht hatte.

Ferdinand Steinbeis, am 5. Mai 1807 im Pfarrhaus von Oelbronn im Oberamt Maulbronn geboren, wurde fast 86 Jahre alt. Als er im Jahr 1893 starb, näherte sich das Königreich Württemberg einem Spitzenplatz in den Industrieregionen Deutschlands und Europas. Die Bildungsideen des Technikers Steinbeis und dessen Partnerschaft mit einem Monarchen, der neugierig und aufgeschlossen war für eine modernes Gewerbe und eine qualitätsorientierte Industrie, hatten Frucht getragen. Das Verdienst König Wilhelms war es, diesem ideenreichen und tatkräftigen Pionier die Chance zu einem erfolgreichen Wirken in und für Württemberg gegeben zu haben.

Ferdinand Steinbeis, der Pionier der Gewerbeförderung und einer systematischen beruflichen Bildung, stand bei König Wilhelm I. in hoher Gunst. Das Bild zeigt Steinbeis in seinem Musterlager in der Stuttgarter Legionskaserne.

Demokratisch-literarische Opposition

Der Not gehorchend und um Schlimmeres zu vermeiden, erklärte sich König Wilhelm im März 1848 mit der Bildung eines von Friedrich Römer geleiteten Ministeriums einverstanden. Römer selbst und seine Minister, darunter der schon erwähnte Paul Pfizer, repräsentierten die damalige Mehrheit der Zweiten Kammer. Die Verfassung von 1819 blieb jedoch weiterhin gültig. Nicht eine vom Volk gewählte Kammermehrheit hatte entschieden, sondern der Monarch. Er war jederzeit in der Lage, wenn er es für opportun hielt, das März-Ministerium wieder zu entlassen. Und das geschah dann auch, als kein Zweifel mehr bestand, daß in Preußen, in Österreich, in Bayern und im preußisch besetzten Sachsen die alte Ordnung wiederhergestellt war.

An der tiefen Abneigung König Wilhelms gegen alle politischen Kräfte, die sich für eine parlamentarische Regierung, sei es in einer konstitutionellen Monarchie oder gar in einer Republik eingesetzt hatten oder immer noch für demokratische Reformen plädierten, änderte sich nach dem Scheitern der revolutionären Bewegung von 1848/49 nichts. Es dauerte 15 Jahre, bis Wilhelm I. im Jahr 1863 wenigstens die ins Ausland geflohenen und in Abwesenheit verurteilten Demokraten heimkehren ließ. Den großen Schlußstrich zog erst Wilhelms Sohn Karl nach dem Tod seines Vaters.

Im Vergleich zu den Praktiken im preußischen Königreich oder bei der anderen Großmacht im Deutschen Bund, in Österreich, hielt man sich zwar in Württemberg bei der sogenannten Demagogenverfolgung in der Zeit des Vormärz zurück. Es wäre jedoch kühn zu behaupten, die Verhältnisse im Königreich Württemberg verdienten die Bezeichnung »liberal«, also freiheitlich.

Unter dem Druck der beiden argwöhnischen Großmächte wurden auf dem Hohenasperg immer wieder Verurteilte eingekerkert, die man in Württemberg wegen angeblicher Straftaten angeklagt hatte, die sie in Preußen, in Sachsen oder in Thüringen – meist als aktive Burschenschafter – begangen hatten. In den zwanziger Jahren waren es einmal 16 derartige Übeltäter, die für einige Zeit das Land rund um Ludwigsburg vom Hohenasperg aus betrachten durf-

Der zur Partei der Gemäßigten zählende Abgeordnete Friedrich Römer übernahm am Beginn der bürgerlichen Revolution die Leitung des württembergischen Märzministeriums.

Der »Denker-Club« – Karikatur um 1820. Wer allzu laut kritisch »dachte«, lief in Württemberg damals Gefahr, auf dem Hohenasperg zu landen. Der Theologe Karl August von Hase und der Nationalökonom Friedrich List konnten davon ein Lied singen.

ten, darunter der bereits erwähnte, später in Jena zu hohem Ansehen gelangte Theologe Karl August von Hase. Es wurde damals zwar kolportiert, König Wilhelm sei es peinlich gewesen, die von der preußischen Regierung gewünschte Bestrafung durch ein württembergisches Gericht vornehmen zu lassen – es war im Fall Hase das gleiche Gericht und der gleiche Richter wie bei Friedrich List –, aber für die Betroffenen war dies keine Trost.

Kein sicheres Refugium bot Württemberg also all denen, die sich in anderen Gebieten des Deutschen Bundes nach Gesetzen strafbar gemacht hatten, für die es im Königreich Württemberg dank der Verfassungsvorschriften von 1819 keine Entsprechung gab. Insofern war man in Württemberg zwar freier, aber doch nicht wirklich frei. Angriffe auf die Regierung – »Preßvergehen« zumal – wurden strafrechtlich verfolgt und mit Geldstrafen oder mit Festungshaft geahndet. Mancher Redakteur hat dies in der Zeit der Regentschaft König Wilhelms erfahren müssen. Das Wort vom Hohenasperg als dem württembergischen »Demokraten-Buckel« war durchaus begründet.

Es gab nach dem Inkrafttreten der Karlsbader Beschlüsse auch im Königreich Württemberg eine besondere Form der Gesinnungsprüfung. Verdächtig waren damals alle, die als Studenten in irgendeiner Verbindung mit den Burschenschaften standen. Unter ihnen, nicht zuletzt unter den Tübinger »Stiftlern«, vermuteten die Behörden eine Anlage zur Aufsässigkeit und die permanente Verbreitung von Freiheitsparolen. Wer in den Dienst der evangelischen Kirche in Württemberg eintreten wollte, wurde deshalb zu einer schriftlichen Loyalitätserklärung veranlaßt. Durch Unterschrift auf einem amtlichen Formular mußte der Kandidat versichern, daß er »in seinem ganzen Leben in keiner gesetzwidrigen Verbindung gestanden« habe und »folglich auch jetzt in keiner stehe«. Durch die Unterschrift wurde bezeugt, daß »die Wahrheit vorstehenden Umstandes mir als Bedingung meiner gnädigsten Aufnahme in den Staatsdienst bezeichnet worden ist«.

In den Personalakten der Angehörigen der sogenannten Blaubeurer »Genie-Promotion« sind die Loyalitätsbekundungen, die man den jungen Theologen abverlangte, bevor man sie als Vikar ins Land hinausschickte, immer noch zu finden – bei Eduard Süskind ebenso wie bei dem später in den Landtag gewählten Lyriker, Übersetzer und Essayisten Ludwig Seeger aus Wildbad.

Von einem anderen, der sich im Vormärz und in der Revolutionszeit als besonders gefährlicher Aufrührer erweisen sollte, von Georg Herwegh, einst Seminarist in Maulbronn, war ein ähnlicher Revers nicht zu entdecken. Anders als Vischer, Strauß, Seeger oder Süskind beendete Herwegh das Theologiestudium nicht. Man entfernte ihn schon frühzeitig aus dem Stift wegen unbotmäßigen Verhaltens gegenüber einem Stiftsrepetenten. Sein Name muß jedoch in diesem Zusammenhang genannt werden, denn der in Stuttgart als Sohn eines aus Hessen zugewanderten Gastwirts und einer Mutter aus der Balinger Märklin-Sippe geborene Georg Herwegh wurde zum wortgewaltigen und einflußreichen Propagandisten einer Demokratie und einer republikanischen Verfassung. Herwegh befand sich allerdings nicht mehr in Württemberg, sondern in der Nähe von Konstanz auf dem Boden der Schweiz, als er durch die Veröffentlichung seiner »Gedichte eines Lebendigen« zu frühem Ruhm in ganz Deutschland gelangte.

Mit dieser Publikation begann ein Abschnitt der Politik in Deutschland und speziell in Württemberg, der ohne Beispiel in der Geschichte geblieben ist: Mit Herwegh meldete sich am Beginn der vierziger Jahre des vergangenen Jahrhunderts eine literarisch-demokratische Opposition lautstark zu Wort. Sie war so lautstark und wirkungsvoll, daß kein Fürst im Deutschen Bund sie ignorieren konnte. Aber war Herwegh mit seinen »Gedichten eines Lebendigen«, mit der Aufforderung: »Reißt die Kreuze aus der Erden / alle sollen Schwerter werden / Gott im Himmel wird's verzeihn« wirklich der erste Württemberger, der Gedichte zum Zweck der politischen Agitation schrieb und publizierte? Keineswegs.

Der Ahnherr dürfte wohl unbestritten Christian Friedrich Daniel Schubart gewesen sein, der berühmteste Gefangene Herzog Karl Eugens auf dem Hohenasperg. Schubarts »Deutsche Chronik« war das Blatt, in dem erstmals in Deutschland politische Anklagen zu lesen waren, in Prosatexten ebenso wie in gereimter Form. Ludwig Uhland hat dann nach dem Sieg über Napoleon anläßlich des noch unter König Friedrich beginnenden Verfassungskampfes das Schubartsche Beispiel auf eigene Weise nachgeahmt, indem er in Gedichtform politisch konkret wurde und in seinen »Vaterländischen Liedern« unter anderem die Forderungen der württembergischen Altrechtler Strophe für Strophe auf eingängige Weise unters Volk brachte. Die Rede war da unter anderem vom

Recht, das uns Gesetze gibt,
die keine Willkür bricht;
das offene Gerichte liebt
und giltig Urteil spricht.

Uhlands Gedichte machten im Land rasch die Runde. Sie waren eingängig formuliert, leicht zu verstehen und – rasch auswendig zu lernen von Frauen und Männern, die in der evangelischen Volksschule seit den Zeiten des Johannes Brenz im »Memorieren« von Sprüchen und Liedern geübt waren. Uhlands Popularität erreichte mit den »Vaterländischen Liedern« in den Anfangsjahren der Regentschaft König Wilhelms ihren Höhepunkt. Dank dieser Popularität setzte er bei den Verfassungsberatungen 1819 ein Ziel durch, das er jahrelang beharrlich verfochten hatte: den Vertragscharakter der württembergischen Verfassung. Ein Königtum von »Gottes Gnaden« hätte der altwürttembergischen Tradition widersprochen.

Ludwig Uhland blieb nach 1819 als Lyriker fast stumm, aber er scharte in Tübingen einen Kreis begabter Studenten um sich, die er mit seinen Erfahrungen als Germanist und als Poet vertraut machte. Wer in diese Dichterschule aufgenommen werden wollte, mußte einen Nachweis seiner Befähigung durch die Publikation anspruchsvoller kleiner oder größerer Werke liefern. So gelangte neben dem ehemaligen Blaubeurer Seminaristen Wilhelm Zimmermann in jener Zeit auch der um drei Jahre jüngere Ludwig Seeger in den Uhlandschen Kreis. Alle drei – Uhland, Zimmermann und Seeger – standen dann in der 48er-Zeit auf der politischen Bühne. Ebenso wie Zimmermann spielte Uhland nach der Wahl in die Frankfurter Nationalversammlung noch einmal eine aktive Rolle in der Politik. Ludwig Seeger wurde Mitglied des Landtags.

Zimmermann – Mitglied der Linken

Wilhelm Zimmermann erwarb sich Anfang der vierziger Jahre, fast zur gleichen Zeit wie Georg Herwegh, großen Ruhm in Württemberg und weit darüber hinaus, allerdings nicht mit politischer Lyrik, sondern mit einem Geschichtswerk. Zimmermanns frühe Gedichte wurden später vergessen, seine »Geschichte des Bauernkrieges« überdauerte als packende Darstellung der ersten Revolution in Deutschland. Die Leser verstanden in der Zeit des »Vormärz«, daß die von Wilhelm Zimmermann anschaulich geschilderte Geschichte dieses Aufstandes vielerlei Parallelen zur Gegenwart aufwies, denn der Bauernkrieg war ein Kampf gegen Unterdrückung, ein Kampf für die »Rechte des gemeinen Mannes« und gegen Privilegien. Das von Zimmermann mit literarischer Meisterschaft entworfene Geschichtsbild trug so zur »Politisierung des Volkes« bei. Für die Zensur blieb Zimmermanns Historie indes unangreifbar, handelte sie doch von deutscher, nicht zuletzt auch von schwäbischer Vergangenheit, unter anderem auch vom berühmt-berüchtigten »Bauern-Jörg«, dem Reichstruchseß aus dem Geschlecht der Waldburg-Zeil.

Wie ernst es schon dem jugendlichen Wilhelm Zimmermann mit einer freiheitlich-demokratischen Gesellschaft und Verfassung gewesen ist, zeigt ein Gedicht aus dem Jahr 1832, in dem er einen Gedanken vorwegnahm, den man zehn Jahre später in Herweghs »Gedichten eines Lebendigen« in Variationen wiederfinden konnte – den Gedanken an eine »Politik der Tat«.

Unter dem Eindruck der harten Gegenmaßnahmen, welche die Mitglieder des Deutschen Bundes nach der Pariser Juli-Revolution ergriffen, schrieb Wilhelm Zimmermann:

Muß aus des Tags Geschichte
entflieh'n das freie Wort,
dann bleibt ihm im Gedichte
ein heil'ger Zufluchtsort.
Doch wird dem Jugendfeuer
selbst Sang und Klang verwehrt,
nun – dann zerschlag die Leier
und kauf dafür ein Schwert.

Im Kirchendienst hat es Wilhelm Zimmermann zunächst nur ein Jahr ausgehalten. Er, der hochbegabte, von seinen Lehrern an der Volksschule geförderte Sohn eines wenig begüterten Stuttgarter Handwerkers, wurde nach dem theologischen Examen von der Kirchenbehörde in das kleine Schweindorf nahe der bayerisch-württembergischen Grenze bei Nördlingen geschickt. Nach zwölf Monaten Dienst in der Pfarrei bat er um Urlaub und erwarb in Tübingen die philosophische Doktorwürde, blieb aber weiterhin Angehöriger des landeskirchlichen Dienstes. Da Zimmermann bereits Gedichte und andere literarische Werke publiziert hatte, wollte er fortan als

Schriftsteller und Zeitungsmitarbeiter sein Brot verdienen; er kehrte deshalb in seine Heimatstadt Stuttgart zurück.

Als ehemaliger Burschenschafter hatte Wilhelm Zimmermann Kontakt mit den sogenannten Volksmännern, unter anderem mit Gottlob Tafel, dem Mitbegründer des »Hochwächter«. Die Mitarbeit an diesem Blatt der Linken – und dem »Beobachter« als der Nachfolgezeitung – verschaffte ihm ein bescheidenes Einkommen, brachte ihn aber vor allem der Politik näher.

Die Kirche vergaß den Theologen und Historiker nicht, der mutig auf eine Existenz als freier Schriftsteller setzte. Im Jahr 1840 bot man ihm die Stelle eines zweiten Pfarrers in Dettingen an der Erms an. Sieben Jahre danach kehrte Zimmermann wieder nach Stuttgart zurück. Die Publikation der »Geschichte des Bauernkrieges« hatte seinen Ruf als Historiker begründet. In der Landeshauptstadt erhielt er eine Stelle an der polytechnischen Schule mit einem Lehrauftrag für die Fächer Geschichte, deutsche Sprache und Literatur. 1848 ging er, ebenso wie andere Gesinnungsfreunde, in den »schweren Dienst der Freiheit«, wie Uhland einmal sagte. Der Wahlkreis Schwäbisch Hall-Gaildorf-Crailsheim wählte Zimmermann im April 1848 in die Frankfurter Nationalversammlung.

Alles, was dort geschah und was die württembergischen Abgeordneten unternahmen oder unterließen, registrierte man aufmerksam in den heimatlichen Blättern. So blieb keinem politisch interessierten Württemberger verborgen, daß Wilhelm Zimmermann, Geschichtsprofessor im Dienste des Königreichs Württemberg, sich alsbald auf der linken Seite der Nationalversammlung einreihte und sich der Gruppe »Donnersberg« zurechnete, deren bekanntester Repräsentant der Hegelianer Arnold Ruge war. Ursprünglich hatte Robert Blum diejenigen Abgeordneten gesammelt, die sich von der sogenannten liberalen Reformpartei mit ihrem gemäßigten, die Monarchie in Deutschland akzeptierenden Kurs distanzieren wollten. Ruge, Zimmermann und deren Freunde verstanden sich als »Demokratische Partei«. Sie lehnten jedwede Art von Adelsprivileg ab und erstrebten die staatsbürgerliche Gleichheit für alle Deutschen.

In der Verfassungsfrage gehörte Zimmermann zu den Volksvertretern, die sich für eine republikanische Staatsform erwärmen konnten. Er galt deshalb als »theoretischer Republikaner«. Vor allem aber setzte er sich zusammen mit seinen Freunden vom »Don-

Wilhelm Zimmermann, Theologe und populärer Autor der »Allgemeinen Geschichte des Bauernkrieges«, verlor wegen seiner republikanischen Gesinnung nach 1849 seine Geschichtsprofessur.

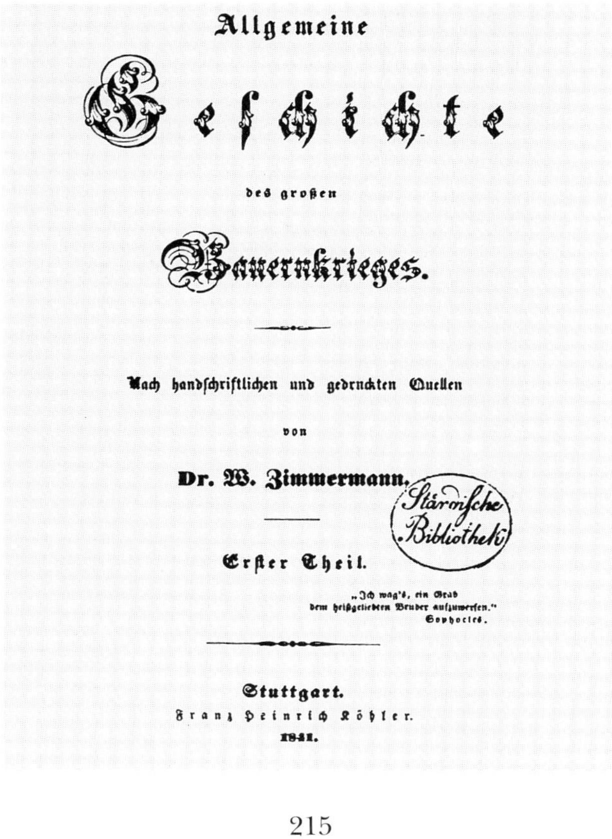

Allgemeine

Geschichte

des großen

Bauernkrieges.

Nach handschriftlichen und gedruckten Quellen

von

Dr. W. Zimmermann.

Erster Theil.

„Ich wag's, ein Grab
dem heißgeliebten Bruder aufzuwerfen."
Sophocles.

Stuttgart.
Franz Heinrich Köhler.
1841.

nersberg« – der Gruppenname stammt vom Frankfurter Tagungslokal – für eine strikt parlamentarische Regierungsform ein, bei welcher die in gleicher, freier und geheimer Wahl betimmten Abgeordneten die Volkssouveränität repräsentierten.

Bei der Grundrechtsdebatte votierte Wilhelm Zimmermann für die Abschaffung des Adels, der damit seine Vorrechte in den deutschen Einzelstaaten verloren hätte. Dadurch wäre die Erste Kammer im Königreich Württemberg verschwunden, die ritterschaftlichen Sitze in der Zweiten Kammer hätte man ebenfalls streichen müssen. Eine Reichs- oder Bundesverfassung hätte über der Landesverfassung gestanden. Engagiert zeigte sich der evangelische Theologe Zimmermann auch bei den Kirchenartikeln. Mit einigen seiner Gesinnungsfreunde unterstützte er eine Grundrechtsergänzung, die sich gegen das Zölibat der katholischen Priester wandte und so eine Art »Grundrecht für Heirat« statuiert hätte.

Von dem Redner Zimmermann ist aus der Frankfurter Paulskirche überliefert, daß er bei seinem ersten Auftreten von vielen »Gemäßigten« und von den Rechten zunächst mit lauten Mißfallensäußerungen empfangen wurde. Nachdem er einige Sätze gesprochen hatte, fühlten sich vor allem Abgeordnete aus Norddeutschland zur »Heiterkeit«, wie es im Protokoll heißt, veranlaßt. Das Gelächter galt freilich nicht dem Inhalt der Zimmermannschen Rede, sondern der Dialektfärbung, die der Redner, durchaus ein Meister der deutschen Sprache, nicht unterdrücken konnte und wohl auch nicht unterdrücken *wollte.*

Die Rede selbst war ein Appell zur Einigkeit. »In unserer Hand liegt es, so zu handeln, daß das deutsche Volk größer und freier werde, als die alten freien Staaten, größer und freier als England, Frankreich und Amerika«, rief Zimmermann der Paulskirchenversammlung zu. Wenn der Sturm uns aber am Ende selbst zu Boden reiße, dann solle uns Freund und Feind nachsagen, »daß wir wahrhaft und redlich gewesen sind«.

An der von ihm geforderten Wahrhaftigkeit und Redlichkeit hat es Wilhelm Zimmermann in seinem ganzen Leben nie fehlen lassen. Das mußten auch seine Gegner anerkennen, und davon gab es genug im Königreich Württemberg. Man wußte über die Vorgänge in Frankfurt Bescheid. Der »Schwäbische Merkur« druckte regelmäßig ausführliche Berichte, die vor allem der Abgeordnete Gustav Rümelin, ein »Gemäßigter«, nach Stuttgart schickte. Wer den demokratischen Standpunkt kennenlernen wollte, mußte den »Beobachter« lesen, den Gesinnungsfreunde Wilhelm Zimmermanns redigierten. König Wilhelm verfügte neben den Zeitungen noch über eine spezielle Informationsquelle: Das waren die Berichte der württembergischen Gesandtschaft beim Deutschen Bund.

Es scheint, daß der König durch das Verhalten Zimmermanns und seiner Gesinnungsfreunde – mit der demokratischen Linken stimmte in Frankfurt oft ein gutes Drittel der 28 württembergischen Abgeordneten – ziemlich verärgert war oder sich gar herausgefordert fühlte. Er vergaß jedenfalls nie, wer ihm in der 48er-Zeit mißfallen hatte. Wilhelm Zimmermann sollte es nach dem Scheitern der Freiheitsbewegung erfahren. Zwei Jahre, nachdem er seine Lehrtätigkeit in Stuttgart wieder aufgenommen hatte, stellte das Ministerium dem Geschichts- und Literaturprofessor Zimmermann einen Erlaß zu. Darin stand, daß er »seiner Dienstverrichtungen als Professor der polytechnischen Schule« enthoben sei. Von Übergangsgeld, von einer späteren Pension oder Rente war nicht die Rede.

Im ganzen Land sorgte Zimmermanns Entlassung für Gesprächsstoff. Seine Gesinnungsfreunde, soweit sie damals im Land und in Freiheit waren, solidarisierten sich mit ihm. In einem Fall war die bezeugte Sympathie mit einer materiellen Leistung verbunden. Der nun wieder auf die Erträge seiner schriftstellerischen Arbeit angewiesene Zimmermann wußte solche Hilfe zu schätzen. Eine vermögende Dame – in einer zeitgenössischen Darstellung ist von einer »hochgeborenen Frau« die Rede – schenkte dem Ehepaar Zimmermann 800 Gulden, das entsprach einem Jahresgehalt. Das Geld solle »zur Linderung der ersten Sorge und Not dienen«, teilte die Spenderin mit.

Sein politisches Engagement gab Zimmermann auch nach der Entlassung aus dem Staatsdienst zunächst nicht auf. Nach dem Ende der Nationalversammlung hatte man in den Jahren 1849 und 1850 Zimmermann im Oberamt Schwäbisch Hall zu den beiden Landtagen entsandt; 1851 wählte man den evangelischen Theologen im katholischen Wahlbezirk Leutkirch in den Landtag. Bei diesem Wahlkampf in Leutkirch geschah etwas Erstaunliches: Auch Fürst Konstantin Maximilian von Waldburg-Zeil, zuvor als Abgeordneter des Kreises Biberach Mitglied der Rechten in der Paulskirche, warb für die Wahl von Zimmermann. Die politischen Fronten waren damals nicht zu sehr verhärtet. Man respektierte sich gegenseitig und achtete vor allem die unbestreitbaren intellektuellen Qualitäten des Historikers und Schriftstellers Zimmermann. Dieser wiederum gab als Mitglied der Zweiten Kammer seinen Kampf für die Volksrechte nicht auf. Gerühmt wurden seine Schlagfertigkeit als Redner und sein profundes Wissen.

Als freier Autor konnte Zimmermann indes nur mit größter Mühe seine Familie versorgen. Deshalb legte er im Jahr 1854 sein Landtagsmandat nieder und kehrte in den Dienst der evangelischen Landeskirche zurück. Die Kirchenleitung behandelte ihn jetzt alles andere als großzügig. Man schickte ihn nach Leonbronn im Zabergäu. Die dortige Pfarrei gehörte zu den gering besoldeten im Land. Rund zehn Jahre blieb Zimmermann dort – bis zum Tod König Wilhelms I. Dessen Sohn, König Karl, beeilte sich, einem der besten Köpfe des Königreichs eine gut besoldete Pfarrei zu verschaffen, und ließ ihn deshalb nach Schnaitheim an der Brenz versetzen. Seine letzte Stelle als Pfarrer übernahm Wilhelm Zimmermann in Owen unter der Teck im Alter von 66 Jahren. Dort starb er am 22. September 1878. Sein letztes literarisches Werk trägt den Titel: »Deutschlands Heldenkampf 1870/71«.

Seeger – Literat und Demokrat

In einem kleinen Buch mit dem Titel »Politisch-soziale Gedichte von Heinz und Kunz«, publiziert im schweizerischen Bern 1844, befindet sich ein Gedicht, das vom »Thätigsten Monarchen« handelt, eine Satire, versteht sich. Zwei dichterisch begabte Württemberger, Ludwig Seeger und Rudolf Lohbauer, lebten damals in der Schweizer Hauptstadt. Beide kamen als Verfasser des kleinen Spottlieds in Frage. Viel später stellte sich jedoch heraus, daß Seeger der Hauptautor des Gedichtbandes gewesen war und den »Thätigsten Monarchen« geschrieben hatte.

Zielte er auf den württembergischen König Wilhelm I.? Man durfte rätseln, wer gemeint war mit den Worten

Von 9 bis 11 beschäftigt ihn
das Wohl des Militärs
da gibt's unendlich viel zu tun
die Einrichtung des Heers. –

Es heißt was, 13000 Mann
ganz anders zu formieren!
Und bei der neuen Einteilung
den Kopf nicht zu verlieren!

Das Poem schloß mit der Strophe:

Gewöhnlich nie vor Mitternacht
hört ihn die Hauptstadt schnarchen:
es sei ein donnernd Hoch gebracht
dem thätigen Monarchen!

Wilhelm von Württemberg, in keiner Zeile erwähnt, konnte sich von dieser Satire kaum getroffen fühlen, war er doch ein hellwacher, wenn auch den militärischen Fragen gegenüber besonders aufgeschlossener Herrscher. Ludwig Seeger jedoch, der als Stiftler einst nach Gedicht-Publikationen in der »Neckar-Harfe« ins Tübinger Uhlandsche »Stilistikum« aufgenommen worden war, richtete seinen gereimten Spott gegen die Monarchie im allgemeinen und – in diesem Falle – speziell gegen die Hofberichterstattung der »Allgemeinen Zeitung«. Viele Könige gab es damals freilich nicht in Deutschland, die ein Heer von 13000 Soldaten und Offizieren befehligten.

Der im Jahr 1844 als Hauslehrer und nach seiner Habilitation als Professor für alte und neue Literatur in Bern tätige Seeger wollte mit dem hier zitierten und mit einigen anderen Gedichten wohl gar nicht so sehr den württembergischen König als vielmehr die immer noch zu einem erheblichen Teil absolutistische Form der Herrschaft attackieren. Er wollte die bestehende Ordnung entlarven und auf die Entmündigung des Volkes hinweisen.

Eine parlamentarische Regierung wünschte sich Ludwig Seeger, einen demokratischen Staat, so freiheitlich wie der Kanton Bern. Seeger war, anders als Lohbauer, nicht aus politischen Gründen in die Schweiz emigriert, er verließ 1836 mit Genehmigung der Kirchenbehörde seine Vikarstelle in Geifertshofen.

In der Nähe von Bern wurde er Hauslehrer, da in der Schweiz die Luft freier als in den Staaten des Deutschen Bundes war. Es ist sicher, daß Herweghs »Gedichte eines Lebendigen«, erschienen 1841, Seeger zum Verfassen von satirischen Texten angeregt haben. Herweghs großer Erfolg – sein berühmter Gedichtband erreichte in kurzer Zeit fünf Auflagen – wirkte aufmunternd. Politische Dichtung war in Seegers Verständnis eine Waffe, die es einzusetzen galt, um der Freiheit und der Demokratie in den deutschen Staaten eine Bresche zu schlagen.

So gab er im Jahr 1848, als sich die Verhältnisse im heimatlichen Württemberg mit der Berufung des März-Ministeriums grundlegend zu ändern schienen, seine Professorenstelle in Bern auf und eilte zurück in die Heimat. An der Gründung der »Volksvereine« wirkte Seeger aktiv mit; in Ulm übernahm er im Dezember 1848 die Redaktion der »Schnellpost«. Die Zeitung war neben dem Stuttgarter »Beobachter« das zweite wichtige Organ der demokratischen Linken im Königreich Württemberg. Im Mai 1849 wählte man Ludwig Seeger in das Führungsgremium der Volksvereine, den Landesausschuß. Die Justiz gab dem »Volksmann« Seeger 1849 Gelegenheit, das Land rund um den Hohenasperg von der Festung aus zu betrachten. Sechs Wochen Haft wegen einer »Schmähung der Ehre der Staatsregierung« hatte ein Gericht verhängt. Für seine demokratischen Gesinnungsfreunde war Ludwig Seeger damit ebenso nobilitiert wie in den zwanziger Jahren Friedrich List.

Seegers große Sprachbegabung kann man heute noch anhand seiner Übersetzungen aus dem Französischen, dem Englischen und dem Griechischen bewundern. Die Werke des Aristophanes werden im Buchhandel noch immer in Seegers Version angeboten. Einen Teil seiner über 500 Gedichte sammelte er in einem Band mit dem Titel »Ein Sohn der Zeit«. Ob er wirklich ein »freischwebender Literat von öffentlichem Ansehen« gewesen ist, wie ein Landeshistoriker behauptet hat, erscheint allerdings fraglich.

Als Redakteur eines Demokratenblattes und als langjähriges Mitglied der Zweiten Kammer bewies Ludwig Seeger, wie gut er seinen Beruf als Schriftsteller mit der politischen Praxis zu verbinden wußte. »Freischwebend« war Seeger nach dem Jahr 1850 nur insofern, als er damals seine Redakteursstelle in Ulm aufgab und – bis zu seinem frühen Tod 1864 – in Stuttgart den Lebensunterhalt seiner Familie hauptsächlich durch Korrespondenzen für auswärtige Zeitungen und durch Übersetzungen von Werken der Weltliteratur bestritt. In seinen letzten Lebensjahren übertrug Seeger einige Hauptwerke Shakespeares ins Deutsche, unter anderem »Thimon von Athen«, den »Hamlet« und Teile des »Othello«. Den Franzosen Victor Hugo brachte Seeger den deutschen Lesern durch die Herausgabe einer dreibändigen Werkausgabe nahe.

Ludwig Pfau, politischer Lyriker und Mitbegründer der württembergischen Volkspartei, mußte beim Scheitern der Revolution von 1848/49 fast 14 Jahre im schweizerischen und französischen Exil verbringen.

Ludwig Seeger, einst von Uhland unterwiesen, schrieb zahlreiche politische Gedichte. Im württembergischen Landtag zählte er zu den Volksmännern.

Rudolf Krauß schrieb in seiner »Schwäbischen Literaturgeschichte« von 1897 bis 1899, bei Seeger habe sich »Klarheit des Geistes, Stärke des Gefühls und Schwung der Phantasie mit Ausdrucksvermögen, Sprachgewandtheit und Formsinn verbunden.« Zu Seegers politischen Dichtungen und Aufsätzen meinte Krauß, daß sich dessen »jugendliches Pathos bald abgeklärt und in satirische Laune, in epigrammatische Schärfe« verwandelt habe. »Mit derbem Zorne, mit bitterem Hohn entblößt er die Schmach des Vaterlandes und die Gebrechen der Zeit, zieht er gegen Lüge und Dummheit, gegen Unterdrückung und Sklavensinn, gegen Frechheit und Stumpfheit zu Felde«.

Im »Schwäbischen Merkur«, also einem Blatt, das einem Repräsentanten der demokratischen Linken im allgemeinen nicht wohlgesonnen war, las man über den früh Verstorbenen: Ludwig Seeger habe als Politiker im Landtag mit seinem »scharfen Wort« die Sache mitten ins Herz getroffen. Geradeaus und »geistreich schlagend« sei er gewesen. Kein Zweifel, zu den Langweilern in der Politik und in der Literatur gehörte Ludwig Seeger nicht, wohl aber zu den Feuerköpfen in den schwierigen Anfangsjahren der württembergischen Demokraten. Politik und Literatur waren ihm keine getrennten Welten, sie gehörten, wie bei manch anderem seiner Gesinnungsfreunde, stets zusammen.

Als der 1810 in Wildbad geborene Seeger im Todesjahr König Wilhelms starb, begannen seine drei wichtigsten Mitstreiter in den Volksvereinen der 48er-Zeit – Ludwig Pfau, Karl Mayer und Julius Haußmann – mit der Gründung der »Volkspartei«. Pfau und Mayer, wie Seeger Autoren politischer und lyrischer Gedichte, waren wenige Monate vor dem Tod ihres Freundes Seeger aus einer fast 15 Jahre dauernden Emigration in der Schweiz und in Frankreich ins heimatliche Württemberg zurückgekehrt.

Pfau – der Schweigsame

Von diesen drei »Volksmännern« aus der Zeit König Wilhelms I. ist Ludwig Pfau heute noch – oder wieder – präsent: als politischer Dichter, dessen Werke in unserer Zeit neu vertont werden, ohne daß dies allerdings bekannt wäre.

Als sich ein ideenreicher Bibliothekar in Heilbronn, der Heimatstadt Ludwig Pfaus, im 100. Todesjahr des Dichters und Politikers (1821–1894) um Zeugnisse aus dem Nachlaß bemühte, fand er Vertonungen von Gedichten Pfaus aus früherer und heutiger Zeit, darunter so berühmte Komponistennamen wie den Arnold Schönbergs. Daß Theodor Heuss einst dem Landsmann einen Essay gewidmet hatte, war zwar manchem Interessierten bekannt, aber Lieder mit Pfau-Texten findet man nur in Spezialbibliotheken.

Eines der mehrfach vertonten Pfau-Gedichte entstand nach dem 18. März 1848 und trägt als Titel dieses Datum. Es erzählt von dem blutigen Ende einer Demonstration in Berlin. Kaum ein anderer literarischer Beitrag aus der Zeit der 48er-Revolution fand in Deutschland einst solchen Widerhall wie Pfaus Klage:

Vor dem Berliner Schlosse
ertönt ein Trauerlied:
da liegen viel hundert Tote,
sie liegen in Reih und Glied.
Und Leich um Leiche tragen
die Bürger stumm heran,
als wollten sie sagen: König!
da sieh, was du getan!

Da lagen sie, Mann und Knabe,
starr mit zerfetztem Leib;
da kommen sie weinend und klagend,
Braut, Schwester, Bruder, Weib.
Da schauen Vater und Mutter
die toten Söhne an:
Herrgott! und das hat ein König,
ein deutscher König getan!

Pfaus Klage endet mit einer Prophezeiung:

Das Grab, es wird zum Grabe
der königlichen Macht;
die Blut gesäet haben,
die ernten eine Schlacht.
Im Blute wird ersticken
der alten Treue Wahn:
Gottlob! Und das hat ein König,
ein deutscher König getan!

Hundert Leitartikel, seien sie noch so brillant geschrieben, können niemals so wirksam die Leser aufrütteln und zu einer Politisierung der Gleichgültigen beitragen wie ein derartiges Gedicht, mit dem Ludwig Pfau im Grunde weniger an den Preußen-König Friedrich Wilhelm IV. als vielmehr an dessen Bruder, den Prinzen Wilhelm von Preußen, erinnert hat. Prinz Wilhelm kommandierte 1848 die preußischen Truppen – nicht nur in Berlin, auch im pfälzisch-badischen Aufstand, der mit standrechtlichen Erschießungen in Rastatt endete. Diesem später in Versailles zum »Deutschen Kaiser« proklamierten Angehörigen des Hauses Hohenzollern gab man 1848 den Spottnamen »Kartätschen Prinz« – eine Konsequenz des Blutbades vor dem Berliner Schloß.

Nach der Bismarckschen Reichsgründung und dem Sieg im deutsch-französischen Krieg von 1870/71 war der Preußenkönig Wilhelm plötzlich in Deutschland populär. Viele vergaßen, was 1848 geschehen war, viele, aber nicht alle. Ludwig Pfau hat es, solange er lebte, niemals vergessen. Wann immer er nach der Rückkehr aus dem langen Exil in Frankreich mit Gesinnungsfreunden ein Glas Wein trank, hörten sie plötzlich ganz unvermittelt aus dem Munde des oft sehr schweigsamen und im Alter ziemlich einsam gewordenen Demokraten das Wort: »Borussiam esse delendam« – »Preußen muß vernichtet werden«. Den Fluch des Römers Cato gegen die Karthager hatte sich Ludwig Pfau im Jahr 1848 zu eigen gemacht und fortan auf die preußisch-hohenzollerische Dynastie bezogen, getreu dem Refrain seines Gedichts: »Und das hat ein König, / ein deutscher König getan!«

Als manche Zeitung 1894 in Nachrufen des verstorbenen Ludwig Pfau gedachte, war zwar fast immer von dessen Haß auf Preußen die Rede, die Ursache, nämlich das schreckliche Blutbad von Berlin, erwähnten die Nekrolog-Verfasser oft gar nicht oder nur in verklausulierter Form. Dieser Teil der Vergangenheit war nicht gefragt, hatte doch das Deutsche Reich mit seinem preußisch-hohenzollerischen Kaiser viereinhalb Jahrzehnte nach der gescheiterten bürgerlichen Revolution den erstrebten »Platz an der Sonne« fast schon erreicht. Wer wollte da noch am Grabe eines alten »Volksparteilers« die Schatten der 48er-Zeit beschwören.

In der Ahnenreihe jener württembergischen Demokraten oder Volksmänner, die einst mit Ludwig Uhland und mit Friedrich List begann, bildet der Heilbronner Gärtnersohn Ludwig Pfau in mehrfacher Hinsicht eine Ausnahme. Die Zeitgenossen hatten es schwer, ihn einzuordnen: gehörte er zum Ressort Feuilleton oder zur Politik? War er, fragten die Nekrolog-Verfasser, hauptsächlich ein Dichter, ein Essayist und ein – herausragender – Übersetzer aus dem Französischen, oder war er ein Politiker, ein Revoluzzer, ein Volksmann und Anwalt der Benachteiligten? Die Antwort kann nur lauten: Er war alles zusammen, aber am meisten bedeutete ihm der Kampf für einen freiheitlich-demokratischen Staat und für soziale Gerechtigkeit.

Wann sich Pfau für ein politisches Wirken entschieden hat, läßt sich bei der Durchsicht seiner literarischen Beiträge ziemlich genau datieren. Vor dem Jahr 1846 kennt man von ihm nur lyrische Gedichte, meist aus der Kategorie Naturlyrik. Er sei, wurde einmal angemerkt, in seinen Anfängen eher ein Epigone gewesen als ein Neuerer: unverkennbar der Einfluß der »Schwäbischen Dichterschule«, deren wichtigste Repräsentanten schon der Schüler Ludwig Pfau bei Besuchen im Weinsberger Kerner-Haus erlebt hatte. Dorthin schickte ihn gelegentlich der ebenso literarisch wie politisch interessierte Vater mit Geschenken aus der Heilbronner Gärtnerei für den verehrten Justinus Kerner.

Im Kerner-Haus also fand Pfau seine Vorbilder. Er schien bei seinen frühen dichterischen Versuchen Gefallen zu finden an der Idylle. Das änderte sich mit einem längeren Studienaufenthalt in Paris, bei dem sich Pfau, der auch zeichnerisches Talent besaß, zunächst um eine Fortbildung im erlernten Beruf des Gärtners – der Vater war ein bekannter Rosenzüchter – bemühte, dann aber doch seiner Neigung zur bildenden Kunst nachgab und sich um die Ausbildung zum Graphiker bemühte.

In Paris sah der Gärtnersohn aus Heilbronn nicht nur Schönes, sondern erlebte auch viel Elend bei deutschen Landsleuten, die auf der Suche nach Brot gen Frankreich gezogen und dort nun auf die niedrigsten Arbeiten angewiesen waren. Die Straßenreinigung in der – gemessen an deutschen Verhältnissen – riesigen Stadt Paris oblag in der Zeit des Vormärz hauptsächlich deutschen Auswanderern. Seit 1846 findet man in Pfaus dichterischem Werk Beiträge über die Not von Auswanderern, die auf dem Weg ins ersehnte Amerika »nach Westen strebten«. Viele von ihnen hatten nicht genug Geld für die Reise über den Ozean, sie mußten deshalb ihr Dasein in Frankreich fristen. Solche Beobachtungen und Erfahrungen haben von da an Ludwig Pfaus literarisches Werk und sein politisches Engagement bestimmt. An der Tübinger Universität fand Pfau nach seiner Rückkehr aus Paris Gleichgesinnte. Man war voller Pläne und hoffte auf die große Veränderung, die Freiheit und Demokratie bringen sollte.

Als Lyriker nicht sonderlich ins öffentliche Bewußtsein gedrungen, wurde Pfau den politisch interessierten Landsleuten 1846 mit einem einzigen Gedicht plötzlich zum Begriff: mit »Herr Biedermeier«, einem, wie es im Untertitel heißt: »Mitglied der besitzenden und gebildeten Klasse«. Die württembergischen Demokraten pflegten dieses Pfau-Gedicht zu zitieren, wenn sie ihre Gegner aus dem konservativen Lager ein wenig provozieren oder verulken wollten:

Schau, dort spaziert Herr Biedermeier,
und seine Frau, den Sohn am Arm;
sein Tritt ist sachte wie auf Eier,
sein Wahlspruch: weder kalt noch warm.
Das ist ein Bürger hochgeachtet,
der geistlich spricht und weltlich trachtet;
er wohnt in jenem schönen Haus
und – leiht sein Geld auf Wucher aus.

Das Echo, das dieser »Herr Biedermeier« überall im Land fand, ermutigte Pfau zur Herausgabe eines satirischen Blattes, wohl das erste, das in Deutschland erschienen ist. Er nannte es »Eulenspiegel«. Die Zeichnungen in diesem »Karikaturenblatt«, wie Pfau seine Gründung selbst genannt hat, waren so wichtig wie die meist in Gedichtform gekleideten Zeitkommentare. Im »Eulenspiegel« las man nach dem blutigen Ende der pfälzisch-badischen Erhebung unter anderem ein Pfau-Gedicht, das bald einige Komponisten zur Vertonung anregen sollte, es trug den Titel »Badisches Wiegenlied« und begann:

Schlaf, mein Kind, schlaf leis
dort draußen geht der Preuß.
Deinen Vater hat er umgebracht,
deine Mutter hat er arm gemacht…

Nicht nur bei den Freunden und Bewunderern Preußens galt der politische Satiriker Pfau als ein besonders gefährlicher Revoluzzer und Demokrat. Auch im Königreich Württemberg sprachen die Anhänger der bestehenden Ordnung mit Abscheu von ihm, persönliche Aufzeichnungen von Zeitgenossen belegen es. Ein Volksmann wie Ludwig Pfau hatte entweder Freunde und Bewunderer oder Gegner.

Demokraten und Altliberale

Im Königreich Württemberg gab es weder Kämpfe noch Tote, sieht man von dem frühen Vorstoß der von Georg Herwegh aus Frankreich herübergeführten »Legion« ab, die sich nach dem Übersetzen über den Oberrhein mit den badischen Aufständischen unter Friedrich Hecker vereinigen wollte. Das Unternehmen mißlang. Die aus Württemberg angerückten Truppen verwickelten die in Paris rekrutierten Legionäre – meist deutsche Arbeiter – bei Dossenbach im Schwarzwald in ein Gefecht. Herwegh und seine Frau mußten fliehen. Sie gelangten über den Hochrhein in die Schweiz.

In Württemberg selbst vertrauten die Wortführer der Demokraten lange Zeit darauf, daß man die große Veränderung in Deutschland und im eigenen Königreich auf legale Weise erreichen werde. Ein Putsch, ein Aufstand, die Anwendung von Waffengewalt – das sollte vermieden werden. Gewinnen wollte man den Kampf mit der Macht der Stimmzettel. Der Anfang jedenfalls schien verheißungsvoll, denn bei der Wahl zur Nationalversammlung im April 1848 erzielten die Kandidaten der liberalen und demokratischen Bewegung ein bemerkenswertes Ergebnis. Die Zweifel am Erfolg wuchsen jedoch immer mehr, als man sich in der Paulskirche lange Zeit über wichtige Grundsätze nicht einigen konnte. Der Kompromiß, den man bei der Verabschiedung der Grundrechte erzielte – Uhland vor allem hatte erfolgreich an den Grundrechten mitgewirkt –, machte den Demokraten neuen Mut, zumal das Königreich Württemberg bei der notwendigen Bestätigung des Frankfurter Grundrechtekatalogs voranging. Das Zögern aller anderen Mitglieder des Deutschen Bundes irritierte jedoch auch die Optimisten in Württemberg.

Hermann Kurz, der große Erzähler, übernahm in jener Zeit die Redaktion des »Beobachter«. Im Hauptorgan der württembergischen Demokraten las man immer wieder gereimte Kommentare zu den aktuellen Ereignissen, darunter im Januar 1849 eine 21 Strophen lange Satire zum Hin und Her wegen der Annahme der

Grundrechte. Kurz, der später seine Urheberschaft bestätigt hat, variierte dabei Justinus Kerners »Preisend mit viel schönen Reden«. Die Leser des »Beobachter« erfuhren auf diese Weise, welche Ausflüchte die Repräsentanten der einzelnen Bundesstaaten geltend machten, als ihnen Heinrich von Gagern, der Präsident der Nationalversammlung, die Beschlüsse der Volksvertreter zur Bestätigung übergab. Die Entscheidung der Mehrheit des bayerischen Landtags, das Königreich Bayern *über* die Beschlüsse der Nationalversammlung zu stellen, deren Autorität also in einer entscheidenden Frage zu verneinen, las sich im »Beobachter« so:

»Welf läßt nicht von Welf«, sprach Bayern,
»aber was man läßt und tut –
Stände«, sagt der Wittelsbacher,
»Stände sind für alles gut.«
»Drum in so besonderem Falle
stellen wir uns auf den Kopf
und noch prangt der Landtag
überm Reich und seinem Zopf.«

Ein Chor aller anderen Bundesdelegierten habe – so die von Hermann Kurz gewählte Version –

wie aus einem Munde,
wie von einem Geist beseelt gerufen:
»Schwaben, ihr seid doch die Brävsten –
daß ihr nur die Gais nicht stehlt.«

Die Zeit des Scherzens war damals in Württemberg schon vorbei. Mit der Vertreibung des sogenannten Rumpfparlaments aus Frankfurt und der Neukonstituierung der Nationalversammlung in Stuttgart, wo man sich zunächst an einem sicheren Ort wähnte, sanken die Hoffnungen der Demokraten auf ein glückliches Ende immer mehr. Die ursprünglich als allgemeine liberale Bewegung angetretenen Neuerer begannen sich in zwei Hauptlager aufzuspalten: in die meist als »altliberal« bezeichnete Gruppierung und in das Lager der »Radikalen«, der Volksfreunde oder Demokraten.

Haußmann – der Wortführer

Für die Geschichte der Revolution in Württemberg und für die Rolle der Wortführer der Demokratie sind dabei vor allem drei große Versammlungen in Esslingen, Göppingen und Reutlingen von Belang. Bei allen drei Treffen gehörte Julius Haußmann zu den wichtigsten Sprechern der konsequent für die Durchsetzung demokratischer Prinzipien eintretenden Württemberger. Zusammen mit Ludwig Pfau und Karl Mayer gilt der 1816 in Ludwigsburg als Sohn eines Apothekers geborene Haußmann als der eigentliche Organisator der demokratischen Bewegung, aus der nach der Amnestie von 1863 die württembergische Volkspartei hervorging.

Haußmann hatte als Dreiundzwanzigjähriger das Jurastudium in Tübingen aufgegeben, um in Blaubeuren ein von seinem Vater erworbenes Textilunternehmen, eine Bleiche, zu leiten. Im Alter von 30 Jahren engagierte er sich aktiv in der Politik. Anfang des Jahres 1847 veranlaßte er einen Studienfreund, den in Ravensburg tätigen Juristen August Becher, zur Landtagskandidatur in Blaubeuren. Becher gewann das Mandat, das bis dahin der Schultheiß der Stadt besessen hatte. Im Wahlkampf erregte Haußmann den Zorn der Honoratioren, weil er sich zusammen mit Becher zum Anwalt *aller* Bürger machte und vor allem die Interessen der Armen zu vertreten versprach. Von einem Fabrikanten hatte man dies nicht erwartet. Dieser politischen Linie blieb Julius Haußmann immer treu.

In der bald folgenden Zeit der Revolution sah man Haußmann zusammen mit August Becher bei der schon erwähnten Versammlung in Göppingen, die zum Ausgangspunkt der landesweiten Gründung »demokratischer Volksvereine« wurde. Sogenannte »Vaterländische Vereine« existierten damals schon. Zusammen mit Becher warb nun Haußmann dafür, die Exklusivität solcher Vereine aufzubrechen und möglichst *alle* Schichten der Bevölkerung für den freiheitlichen und demokratischen Gedanken zu gewinnen. Es müßten, so sein Argument, alle Einwohner des Landes als Vereinsmitglieder zugelassen werden.

Nach dem Zusammentreffen in Göppingen im März 1848 sorgte Haußmann zusammen mit einigen Gesinnungsfreunden in ganz Württemberg für die Gründung von »Volksvereinen«. Die Altliberalen mißtrauten solcher Öffnung der »Vaterländischen Vereine«. Ihnen lag nicht so sehr die Organisation des ganzen Volkes am Herzen, es ging ihnen in erster Linie um die Unterstützung der Arbeit im Landtag durch die örtlichen Honoratioren.

Die Göppinger Initiative trug bereits bei der Wahl zur Nationalversammlung Früchte. Mit Hilfe der neu gegründeten Volksvereine setzte sich mancher bis dahin kaum bekannte, der Linken zugerechnete Kandidat durch, begünstigt durch das für Frankfurt geltende allgemeine und gleiche Wahlrecht. Über Ziele und Absichten der Volksvereins-Initiatoren las man im »Beobachter«: »Wenn die gewaltige Zeit die Vorrechte des Adels gebrochen hat, so ist das nicht dazu geschehen, damit der begüterte Bürger mit Ausschließlichkeit in der leergewordenen Stelle bequem Platz nehme.« Zu den Nicht-Begüterten zählten damals vor allem die Handwerker und die kleinen Gewerbetreibenden in den Städten. Sie waren es dann auch, die sich für die Ideen der »Volksfreunde« oder Demokraten begeistern ließen.

Karl Mayer, der den staatlichen Justizdienst früh verlassen hatte und sich nun in Esslingen als Unternehmer betätigte, lud im Sommer 1848 die Vertreter der verschiedenen politischen Vereine, der »Vaterländischen« ebenso wie der »Volksvereine«, zu einer landesweiten Versammlung dorthin ein. Mayer selbst stellte den Antrag, man solle als leitenden Grundsatz für alle Vereine bestimmen, daß die »entschiedene Durchführung des demokratischen Prinzips in den Einrichtungen des Staates« anzustreben sei. »Demokratisierung« hätte man diese Forderung in späterer Zeit genannt. Der Antrag fand zunächst allgemeine Zustimmung.

Die Harmonie endete jedoch rasch, als Julius Haußmann einen Zusatzantrag zur Abstimmung vorschlug. Haußmann wollte genau festlegen, wohin die politische Reise gehen sollte. Er verlangte, daß das demokratische Prinzip »sowohl in der Republik als auch in der konstitutionellen Monarchie« gelten müsse. Damit war ein für die Altliberalen anstößiges Wort gefallen: »Republik«. Die Vertreter der »Vaterländischen Vereine« meldeten Widerspruch an. Soweit wollten sie nicht gehen. Aber nicht die Altliberalen gewannen am Ende die Mehrheit, sondern der von Haußmann ergänzte und verdeutlichte Antrag Karl Mayers. Damit endete in Württemberg die Zusammenarbeit verschiedener Vereine, die sich noch kurz zuvor im Wahlkampf bewährt hatte. Die Volksvereine folgten dem von ihren Wortführern in Esslingen vorgezeichneten Weg. Man gründete für sie einen eigenen Landesausschuß. »Demokraten« und »Liberale« – oder »Altliberale« – waren fortan in Württemberg getrennt.

Im weiteren Verlauf der Revolutionszeit wurden die Unterschiede zwischen den Demokraten und den Liberalen immer deutlicher. Die Demokraten sahen in einer republikanischen Staatsform nichts Schlimmes, sondern etwas Erstrebenswertes in einer demokratischen Staatsordnung, die Liberalen, denen das Gleichheitsprinzip nicht so wichtig war, wollten auf eine monarchische Obrigkeit nicht verzichten. Privilegien waren ihnen keineswegs so verdächtig wie den württembergischen Volksfreunden, die es mit dem Gleichheitsgrundsatz und den Grundrechten ernst meinten.

Die Reutlinger Versammlung

Als alles schon fast verloren schien, unternahmen die Wortführer der Volksvereine an den Pfingstfeiertagen des Jahres 1849 nochmals eine große Anstrengung. Sie luden zu einer Generalversammlung nach Reutlingen ein, also in eine ehemalige freie Reichsstadt mit stadt-republikanischer Tradition. Wenn man den zeitgenössischen Berichten vertrauen darf, dann folgten dem Aufruf des »Beobachter« und anderer demokratischer Blätter nicht weniger als 20 000 Personen. Die badischen Abgeordneten Fickler und Hoff, zwei Mitglieder der demokratischen Linken, plädierten für eine Revolution, also für einen Umsturz, auch in Württemberg. Damit bestimmten die Gäste das zentrale Thema der Reutlinger Versammlung. Das andere Thema, nämlich die Zustimmung Württembergs zur Reichsverfassung und zu einer einheitlichen deutschen Zentralgewalt, geriet dabei etwas in den Hintergrund.

Die Wogen gingen hoch. Sollte man mit Gewalt erzwingen, was die Regierung, was der König dem Volk an Rechten nicht zugestehen wollte? Manche forderten einen bewaffneten Zug nach Stuttgart. Davor warnte vor allem einer, dessen Wort Gewicht hatte: Julius Haußmann. Er wurde unterstützt von seinem Freund August Becher. Der Streit ging hin und her. Am Ende einigte sich die Versammlung auf einen Kompromiß. Eine Delegation, so der Beschluß, solle nach Stuttgart entsandt werden, um der Regierung die Beschlüsse der Reutlinger Versammlung zur Reichsverfassung zu überbringen und die Regierung zur Unterstützung des badischen Aufstandes zu veranlassen. Den Veranstaltern dürfte klar gewesen sein, daß eine derartige Mission nur wenig erfolgversprechend war. Die Skeptiker behielten recht. Der Leiter des Ministeriums, Friedrich

Römer, einst Repräsentant der liberalen Bewegung, wies die Delegation ab. Die Petenten mußten unverrichteter Dinge zu ihren Freunden zurückkehren. Die badischen Republikaner warteten vergebens auf amtliche Hilfe aus Württemberg.

Wie groß die Enttäuschung bei den Volksfreunden damals gewesen ist, läßt sich rückblickend kaum abschätzen. Die Realisten unter ihnen dürfte das schroffe Verhalten Römers kaum überrascht haben. Im engeren Führungszirkel hatten Haußmann, Mayer, Pfau und andere schon vorher überlegt, wie man im »äußersten Notfall« reagieren solle. Sie waren zu dem Schluß gekommen, daß man einen bewaffneten Aufstand zumindest vorbereiten müsse. Und so geschah es denn auch. Haußmann veranlaßte die Gesinnungsfreunde, auf den Höhen des Landes Holz aufzuschichten; in der entscheidenden Stunde sollten die Holzstöße angezündet werden, um so vom Hohenlohischen bis zum Bodensee das Zeichen zum Beginn der Volkserhebung zu geben. Karl Mayer regte die Bildung eines »Wehrausschusses« an. Er sollte nach dem – von ihm erwarteten – Scheitern der Mission in Stuttgart die Leitung des Volksaufstandes übernehmen. Von Ludwig Pfau ist überliefert, daß er zuvor schon für die Verbreitung »revolutionärer« – also demokratischer Schriften – in den Kasernen der württembergischen Armee gesorgt hatte. Pfau versicherte seinen Freunden, daß die Soldaten im Ernstfall nicht bereit seien, einem Schießbefehl gegen die aufständische Bevölkerung zu folgen. Es sei damit zu rechnen, so der optimistische Pfau, daß ein Aufstand von Teilen des Militärs unterstützt werde.

Die Probe aufs Exempel fand in Württemberg nicht statt. Der Landesausschuß der Volksvereine, der für einen Befehl zum Volksaufstand zuständig gewesen wäre, wich der Entscheidung entweder aus oder wurde gar nicht vor die Alternative gestellt, weil sich die Führer offenbar von Anfang an nicht sicher waren, ob sie das große Wagnis eingehen sollten. Von Julius Haußmann ist darüber auch aus späterer Zeit kein eindeutiges Zeugnis überliefert. Zu der Reutlinger Versammlung machte er im Abstand von Jahren allerdings einmal die Bemerkung, daß es damals die »heilige Pflicht des Einzelnen« gewesen sei, »auch ohne Ministerium und Kammer seine Pflicht zu tun«.

Wieweit Haußmann nach dem Eintreffen des sogenannten Frankfurter Rumpfparlaments in Stuttgart im Juni 1849 doch noch zum Äußersten entschlossen war, kann man nur vermuten. Im Landesausschuß der Volksvereine beantragte er nämlich, jetzt in Württemberg die Republik auszurufen und die Königsherrschaft zu beenden. Haußmann setzte sich damit bei den Repräsentanten der Volksvereine nicht durch. Die Mehrheit im Ausschuß hielt das Risiko für zu groß, weil man keine vom allgemeinen Vertrauen getragene Führungspersönlichkeit habe, die sich an die Spitze der Volksbewegung stellen werde.

Als der vom Rumpfparlament gebildete »Reichsregentschaftsrat« am 18. Juni 1849 Stuttgart verließ, um in Freiburg bei der badischen republikanischen Regierung weiter zu amtieren, ging auch Haußmann nach Freiburg. Am 27. Juni ernannte der Regentschaftsrat, dem August Becher als württembergischer Delegierter angehörte, den Demokraten Julius Haußmann zum »Reichskommissar«. Seine Aufgabe sollte es sein, künftig in Württemberg für die Bewaffnung von »Volkswehren« zu sorgen. Ende Juli war alles vorbei. Das preußische Militär übte nun die Herrschaft im Großherzogtum Baden aus. Der Traum von der freien sozialen Republik, den Friedrich Hecker geträumt hatte, war ausgeträumt. In der Festung Rastatt krachten die Salven der Exekutionskommandos. Wer von den Aufständischen der Gefangenschaft entgangen und in die Schweiz oder nach Frankreich gelangt war, fand meist den Weg nach Amerika.

Auch den Führern der württembergischen Volksvereine, Karl Mayer, Ludwig Pfau und Julius Haußmann, blieb nach dem Ende der Revolution in Württemberg im Juni 1849 nur die Flucht ins Ausland. Alle drei gingen in die Schweiz und hofften dort auf nicht allzu strenge Urteile. Die württembergische Justiz hatte gegen die Abwesenden Anklage wegen Aufforderung zum Hochverrat und Vorbereitung eines gewaltsamen Umsturzes erhoben. Zuversicht gab den dreien anfangs die unbezweifelbare Tatsache, daß sich keiner von ihnen an Gewaltakten beteiligt hatte. Die Hoffnung trog. Karl Mayer verurteilte man in Abwesenheit zu 20 Jahren Zuchthaus, Ludwig Pfau zu 16 Jahren. Bei ihrer freiwilligen Rückkehr – soviel stand fest – mußte der Prozeß vor einem Schwurgericht wieder aufgerollt und erneut ein Urteil gesprochen werden. Mayer und Pfau zogen es vor, nicht weit entfernt von der württembergischen Heimat im Exil auszuharren – Mayer in der Schweiz, Pfau alsbald in Frankreich – um eine Veränderung der Verhältnisse in Württemberg abzuwarten.

Im Königreich Württemberg änderte sich jedoch lange Jahre nichts Entscheidendes. König Wilhelm blieb unerbittlich gegenüber denen, die einst für eine Republik gestritten hatten. Die Großmut des am Ende Siegreichen war nicht seine Sache. Julius Haußmann mußte es erfahren, als er im Jahr 1851 seines erkrankten Vaters wegen aus Arbon am Bodensee nach Württemberg zurückkehrte. Sein Freund August Becher war kurz zuvor von einem Gericht freigesprochen worden, nachdem er sich den württembergischen Behörden freiwillig gestellt hatte.

Julius Haußmann wurde zunächst mit mehreren dutzend Gesinnungsfreunden in Ludwigsburg inhaftiert. Vor dem Schwurgericht in Esslingen klagte man ihn im Frühjahr 1852 an. Neben der Mitwirkung an der Reutlinger Versammlung lastete man ihm besonders an, daß er sich an der Endphase des badischen Aufstands beteiligt habe. Ähnliches war den 48 Mitangeklagten nicht vorzuwerfen. Ebenso wie zuvor schon August Becher setzte man sie auf freien Fuß, Julius Haußmann aber erhielt eine Gesamtstrafe von zweieinhalb Jahren Festungshaft. Die sieben Monate Untersuchungshaft berücksichtigte das Gericht nicht. So wurde denn der Hohenasperg für ziemlich lange Zeit zu Haußmanns Aufenthaltsort. Der Strafvollzug war, wie auch bei anderen »Politischen«, nicht besonders streng. In der Festungswerkstatt erwies sich Haußmann als geschickter Schreiner, und er fand Zeit zum Lesen und zum Übersetzen; Hinweise auf die Übersetzung Shakespearescher Sonette kann man den Familienunterlagen entnehmen.

Bevor Julius Haußmann auf den Hohenasperg gebracht wurde, hatte sich dort unter anderem Theobald Kerner nach seiner Verurteilung durch ein Gericht in Ludwigsburg unfreiwillig aufgehalten. Ihm und all den anderen »Volksmännern« aus der 48er-Zeit widmete Justinus Kerner nach der gescheiterten bürgerlichen Revolution ein Gedicht mit dem Titel »Der Traum vom Blütenbaum«. Er hatte im April 1848 den Wahlkampf des Schlossermeisters und Demokraten Ferdinand Naegele – in der Paulskirche war er der einzige Handwerker – nachdrücklich unterstützt. Die letzten drei Strophen des Gedichts sind eine Art Nachruf:

Baum! hört ich brüllen, end' dein Blühn!
die Frucht heraus, du träger!
Kam'raden, Feuer unter ihn!
das macht den Saft ihm reger.

Und an den Blütenbaum sodann
Feuer legten die Vertollten,
die Blüt zur Frucht in ihrem Wahn
durch Feuer sie treiben wollten.

Die Glut versengt' den Blütenbaum,
die Frucht kam nie zum Lichte. –
O daß sie Deutschlands schönen Traum,
also gemacht zu nichte!

Julius Haußmann, Apothekersohn aus Ludwigsburg und 1848/49 einer der Wortführer der Demokraten, war nach der Rückkehr aus dem schweizerischen Exil auf dem Hohenasberg inhaftiert.

Der Vermittler beim Kaisertreffen

Europäische Politik in Stuttgart? Auch das hat es gegeben, als Wilhelm I. von Württemberg die Königskrone trug. Zwei Kaiser, der Zar aller Reußen und der dritte Napoleon, trafen sich im September 1857 in der württembergischen Haupt- und Residenzstadt, um die im Krimkrieg zerrissenen Fäden zwischen Rußland und Frankreich wieder zu knüpfen. Vermittler des Treffens war König Wilhelm.

Der »Schwäbische Merkur« informierte seine Leser damals tagelang über alle Details der Stuttgarter Konferenz. »Sieben gekrönte Häupter« hätten am 27. September, dem Geburtstag des Königs, in der Fürstenloge der Oper gesessen: der russische Zar Alexander II., der Kaiser der Franzosen, Napoleon III., König Wilhelm I. von Württemberg, die niederländische und die griechische Königin, die Zarin Maria Alexandrowna und Königin Pauline von Württemberg. Auf dem Spielplan stand die Oper »Zigeunerinnen« des irischen Komponisten Balfers. Die Aufführung des bald danach wieder vergessenen Werkes habe den Beifall der Majestäten gefunden, behauptete der Hofberichterstatter des »Schwäbischen Merkur«. Allerdings sei diese, am 27. September 1857 in Stuttgart aufgeführte Oper »in dramatischer und musikalischer Beziehung von geringem Wert«. Der Erfolg der »Zigeunerinnen« wurde auf die Pracht der Stimmen zurückgeführt, die man in Stuttgart aufbieten könne. Die Qualität der Stuttgarter Opernsänger reiche durchaus auch für die Oper in St. Petersburg oder in Paris, behauptete die in Württemberg viel gelesene Zeitung voller Stolz.

Man erfuhr aus dem »Merkur« schon Tage vor dem Eintreffen der Majestäten, wieviel bekannte Personen bei der württembergischen Gesandtschaft in Paris um ein Visum für Württemberg nachgesucht hätten, zum Beispiel der berühmte französische Schriftsteller Alexandre Dumas. Dieser werde, ebenso wie die Berichterstatter großer britischer und französischer Blätter, im Hotel Marquardt absteigen. In dem Hotel in der Nähe des Neuen Schlosses übernachteten auch die Begleiter Napoleons und des Zaren. Das damals noch ziemlich neue, als hochmodern und luxuriös geltende Stuttgarter Hotel wurde für einige Tage zur europäischen Nachrichtenbörse.

Die Stuttgarter Gastwirte allesamt waren begeistert von dem großen Ereignis. Ihr Geschäft blühte. Nirgends gab es ein freies Zimmer. Man brachte die Quartiersuchenden auch in Privathäusern unter. In einigen Gaststuben hätten unangemeldete Besucher auf den Stühlen übernachten müssen, wußte der »Merkur« zu vermelden.

Kein Zweifel – im September 1857 besaß Stuttgart große Anziehungskraft und war vier Tage lang ein Zentrum europäischer Politik. Die Württemberger wurden zu Zeugen einer neuen Verteilung der Macht in Europa, ohne viel darüber zu erfahren. Daß man die Macht auf Kosten Österreichs neu verteilt hatte, zeigte sich zwei Jahre nach dem Kaisertreffen, als in Oberitalien der von Frankreich unterstützte und mitinszenierte Krieg gegen Österreich-Ungarn begann. Der Franzosenkaiser hatte dabei richtig kalkuliert. Beim Friedensschluß belohnte man Frankreich durch Gebietsabtretungen für die Unterstützung der von Piemont-Sardinien ausgehenden Freiheitsbewegung. Die seit Richelieus Zeit erstrebte französische Alpengrenze war nun zwischen Montblanc und dem Mittelmeer erreicht, Savoyen und Nizza gehörten fortan zu Frankreich.

Der russische Zar befand sich bei diesem Handel im Lager der österreichischen Gegner – ein Ergebnis jener russisch-österreichischen Interessengegensätze auf dem Balkan, die beim Stuttgarter Kaisertreffen ein Gesprächsthema gewesen waren. Die Regierungen der europäischen Staaten ahnten im Herbst 1857 zumindest, was das Zusammentreffen des Zaren mit dem Franzosenkaiser bedeuten und welche Folgen es haben könnte. Deshalb schickte man sachkundige Beobachter nach Stuttgart, und aus diesem Grund versuchten auch die damals führenden Zeitungen des Kontinents im Hotel Marquardt von den Ministern und Ratgebern der Majestäten möglichst viel über ein eventuelles russisch-französisches Arrangement und die Vermittlerrolle des württembergischen Königs zu erfahren.

In der »Chronik« des »Schwäbischen Merkur« und im Hauptblatt der Zeitung konnten die Leser zwar ihre gesellschaftliche, kaum jedoch ihre politische Neugierde befriedigen. Wer sich in die alten Zeitungsbände vertieft, erfährt vom Inhalt der politischen Gespräche fast nichts. Diese mangelhafte Information der württembergischen Öffentlichkeit entsprach dem Interesse König Wilhelms. Er kannte den Argwohn, den man in Wien und in Berlin gegenüber den politischen Aktivitäten des Königreichs Württemberg immer noch hegte, und er wußte, daß man auch bei den sonst mit Württemberg durch gemeinsame Interessen verbundenen Regierungen von Bayern und Sachsen ein wenig neidisch nach Stuttgart blickte. So wäre es denn unklug gewesen, die politische Bedeutung des Stuttgarter Kaisertreffens in einem württembergischen Blatt besonders hervorzuheben. Der »Schwäbische Merkur«, keinesfalls ein Oppositionsblatt, folgte insofern den »allerhöchsten« Interessen, wenn er sich gar nicht erst um eine Darstellung des politischen Gehaltes der Gespräche bemühte, die der Zar und der Franzosenkaiser unter Vermittlung König Wilhelms in Stuttgart führten. Die Absicht des gastgebenden Monarchen war es, der Öffentlichkeit zu vermitteln, daß es sich im Grunde um eine Art Familienfeier handle, zu der man Verwandte des Hauses Württemberg eingeladen habe, die sich bis dahin noch nicht begegnet waren.

Nützliche Verwandtschaften

Tatsächlich begann das Ganze auch mit familiären Überlegungen und Beziehungen. Zar Alexander II. hatte nämlich den Wunsch, seine Schwester Olga, die württembergische Kronprinzessin und Schwiegertochter König Wilhelms, zu besuchen. Alexander II. trug die Zarenkrone seit dem plötzlichen Tod seines Vaters Nikolaus I., der am Ende des von Türken, Franzosen und Briten gegen Rußland geführten Krim-Krieges als Neunundfünfzigjähriger unerwartet einer Infektionskrankheit erlegen war.

Alexander wollte das Zarenreich möglichst rasch wieder aus der Isolation herausführen, in die es durch den Konflikt mit dem türkischen Reich – ausgelöst durch die russische Balkan- und Mittelmeerpolitik – geraten war. Bei dem zunächst als privat geplanten Aufenthalt bei seinen Verwandten in Württemberg – König Wilhelms früh verstorbene Gemahlin Katharina war die Schwester von Zar Nikolaus I. gewesen – ließ sich das europäische politische Terrain ein wenig sondieren. Ein offizielles Treffen mit dem französischen Kaiser Napoleon III. gehörte ursprünglich nicht zu den Absichten des Zaren, und er dürfte zunächst auch unschlüssig gewesen sein, ob er denn seinen Besuch bei den Stuttgarter Verwandten mit einer russisch-französischen Konferenz verbinden solle, wie König Wilhelm angeregt hatte.

Gegen ein Zusammentreffen mit Napoleon III. sprach zunächst einmal, daß sich zwischen Zar Nikolaus und dem Kaiser der Franzosen, den man am Hof von St. Petersburg – und nicht nur dort – stets als einen anmaßenden »Usurpator« betrachtete, ein tiefer Graben aufgetan hatte. Zar Nikolaus war von der französischen Mitbeteiligung am türkisch-britischen Angriff auf die Krim tief enttäuscht, ja verbittert gewesen. Kaum zwei Jahre nach Kriegsende hätte Nikolaus sicherlich jeden persönlichen Kontakt mit Napoleon III. strikt abgelehnt. Alexander II. definierte jedoch die russischen Interessen ein wenig anders als sein Vater. Unter dem Einfluß von Ratgebern, allen voran der russische Außenminister Gortschakow, suchte Alexander nach Wegen, die Rußlands Einfluß auf dem Balkan auch dank des neu entstandenen Staats Rumänien dauerhaft sichern sollten. Eine strikte Gegnerschaft zu Frankreich half da nicht weiter. Und wer sich mit Frankreich als einem Gegengewicht zu Österreich-Ungarn arrangieren wollte, der mußte auch einkalkulieren, daß der Mann an Frankreichs Spitze den Namen Napoleon trug und sich selbst zum Kaiser der Franzosen ernannt hatte.

Gegen Napoleon III. und dessen ganze Familie gab es am russischen Hof auch nach dem Tod von Zar Nikolaus immer noch erhebliche Vorbehalte. Beim Kaisertreffen in Stuttgart ahnte man davon einiges. Die Zarin, die mit ihrem Gemahl von St. Petersburg nach Deutschland gereist war, besuchte zunächst einmal ihre Verwandten in Darmstadt. Alexander II. setzte nach kurzem Aufenthalt in Darmstadt die Reise nach Stuttgart fort. Erst als sicher war, daß Napoleon III. seine Gemahlin Eugenie in Paris zurückgelassen hatte, kam die Zarin mit einem Tag Verspätung in die württembergische Haupt- und Residenzstadt. Dieser Eugenie de Montijo hatte die junge Zarin unter keinen Umständen begegnen wollen.

König Wilhelm verhielt sich gegenüber dem französischen Kaiserpaar weniger reserviert als die meisten anderen europäischen Fürsten jener Zeit. Wie für jeden Staatsmann zählte für ihn nicht persönliche Sympathie oder Antipathie, sondern das politische Interesse. Was aber war in diesem Fall das Interesse, das die württembergische Politik bestimmen mußte? Es ergab sich einmal aus der Überlegung, daß Napoleon III. möglicherweise den Spuren seines großen Onkels Napoleon I. folgen und eines Tages seine Machtgelüste auf Kosten der wenig verteidigungsbereiten deutschen Territorien am Rhein befriedigen wolle, sobald der Kaiser in Wien anderweitig in Kriege verwickelt sei und zur Verteidigung der Staaten des Deutschen Bundes wenig beitragen könne.

War diese Annahme oder Befürchtung berechtigt, dann müßte man die Beziehungen zu Frankreich so pflegen, daß man diesem Napoleon III. keinen Vorwand für erpresserische Manöver lieferte. Halbwegs gute Beziehungen zu Frankreich waren außerdem geeignet, die Situation des Königreichs Württemberg im Deutschen Bund zu verbessern und dessen Bedeutung hervorzuheben. Das alte württembergische Sprichwort von dem bösen Hund, dem man ein Stück Brot geben müsse, galt auch in diesem Falle. Vorteilhaft konnte es also sein, auch gegenüber Frankreich und seinem Kaiser die verwandtschaftlichen Beziehungen zu nutzen, die man mit dem doppelsinnigen Begriff »Familienbande« umschreiben könnte.

Das Haus Württemberg verdankte die Verwandtschaft mit den Bonapartes der Heiratspolitik Napoleons I. und des Königs Friedrich. Die Eheschließung von König Wilhelms Schwester Katharina mit Napoleon Bonapartes jüngstem Bruder Jérôme gehörte bei der Erhebung Württembergs zum Königreich zu dem Preis, den Friedrich von Württemberg an Napoleon I. zu zahlen hatte. Aus der Ehe Katharinas mit Jérôme – einst König von Westfalen mit Sitz in Kassel – waren zwei Kinder hervorgegangen: der Sohn Napoleon, genannt Plon-Plon, und die Tochter Mathilde. Beide trugen nun den Familiennamen Montfort, Graf und Gräfin Montfort. Wilhelm I., der stets engen Kontakt zu seiner Schwester Katharina gehalten und ihr nach der Vertreibung Napoleons I. immer wieder geholfen hatte, blieb auch nach dem Tod Katharinas in Verbindung mit seinem Neffen und seiner Nichte. Kaiser Napoleon III. war ein Vetter von Plon-Plon und Mathilde, die beide in Paris lebten und zum engeren Zirkel des Kaisers gehörten. Im Jahr 1856 besuchten Plon-Plon und Mathilde ihre württembergischen Verwandten. Bei dieser Gelegenheit lud Plon-Plon seinen Onkel Wilhelm zu einem Privatbesuch nach Paris ein und gab zu verstehen, daß der württembergische Monarch in Paris auch mit dem Kaiser zusammentreffen könne. König Wilhelm stimmte dem Plan seines Neffen sogleich zu und reiste alsbald inkognito in die französische Hauptstadt. Dort wurde er, wie versprochen, von Napoleon III. in die Tuilerien eingeladen – als erster deutscher Fürst, wie man in Württemberg gerne betonte.

Der angebliche Privatbesuch bei nahen Verwandten erregte Aufsehen bei allen in Paris akkreditierten Gesandten der europäischen Höfe. Hauptgesprächspartner König Wilhelms war in Paris freilich nicht Napoleon III., sondern dessen Außenminister Graf Walewski, der Sohn Napoleons I. und der Gräfin Maria Walewska. Mit Alexandre Walewski besprach König Wilhelm die europäische Situation. Ob bei diesen Gesprächen auch schon die Möglichkeit eines Treffens der beiden Kaiser von Rußland und von Frankreich erörtert wurde, läßt sich nicht mit Bestimmtheit sagen.

Jedenfalls hielt König Wilhelm den direkten Kontakt mit Napoleon III. für so wichtig, daß er bald ein zweites Treffen arrangierte. Es fand in Biarritz statt – anläßlich eines Badeaufenthalts des Königs von Württemberg in dem damals von europäischen Fürsten hoch geschätzten Ort an der Biskaya. Am Beginn der Badesaison hielt sich auch das französische Kaiserpaar an der Biskaya auf. Wilhelm I., mit den Reiseplänen Zar Alexanders II. vertraut, besprach in Biarritz die Möglichkeit eines Zusammentreffens mit dem jungen russischen Monarchen in Stuttgart. Napoleon III. hatte keine Einwände.

Betrachtet man diese Vorgeschichte, dann erkennt man unschwer, daß die eigentliche Initiative zu der einst aufsehenerregenden Begegnung zwischen Alexander II. und Napoleon III. ihren Ursprung in Paris gehabt haben muß. Manches Indiz spricht dafür, daß Graf Walewski die Sache in Gang brachte, indem er seinem Kaiser empfahl, den Neffen und die Nichte des württembergischen Königs zu einem Besuch in Stuttgart zu ermuntern. Plon-Plon Bonaparte-Montfort hatte dabei den Part eines Boten zu übernehmen, politischer Vermittler sollte König Wilhelm sein. Das Vorhaben entwickelte sich so, wie es der von Wilhelm I. geschätzte Graf Walewski geplant hatte. Da Walewski auch wußte, daß man am Hof von St. Petersburg und an vielen deutschen Fürstenhöfen die Kaiserin Eugenie noch weniger schätzte als deren Gemahl, dürfte er seinem Herrn geraten haben, bei der Reise nach Stuttgart auf die Begleitung seiner Gemahlin zu verzichten.

Stephanie statt Eugenie

Bei der Eisenbahnfahrt im Großherzogtum Baden, die damals von Kehl, Baden-Baden, Karlsruhe und Bruchsal nach Stuttgart führte – die Linie über Pforzheim war noch nicht fertig –, ließ sich Napoleon III. demonstrativ von einer Verwandten begleiten, der verwitweten Großherzogin Stephanie von Baden, der Adoptivtochter Kaiser Napoleons I. Mit der Einladung der Großherzogin erinnerte Napoleon die Deutschen und auch die Damen und Herren aus St. Petersburg daran, daß ein halbes Jahrhundert zuvor ein Bonaparte den badischen Markgrafen zum Großherzog erhob – mit der Anrede »Königliche Hoheit« – und daß auch Württemberg bei seiner Verwandlung vom Herzog- und Kurfürstentum zum Königreich auf die Gunst Frankreichs angewiesen gewesen war.

Etikette und Protokoll, Rangordnung und Sitzordnung haben den Verantwortlichen in der württembergischen Beamtenschaft beim Kaisertreffen viel Kopfzerbrechen gemacht. Die hohen Gäste, man wußte es, hielten die Statusfragen für ziemlich wichtig. Da durfte kein Fehler passieren. Wie sehr sich König Wilhelm selbst und seine Beamten um Korrektheit bemüht haben, erfuhr die Öffentlichkeit im Detail erst Jahre später, als die populäre Schriftstellerin Tony Schumacher die Tagebuchaufzeichnungen ihres Vaters publizierte. Generalleutnant Fidel Karl Friedrich von Baur-Breitenfeld war als Generaladjutant König Wilhelms beim Stuttgarter Kaisertreffen eine wichtige Person. Dem Kaiser der Franzosen war Baur-Breitenfeld zum »persönlichen Ehrendienst« zugeordnet. Um streng die Parität bei den Rängen der Ehrenbegleiter zu wahren, übernahm der Generalleutnant Kuno von Wiederhold die gleiche Aufgabe bei Zar Alexander II.

Der Ehrendienst von Baur-Breitenfeld begann bereits außerhalb Württembergs, im badischen Bruchsal. Dort erwarteten neben dem Generaladjutanten des Königs noch ein Oberst und ein Rittmeister den Kaiser der Franzosen. Auch den Zaren empfing man bereits in Bruchsal. In Ludwigsburg hielt der Sonderzug, und Kronprinz Karl begrüßte zusammen mit Kronprinzessin Olga – in dieser zweiten Residenzstadt des Landes – den Schwager und Bruder Alexander. In Feuerbach – nicht in Stuttgart – endete dann die Eisenbahnfahrt. Hier hielt sich König Wilhelm zum Empfang bereit. Begleitet vom Kronprinzenpaar fuhr Zar Alexander II. mit der Kutsche über den Rosenstein zum kronprinzlichen Wohnsitz, der »Villa Berg«, wo der hohe Besucher logierte. Der Sonderzug des französischen Gastes fuhr bis zum – alten – Stuttgarter Hauptbahnhof. Dort empfing der König den Gast und begleitete ihn, flankiert von einer Ehrengarde ins nahegelegene Neue Schloß.

Generalleutnant von Baur-Breitenfeld war von Napoleon III. allem Anschein nach beeindruckt. Man kann es den Tagebuchaufzeichnungen entnehmen: »Sein blaues Auge blickt freundlich, wie überhaupt der ganze Gesichtsausdruck wohlwollend ist«, notierte Baur-Breitenfeld. Der Ehrenbegleiter des hohen Gastes hielt auch fest, daß Napoleon III. in seiner Umgebung keinen Zigarrenrauch

In der Villa Berg, erbaut für den Kronprinzen Karl und dessen Gemahlin, die russische Großfürstin Olga, wohnte Zar Alexander II. im September 1857 beim Stuttgarter Kaisertreffen.

Das Gruppenbild vom Stuttgarter Kaisertreffen stammt aus dem Album König Wilhelms I. Es zeigt Zar Alexander II. von Rußland, der seine Gemahlin dem französischen Kaiser Napoleon III. vorstellt.

duldete. Bei einem Spaziergang durch Stuttgart hätten die zahlreichen Neugierigen freundlich geblickt, aber stets gebührenden Abstand gehalten. Verwundert war der französische Kaiser, als ihm sein Ehrenbegleiter erläuterte, daß sich König Wilhelm ohne Begleitung fast täglich zu Fuß oder zu Pferd in seiner Hauptstadt bewege und dabei von keinem belästigt werde. Napoleon III. habe diesen Hinweis mit den Worten kommentiert: »Wie ist er zu beneiden.«

Es scheint, daß die französische Delegation den politischen Gesprächen mit dem Zaren mit einiger Nervosität entgegensah. Jedenfalls war dies der Eindruck, den Baur-Breitenfeld gewann. Bei der Rückkehr von seinem ersten Gespräch mit Zar Alexander II. habe der französische Kaiser erleichtert bemerkt, es sei »alles gut gegangen«. Man bewegte sich, wie Zeitungsleute zu bemerken wußten, in einer »entspannten Atmosphäre«. Das war zweifellos ein Verdienst des politisch erfahrenen und souverän agierenden Gastgebers.

König Wilhelm lud seine Gäste zu kleinen Ausflügen ein, zeigte ihnen die Schönheiten Stuttgarts und seiner Umgebung und machte sie beim Besuch auf dem Gestüt Weil bei Esslingen und der Domäne Scharnhausen mit seiner Vorliebe für Pferdezucht und Landwirtschaft bekannt. Ein Höhepunkt dieses eher unpolitischen Teils des Kaisertreffens war ein gemeinsamer Besuch auf dem Cannstatter Volksfest, das in jenen Septembertagen begann. Allerdings sperrte man den Wasen während des Gästebesuchs für die Öffentlichkeit – aus Gründen der Sicherheit. Die Bevölkerung hatte dafür wenig Verständnis, aber König Wilhelm hielt es lieber mit dem Shakespeare-Wort: »Der bessere Teil der Tapferkeit heißt Vorsicht.«

Schließlich lud König Wilhelm auch zum Fest in seinen neuen botanischen Garten ein, in die »Wilhelma«, die damals der Öffentlichkeit noch nicht zugänglich war. Einladungen dieser Art verstärkten den Eindruck eines in erster Linie familiären Treffens, und eben dies war die Absicht des Gastgebers. Am Ende durfte sich König Wilhelm zu dieser gelungenen Veranstaltung selbst beglückwünschen: Die Gäste kehrten zufrieden in ihre Heimat zurück, Napoleon III. hatte den anderen großen Mächten zeigen können, daß er politisch zu agieren verstand, und der in Europa noch kaum bekannte junge Zar hatte seinen Willen zu einem Neubeginn und seine Entschlossenheit zum Mitwirken in der europäischen Politik bewiesen. Vor allem in Wien, aber auch in London und in Berlin, nahm man dies mit etwas gemischten Gefühlen zur Kenntnis.

»Der Salomo unter den Fürsten«

Das Stuttgarter Kaisertreffen zählte zu den Höhepunkten im Leben König Wilhelms. Er hatte den September-Termin sorgfältig gewählt, konnte er doch gemeinsam mit seinen Gästen am 27. September 1857 seinen 76. Geburtstag feiern und auf nahezu 40 Regierungsjahre zurückblicken. Eine letztwillige Verfügung lag damals schon 13 Jahre wohlverwahrt in einem Safe im Neuen Schloß. König Wilhelm schrieb sie 1844 nach einer schweren Erkrankung nieder. Der Präsident des Geheimen Rates sollte sie nach dem Tod des Monarchen vor dem Ministerrat verlesen.

So geschah es auch, nachdem König Wilhelm am Morgen des 25. Juni 1864 gestorben war. Es sei ein sanfter Tod gewesen, hieß es in der kurzen amtlichen Mitteilung. Der Dreiundachtzigjährige fühlte sich Tage zuvor schon schwach; er schien zu spüren, daß er nicht mehr lange zu leben hatte. Der Familie, die sich in Friedrichshafen aufhielt, teilte er über seine rasch schwindenden Kräfte nichts mit. Er begab sich dorthin, wo er sonst kaum einmal länger verweilte: auf den Rosenstein.

In dem »Königlichen Landhaus«, das er selbst auf der Anhöhe über dem Neckar hatte erbauen lassen, verbrachte König Wilhelm die letzten Stunden seines Lebens. Das Zimmer, in dem er sich in der Nacht vom 24. zum 25. Juni aufhielt, erlaubte den Blick zur Grabkapelle auf dem Rotenberg. Alles hatte der König sorgfältig geplant, wie die Mitglieder des Ministerrats erstaunt feststellen mußten, als ihnen der Präsident des Geheimen Rates die letztwillige Verfügung bekanntgab.

»Mein Leichnam soll in nächtlicher Stille das Schloß verlassen, nur begleitet von dem Hofprediger, dem Hofmarschall und einem diensttuenden Adjutanten, außerdem wird mir meine Garde den letzten Liebesdienst erweisen, meinen Leichnam zur letzten Ruhestätte zu begleiten … Ich wünsche, daß die Fahrt so eingerichtet werde, daß ich mit dem ersten Sonnenstrahl auf dem Rotenberg ankomme, ein einziger Kanonenschuß soll das Ende des Begräbnisses andeuten, nur ein kurzes Gebet bei der Einsenkung des Sarges gesprochen werden. Ich will ruhen in dem schon vor Jahren erbauten

Grab neben meiner verewigten Gemahlin Katharina, wie ich es ihr versprochen hatte.« Ausdrücklich ordnete der König an, daß nur die Angehörigen der Familie, die Ärzte und die Dienerschaft den toten Monarchen sehen dürften. Als Begründung für die ungewöhnliche Verfügung las man in dem Dokument: »Da mir während meines Lebens nichts widerwärtiger war als Ceremonien und Etikette, so wünsche ich weder feierlich ausgestellt zu werden, noch irgendein Gepränge bei meinem Leichenbegräbnis; die mich kannten, werden es natürlich finden, die Neugierigen werden mir aber verzeihen, sie um das Begaffen eitler Ceremonien gebracht zu haben.«

Diese Sätze, von König Wilhelm niedergeschrieben, als er 63 Jahre alt war, sind eine Selbstcharakterisierung, die seine Vertrauten kaum überrascht haben dürfte. Die Leidenschaft manch anderer Fürsten für eine möglichst eindrucksvolle höfische Prachtentfaltung, für große Paraden und Pomp mit militärischem Zeremoniell hat diesen württembergischen König nie gepackt. Äußerlichkeiten schätzte er nicht. In einer Betrachtung, die David Friedrich Strauß dem Verstorbenen widmete, hieß es denn auch: »König Wilhelm hatte in seinem Wesen unstreitig verschiedene Eigenschaften, welche zu der Grundlage einer tüchtigen Regentennatur gehören. Er war ein Mann von hellem Verstande, nüchterner Sinnesart, mäßigen Leidenschaften, zäher Willenskraft. Er war arbeitsam, ordnungsliebend, in seinem täglichen Leben von soldatischer Einfachheit.« Vom »Sultansregiment« seines Vaters Friedrich habe sich Wilhelms Regentschaft vorteilhaft unterschieden, schrieb Strauß und fügte hinzu: »daß sich Wilhelm I. von Württemberg als Nestor der europäischen Regenten zu Zeiten auch für den Salomo derselben hielt«, das erscheine bei den »obwaltenden Umständen nicht einmal als besonders hochgegriffen«.

Eine mutterlose Kindheit

In den zahlreichen Nachrufen, die beim Tode König Wilhelms publiziert wurden, fanden sich nur wenige Hinweise auf das private, das familiäre Leben dieses Monarchen. Nur andeutungsweise erfuhr man da und dort, daß der Familiensinn des Verstorbenen nicht besonders ausgeprägt gewesen sei. Tatsächlich hätte niemand Anlaß gehabt, das Gegenteil zu behaupten. Der König selbst blieb, was die privaten Angelegenheiten betraf, in seinem ganzen Leben verschlossen und sorgte durch die kurz vor seinem Tod von ihm angeordnete Beseitigung privater Unterlagen dafür, daß auch die Nachwelt möglichst wenig Einblick erhielt.

Einsamkeit war diesem Fürsten zeitlebens nicht fremd. Er mußte sich schon in früher Jugend damit abfinden, daß ihn der Vater konsequent mit Blick auf seine spätere Aufgabe als Erbe des württembergischen Herzogtums – und dann des Königreichs – erzog und durch Beauftragte erziehen ließ.

Geboren wurde Wilhelm I. am 27. September 1781 in der schlesischen Garnisonsstadt Lüben. Sein Vater stand zu dieser Zeit als Offizier im Dienst des Preußenkönigs Friedrich II., einem Onkel seiner Mutter. Bald schon kam der erstgeborene Enkel des in Mömpelgard (Montbéliard) amtierenden Herzogs Friedrich Eugen mit seinen Eltern nach Rußland. Kaiserin Katharina II., die Große, übertrug dem württembergischen Prinzen Friedrich ein wichtiges Kommando in der finnischen Provinz. Mit der Heirat von Prinzessin Sophie Dorothea von Württemberg, der Schwester Prinz Friedrichs, und dem russischen Zarewitsch Paul hatten die engen russisch-württembergischen Familienbeziehungen begonnen.

Im Jahr 1786, als Wilhelm fünf Jahre alt war, mußte der Vater den Dienst für das Zarenreich quittieren und in die Heimat zurückkehren. Wilhelms Mutter, Prinzessin Auguste Karoline von Braunschweig-Wolfenbüttel, lebte wegen eines immer heftiger gewordenen Ehezwists getrennt von ihrem Gemahl und den drei Kindern Wilhelm, Katharina und Paul auf Schloß Lohde in Estland, das ihr die Zarin Katharina als Wohnsitz bestimmt hatte. Dort starb Auguste unter mysteriösen Umständen am 27. September 1788, dem siebten Geburtstag ihres ältesten Sohnes.

Prinz Friedrich, nach der Abberufung von seinem Posten als Gouverneur von Cherson ohne Kommando und ohne eine Aufgabe, die diesen Tatmenschen hätte befriedigen können, zog mit seinen drei Kindern nach Bodenheim bei Mainz. Er bewirtschaftete dort ein Landgut, das er 1787 gekauft hatte – auf Kredit, den ein Freund beschaffte. Drei Jahre später erwarb Friedrich ein Haus in Ludwigsburg, im Postgäßle unweit des Schlosses, und gab den Wohnsitz im hessischen Bodenheim auf. Nach dem Tod seiner beiden Onkel, Karl Eugen und Ludwig Eugen, sowie dem Tod seines Vaters Friedrich Eugen erbte Prinz Friedrich im Jahr 1797 das Herzogtum Württemberg.

Da weder Karl Eugen noch Ludwig Eugen einen erbberechtigten Sohn hatten, war schon lange klar, daß er als erstgeborener Sohn Herzog Friedrich Eugens als dessen Erbe einmal Herzog und Chef des Hauses Württemberg sein würde. Seit der Geburt des Prinzen (Friedrich) Wilhelm stand auch fest, daß Friedrichs Erstgeborener einmal seinem Vater als Landesherr folgen würde. Die Prinzenerziehung hatte dies zu berücksichtigen.

Der alleinerziehende Vater verfaßte im Jahr 1792 in Ludwigsburg eine »Instruktion«, genauer gesagt einen »Lehrplan«, für seine Söhne Wilhelm und Paul. Der Hauslehrer hatte sich an diese Anordnungen zu halten. In der väterlichen Instruktion war der ganze Tagesablauf geregelt, beginnend mit dem Aufstehen um sechs Uhr morgens bis zur Bettruhe, die für neun Uhr abends bestimmt war. Der Vater legte bei den Kindern großen Wert auf »Reinlichkeit«. Hier sei bisher, tadelte er den Erzieher, »manches versäumt worden«. Zwischen zwölf und ein Uhr mittags hatten die beiden Knaben – Wilhelm war elf, Paul sieben Jahre alt – bei »jedem Wetter, ausgenommen Regen« spazierenzugehen. Bei Spielen sollte »Sittlichkeit, Höflichkeit und Artigkeit des Betragens« besonders beachtet werden. Der Vater legte in der Instruktion besonderen Wert auf die Überwachung des Tischgebets. Da man sich zu jener Zeit mitten in den Stürmen der Französischen Revolution befand, hielt es Prinz Friedrich für geboten, Professor Groß als den Lehrer seiner Kinder ausdrücklich daran zu erinnern, daß gelegentliche politische Privatmeinungen im Unterricht keinen Platz hätten.

Für wichtig hielt es Friedrich, daß sich seine Söhne fleißig in fremden Sprachen übten und neben der Hofsprache Französisch auch das Italienische erlernten. Unterrichtsstoff dafür waren die Komödien Goldonis – Theaterfreunde kennen heute noch den »Diener zweier Herren«. Die gedruckte Ausgabe, die man im Unterricht benutzte, war zweisprachig – italienisch und deutsch. Einen Schwerpunkt des Unterrichts bildete neben den Sprachübungen, bei denen der Vater besonderen Wert auf einen knappen, klaren Stil legte, die Unterweisung im Fach Geschichte. Bestimmte Ereignisse und Daten, vor allem aus der württembergischen Geschichte, notierte Wilhelm in ein Heft. In die Übungshefte schrieb der Elfjährige auch Zitate aus der Bibel, dem Alten wie dem Neuen Testament. Das künftige Oberhaupt der evangelischen Landeskirche sollte hinreichend bibelkundig sein.

Aus den biographischen Daten ist zu entnehmen, daß Herzog Friedrich seinen Erstgeborenen ziemlich spät konfirmieren ließ, nämlich erst am 11. April 1798. Wilhelm war damals schon fast 17 Jahre alt. Für die Unterweisung in religiösen Fragen und speziell im Kirchenrecht, auf die der Vater bei seinem Sohn Wilhelm besonderen Wert legte, fand man in dem Tübinger Theologieprofessor Friedrich Gottlieb Süskind, dem späteren Oberkirchenrat und Oberhofprediger, einen geeigneten Lehrer. Nicht Bibelverständnis war der Unterrichtsgegenstand bei Süskind, sondern das Verhältnis von Staat und Kirche. Wilhelms Beziehung zu seinem Lehrer, der im Auftrag König Friedrichs den Text der 1809 in Kraft gesetzten neuen Liturgie verfaßt hat, war später nicht ganz ungetrübt, weil sich Süskind mit rechtlichen Argumenten gegen die Ungültigkeitserklärung der ersten Ehe Wilhelms mit Charlotte von Bayern sperrte und aus der Ehekommission ausgeschlossen wurde. Nachdem Wilhelm im Jahr 1816 König geworden war, verlor Friedrich Gottlieb Süskind an Einfluß. Er hatte die heikle Ehefrage zu gründlich und ohne Rücksicht auf den Rang des Betroffenen gestellt.

Der Vater-Sohn-Konflikt

Wilhelm war 16 Jahre alt, als sein Vater die britische Prinzessin Charlotte Mathilde, eine Tochter König Georgs III., ehelichte. Viele Jahre lang wuchs Wilhelm zusammen mit seinen beiden jüngeren Geschwistern Katharina und Paul mutterlos heran. Dabei entstand eine enge Bindung unter den Geschwistern, die sich bewähren sollte, als sich Katharina später bei dem schweren Zerwürfnis zwischen Wilhelm und seinem Vater um Vermittlung bemühte. Als König ergriff Wilhelm immer wieder die Partei seiner Schwester, die – als Schwägerin Napoleons I. nach dessen Scheitern – bei ihrem Gemahl Jérôme, dem Bruder des Korsen und Vater ihrer beiden Kinder, blieb, obwohl sie mancherlei Schwierigkeiten zu überwinden hatte.

Das Verhältnis König Friedrichs zu seinem ältesten Sohn litt schon früh an den erheblichen Unterschieden beider Charaktere. Erstaunlich war für die Zeitgenossen, wie sehr sich Vater und Sohn in ihrem Äußeren unterschieden. König Friedrich war von mächtiger Gestalt, fast ein Koloß, sein Sohn Wilhelm, ein schlanker, auf Eleganz bedachter Jüngling, wirkte neben dem Vater zierlich.

Vater und Sohn unterschieden sich nach Gestalt und Charakter in auffallender Weise. Unsere Bilder zeigen König Friedrich – ein Gemälde aus dem Jahr 1806 – und den jungen Kronprinz Wilhelm.

Zuweilen ist vermutet worden, daß sich König Friedrich von seinem Sohn zu sehr an dessen Mutter erinnert fühlte, die sich dem selbstbewußten, herrischen Gemahl nicht hatte unterordnen wollen. Soviel ist sicher: Der Geist des Widerspruchs war dem heranwachsenden Prinzen nicht fremd, und Widerspruch wollte Friedrich von Württemberg von keinem, auch nicht vom eigenen Sohn hören. Die Neigungen des Sohnes waren meist ganz andere als die des Vaters.

In Württemberg blieben die Differenzen zwischen Vater und Sohn nicht geheim. Viele sahen in dem Erben den besseren Regenten; der Vater wußte dies. Friedrich kannte auch die Vorliebe seines Sohnes für manche schöne Tochter des Landes. Den hellen Zorn des damaligen Kurfürsten Friedrich erweckte Wilhelm als Zweiundzwanzigjähriger. Der Vater erfuhr, daß sich der Sohn ausgerechnet Therese Abel, die schöne und ehrgeizige Tochter des ehemaligen Landschaftskonsulenten, zur Favoritin auserkoren hatte.

Konradin Abel zählte als Mann der altwürttembergischen Stände zur Opposition im Land und war Beauftragter der »Landschaft« in Paris. Gegner der alten württembergischen Stände haben damals verbreitet, es handle sich bei der Liebesbeziehung zwischen der Abel-Tochter und dem Kurprinzen um eine sorgfältig geplante Intrige der Gegner Friedrichs.

Therese Abel sei nur ein Werkzeug ihres Vaters und seiner Freunde; sie selbst habe ein eher simples Gemüt. Ob diese wenig schmeichelhafte Charakterisierung aus dem Munde oder aus der Feder von Gegnern der alten Stände auch nur halbwegs berechtigt gewesen ist, läßt sich nicht mehr eindeutig klären. Immerhin ist kaum zweifelhaft, daß das junge Mädchen ebenso entflammt war wie der Sohn des württembergischen Kurfürsten. Für die Verliebtheit Wilhelms, ja für seine großen Gefühle, die ihn an das Bürgermädchen banden, gibt es sichere Zeugen und Zeugnisse.

Es war eine so ernsthafte Angelegenheit, daß Prinz Wilhelm gegen Ende des Jahres 1803 sogar seine Zukunft aufs Spiel setzte. Von Wien aus, wohin ihn sein Vater aus dienstlichen Gründen beordert hatte, kehrte der Kurprinz nicht nach Stuttgart zurück, sondern reiste ohne Genehmigung seines Vaters, und ohne Urlaub zu erbitten, nach Paris. Da Wilhelm den militärischen Rang eines Generalmajors des Schwäbischen Kreises besaß – sein Vater war der Befehlshaber der Truppen des Schwäbischen Kreises –, hätte er sich diese

Reise unbedingt genehmigen lassen müssen. Geschah dies nicht, konnte man von Flucht, ja von Desertion sprechen.

In Paris erwarteten Therese Abel und ihr Vater den Kurprinzen von Württemberg. Therese war schwanger, Vater und Tochter drängten daher auf eine baldige Heirat. Diesem Vorhaben stellte sich der württembergische Gesandte in Paris, von Steude, entgegen. Wilhelm versuchte bei den Gesandten Preußens und Rußlands Unterstützung zu finden für die beabsichtigte Mesalliance. Beide wollten aber keinen Konflikt mit Kurfürst Friedrich riskieren. Schließlich wandte man sich hilfesuchend an den Ersten Konsul der französischen Republik, an Napoleon Bonaparte. Der württembergische Gesandte intervenierte daraufhin im Namen Kurfürst Friedrichs, und Napoleon hielt es für geboten, den einflußreichen württembergischen Monarchen nicht zu enttäuschen. Am 14. November 1803 verbot Frankreichs Erster Konsul die Heirat des Kurprinzen Wilhelm mit Therese Abel. Acht Tage danach unterrichtete der Gesandte den Kurprinzen von Friedrichs energischem Protest gegen den Heiratsplan.

Wilhelm wollte jedoch seine Absichten nicht aufgeben. Bestärkt wurde er dabei von Vertretern der Landschaft, sie versicherten dem Kurprinzen schriftlich, daß sie weiterhin auf seiner Seite stünden, er solle bald nach Württemberg zurückkehren. Verbunden war diese Bitte mit einer größeren Geldzuwendung. Kurfürst Friedrich, der davon informiert worden war, untersagte daraufhin den Vertretern der Landschaft jede weitere Korrespondenz und jede weitere Finanzzuweisung an seinen Sohn.

Für Kurfürst Friedrich war die Affäre noch nicht ausgestanden: 1804 ließ er zwei Landschaftsbeisitzer inhaftieren. Die Heirat Wilhelms mit Therese Abel, die in Paris Zwillingen das Leben schenkte, war zwar vereitelt worden, aber Wilhelm mißbilligte in einem Brief an den Geheimen Rat das Vorgehen der württembergischen Behörden. In dem Brief, den ein Hamburger Blatt publizierte, wies der Kurprinz den Rat auf die alten Verfassungsvorschriften hin. Diese seien verletzt worden. Wilhelm beließ es nicht bei dem Tadel. Er drohte auch mit Konsequenzen und schrieb, er werde bei seinem Regierungsantritt die »boshaften und pflichtvergessenen Ratgeber seines Vaters« zur Verantwortung ziehen. Die Antwort des auf Mäßigung bedachten Geheimen Rates druckte das Hamburger Blatt ebenfalls. In ihrem Brief an Prinz Wilhelm forderten die Ratsmitglieder den ältesten Sohn des Kurfürsten auf, nach Württemberg zurückzukehren und »seine vaterländische Pflicht zu tun«.

Der rebellische Kurprinz sah sich in jener Zeit einem starken Druck ausgesetzt, auch von Personen, die Sympathie für ihn empfanden. Man sorgte sich um die Zukunft des Landes, nachdem einige Vermittlungsversuche ergebnislos geblieben waren. Vielleicht, so die Befürchtung, werde nun Kurfürst Friedrich eine von ihm schon in früheren Jahren ausgesprochene Drohung wahrmachen und versuchen, seinen Erstgeborenen zugunsten des Prinzen Paul von der Erbfolge auszuschließen. Die Folgen eines derartigen, rechtlich schwierigen Verfahrens waren kaum absehbar. Als Prinz Wilhelm schließlich doch einlenkte, indem er sich von Therese Abel trennte, nahm dies auch mancher Gegner des Kurfürsten erleichtert zur Kenntnis.

Bei einem Gespräch – in den Gemächern der Kurfürstin Charlotte – erlaubte der Vater seinem aufsässigen Sohn den Aufenthalt im Land. Ausgenommen von der Erlaubnis waren allerdings die Städte Ludwigsburg und Stuttgart. Der Kurprinz sollte fürs erste möglichst wenig in Erscheinung treten und deshalb für »einige Zeit auf Reisen gehen«. Der Rat des fürstlichen Vaters kam einem Befehl gleich. Der Sohn befolgte ihn. Es dauerte fast ein Jahrzehnt, bis sich die tiefe Kluft zwischen dem seit 1806 zum König erhobenen Fürsten und seinem künftigen Erben zu schließen begann. Das geschah, als sich Wilhelm 1813 bei der Führung jener württembergischen Truppen bewährte, die nach dem Frontwechsel König Friedrichs nicht mehr *mit,* sondern jetzt *gegen* Napoleon kämpften.

Eine bayerisch-württembergische Heirat

Siegte beim Kronprinzen Wilhelm der nüchterne Verstand über das große Gefühl, über Leidenschaft und Liebe? Die einfachen, überlieferten Daten lassen dies vermuten. Aber die ganze Wahrheit wäre dies nicht. Es gibt Hinweise darauf, daß die erzwungene Trennung von Therese Abel den künftigen Erben Württembergs tief verändert und noch verschlossener und einsamer gemacht hat, als er nach seiner schwierigen Jugendzeit ohnedies gewesen war. Die Papiere, aus denen die Nachwelt vielleicht hätte etwas erfahren können, ob und wie lange Wilhelm der von ihm so leidenschaftlich begehrten Therese Abel nachgetrauert hat, existieren – wie man annehmen muß –

nicht mehr. Als der achtzigjährige Monarch die Vernichtung der privaten Dokumente anordnete, geschah dies sicherlich auch, weil er den späteren Geschichtsschreibern keinen Stoff über seine private Welt liefern, sondern deren Bemühen auf die öffentlichen Handlungen und Ereignisse konzentriert wissen wollte.

Die Affäre Abel, wenn man sie denn so nennen darf, war freilich keineswegs rein privater Natur. Sie verwickelte den jugendlichen Kurprinzen weit mehr, als er geahnt haben mag, in den Machtkampf, den sein Vater mit den altwürttembergischen Ständen, der sogenannten »Landschaft«, auszutragen hatte, als er die ungeteilte Herrschaft im vergrößerten Württemberg erstrebte und schließlich auch durchsetzte. Die Vertreter der Landschaft wiederum ließen sich durch das Verhalten des Prinzen täuschen. Sie erfuhren nach Wilhelms Thronbesteigung, daß der Sohn des ungeliebten Königs Friedrich nicht die leiseste Absicht hatte, den altwürttembergischen Dualismus von fürstlichem Herrschertum und landschaftlicher Mitregierung in das neue, viel größere Württemberg zu übernehmen. Wie sein Vater, so plädierte auch Wilhelm als König für klare Macht- und Herrschaftsverhältnisse. Die einst mit dem Tübinger Vertrag begründete Tradition im Herzogtum Württemberg sollte zwar geachtet, aber rechtlich sollte daran nur insoweit angeknüpft werden, als das Zusammenführen der verschiedenen Teile des neuen Königreichs Württemberg und die Modernisierung des Landes nicht behindert wurden.

Wilhelm andererseits mußte schon bald nach der Trennung von Therese Abel erfahren, daß ein unverheirateter Erbprinz in die Planspiele der europäischen Politik einbezogen und ihm die Rolle eines begehrten Heiratskandidaten zugewiesen wird. Die mit der Französischen Revolution beginnende neue Zeit hatte an diesem Teil der europäischen Tradition, der Heiratspolitik, nichts Grundlegendes geändert. Ganz besonders Napoleon Bonaparte übte sich ausdauernd in der Handhabung dieses beliebten Instruments der europäischen Fürsten, als er den mühsam zustande gebrachten Vertrag über den Rheinbund durch ein Netzwerk von Heiraten auch familienpolitisch absichern wollte. Nichten und Neffen seiner ersten Gemahlin Joséphine Beauharnais wurden dabei ebenso zu Figuren im Mächtespiel wie Napoleons Brüder. So kam es zu den schon erwähnten Verbindungen der württembergischen Königstochter Katharina mit Jérôme Bonaparte und der Stephanie Beauharnais', einer Nichte von Napoleons Gemahlin Joséphine, mit dem badischen großherzoglichen Haus, und schließlich zur Heirat der bayerischen Prinzessin Auguste mit Eugène Beauharnais, dem Bruder von Stephanie.

Der französische Außenminister Talleyrand scheint neben diesen drei »Rheinbund-Ehen« auch die Vermählung einer weiteren Angehörigen der Beauharnais erwogen zu haben: Talleyrand dachte dabei an Kronprinz Wilhelm von Württemberg. In Paris galt der Sohn König Friedrichs als möglicher Gegner der ganzen Rheinbundpolitik. Könnte man ihn durch Heirat mit den Bonapartes verbinden, wäre dies für Frankreich vorteilhaft. So die Erwägungen der Ratgeber Napoleons.

König Friedrich war an einer Doppelverbindung mit der Familie des französischen Monarchen jedoch nicht interessiert. Er hätte seinen Erstgeborenen gerne so verheiratet, daß der württembergische Einfluß innerhalb der deutschen Staaten gestärkt worden wäre. Die väterliche Eheplanung betraf die unmittelbare Nachbarschaft: das bayerische Haus Wittelsbach. Damit drohte eine erneute Verschärfung des Vater-Sohn-Konflikts, denn Wilhelm wollte seine künftige Gemahlin selbst aussuchen und sich nicht genauso vor vollendete Tatsachen stellen lassen, wie es seiner Schwester Katharina geschehen war. Trotz aller Vorbehalte begehrte Wilhelm jedoch nicht auf, als der Vater ernsthaft die Heirat mit Charlotte Auguste von Bayern erwog und in dieser Angelegenheit über die jeweiligen Gesandten mit dem Bayernkönig Max Joseph I. Kontakt aufnahm. Charlotte Auguste, 1792 geboren, war elf Jahre jünger als Kronprinz Wilhelm. Da sich die bayerische Seite prinzipiell interessiert an der Verbindung zeigte, trafen sich beide Heiratskandidaten im Beisein ihrer Väter erstmals Anfang 1808 in Neuburg an der Donau, der alten Residenzstadt der Wittelsbacher Linie Pfalz-Neuburg. Sehr aufgeschlossen scheint Wilhelm bei dieser Begegnung nicht gewesen zu sein. Er ließ seinen Widerwillen gegen die väterliche Planung durchaus erkennen, so daß der ebenfalls anwesende bayerische Kronprinz Ludwig – der spätere König Ludwig I. – im Familienkreis den künftigen Schwager als »steif und zugeknöpft« charakterisierte. Die Skepsis des Kronprinzen Ludwig änderte nichts am Fortgang der Dinge. Bald nach dem Neuburger Treffen unterzeichnete man in München einen Ehevertrag. Darin war unter anderem die finanzielle Sicherung der Braut geregelt und vereinbart, daß die Gemahlin des Kronprinzen von Württemberg Katholikin bleiben und sich einen katholischen Hofstaat halten könne. Die Kinder allerdings, die man aus dieser Ehe erwartete, sollten im evangelischen Glauben erzogen werden.

Die Hochzeitsfeierlichkeiten fanden am 5. Juni 1808 in München statt und sollen »glanzvoll« gewesen sein, wie der Chronist behauptet. Die Neuvermählten reisten danach nach Ludwigsburg, wo man sie feierlich empfing. Mit der Hochzeitsfeier und der Reise nach Württemberg scheint die Zweisamkeit von Wilhelm und Charlotte schon beendet gewesen zu sein. Die Zeitgenossen, nicht zuletzt die Angehörigen der Braut, sprachen von einem »heiklen Verhältnis« der Neuvermählten. Kronprinz Wilhelm jedenfalls hielt von Anfang an Distanz zu der ihm angetrauten Gemahlin. Die bayerische Prinzessin litt verständlicherweise unter dem Zustand der Isolierung und des Ausgeschlossenseins. Im Jahr 1812 gab es dann erste Zeichen einer bevorstehenden Annullierung dieser seltsamen Ehe oder Nicht-Ehe. In Rom verhandelten hohe bayerische Kleriker, unterstützt vom damaligen Prälaten Johann Baptist Keller, dem späteren Bischof von Rottenburg, über ein Auflösungsdekret, das als päpstliches Breve am 31. August 1815 erging.

Das entscheidende Argument für die Ungültigkeitserklärung lautete, diese Ehe sei »unter politischem Zwang« geschlossen worden. Den Beobachtern blieb es überlassen zu rätseln, ob der »politische Zwang« von den beiden Vätern ausgeübt worden war oder ob man mit diesem Argument hauptsächlich jene napoleon-bonapartische Heiratspolitik meinte, deren Opfer der württembergische Thronfolger vielleicht hätte werden können. Unangenehm, ja blamabel für die Beteiligten war die Sache allemal. Charlotte, die 1814 nach München zurückgekehrt war, mußte sich als das Opfer fühlen. Kronprinz Wilhelm selbst war sich bewußt, daß er der bayerischen Prinzessin gegenüber schlecht gehandelt hatte. Ein gutes Jahr nach der formellen Annullierung der Ehe gestand er einem Bekannten, daß er viel Unrecht getan habe. Er traue aber dem »Edelmut ihres Herzens«, das sei ihm Gewähr dafür, daß Charlotte »mit ritterlicher Nachsicht mein seinerzeitiges Benehmen vergessen« werde.

In dieser Erwartung sollte sich Wilhelm nicht täuschen. Am 18. Oktober 1816 heiratete Charlotte den verwitweten österreichischen Kaiser Franz I. Sie wurde mit dieser Heirat die Stiefmutter von sieben meist schon erwachsenen Kindern. Ihren ehemaligen

»Schein-Gemahl« Wilhelm von Württemberg überlebte die – seit 1835 verwitwete – Kaiserin um fast zehn Jahre. Inwieweit diese erzwungene Verbindung vor allem die bayerisch-württembergischen Beziehungen erschwert hat, läßt sich nicht exakt abschätzen. Sicher ist allerdings, daß König Ludwig I., der Bruder Charlottes, zu seinem einstigen Schwager so weit wie möglich Distanz hielt und auf ein freundschaftliches Verhältnis zu ihm keinen besonderen Wert legte.

Brautwerbung in Wien

Daß der württembergische Thronfolger eine so peinliche Ehe-Komödie spielte, war zum wesentlichen Teil durch den Vater-Sohn-Konflikt im Hause Württemberg bedingt. An den Fürstenhöfen Europas hatte man wenig Verständnis für das Verhalten des Kronprinzen. Wilhelm scheint dies nicht weiter angefochten zu haben. Er konzentrierte sich am Ende der napoleonischen Ära auf seine militärischen Aufgaben und verschaffte sich als Truppenkommandeur Respekt. Anders als viele Fürsten war Wilhelm von Württemberg nicht nur nominell der Kommandeur der württembergischen Truppen, als sich diese unter österreichischem Oberkommando am Marsch nach Paris beteiligten. Umsichtig und couragiert habe der Kronprinz als Truppenführer stets gehandelt, stellten Zeitgenossen fest. Besonderen Ruhm erwarb er sich, als die Württemberger am 11. Februar 1814 im Gefecht bei Montereau, rund 80 Kilometer südöstlich von Paris, lange Zeit einer starken französischen Übermacht standhielten und so den anderen Truppenverbänden der Koalitionsarmee Entlastung verschafften.

Erst als Napoleon selbst mit mehreren, rasch herangeführten Regimentern in den Kampf eingriff, mußten sich die Württemberger über die Seine zurückziehen. Von den 7000 Mann, die der württembergische Kronprinz befehligte, gerieten 3400 in Gefangenschaft, 1350 blieben tot auf dem Schlachtfeld zurück. Für den weiteren Verlauf des am Ende siegreichen Feldzugs war es äußerst wichtig, daß die Württemberger bei Montereau einer mehr als zehnfach stärkeren feindlichen Armee so lange Widerstand geleistet hatten. Die Verbündeten hätten in diesem Krieg nur einen tüchtigen General gehabt, nämlich Wilhelm von Württemberg, schrieb der österreichische Feldmarschall Joseph Graf Radetzky später. Im Jahr 1814 diente Radetzky dem Oberkommandierenden, Karl Philipp Fürst zu Schwarzenberg, als Stabschef und war Zeuge der Kämpfe in der Umgebung von Paris.

Nach dem Ende des Feldzugs nahm der württembergische Kronprinz als Beauftragter seines Vaters beim Wiener Kongreß auf der Bank der Sieger Platz und machte sich dabei mit der großen Politik vertraut. Dank seiner militärischen Fähigkeiten war er im Kreise der Verbündeten geachtet. Zusammen mit Radetzky und dem bayerischen Fürsten Karl Philipp Wrede gehörte Kronprinz Wilhelm einer Kommission an, die mit der Vorbereitung einer Militärverfassung des Deutschen Bundes beauftragt war. Die Vorstellung, einmal Bundesfeldherr zu werden, verdichtete sich bei dieser Gelegenheit zu einer Zukunftshoffnung Prinz Wilhelms.

Der Wiener Kongreß, in den Chroniken als »tanzender Kongreß« verzeichnet, war zwar offiziell eine europäische Friedenskonferenz, galt aber wegen der Anwesenheit zahlreicher Fürsten und ihrer Familienangehörigen auch als Heiratsmarkt für »Hochwohlgeborene«. Kronprinz Wilhelm wurde zu einem der Akteure auf diesem Heiratsmarkt, als er, nicht bedrängt von seinem Vater, in Wien Gelegenheit fand, seine eigene Wahl zu treffen. Katharina von Rußland, die Witwe Georgs von Oldenburg und Tochter des verstorbenen Zaren Paul und der Zarin Maria Feodorowna – Wilhelms Tante –, fand Gefallen an dem württembergischen Kronprinzen und gab ihr Ja-Wort zu einer Heirat. In den Verbindungen jener Zeit unterschied man zwischen »Vernunft-Heirat« und »Neigungs-Ehe«. Die Heirat von Kronprinz Wilhelm und seiner Cousine Katharina galt als »Neigungs-Ehe«. Man sprach deshalb auch von einer – in den Familien regierender Fürsten nicht selbstverständlichen – »Liebesheirat«. Für Kronprinz Wilhelm öffnete die Verbindung mit der Schwester Zar Alexanders I. das Tor zur europäischen Politik und beflügelte seine Hoffnung auf die Führung des projektierten Bundesheeres.

Wilhelms Ehe mit der geistvollen, politisch interessierten und sachkundigen Zarentochter, einer attraktiven jungen Frau, dauerte nur kurze Zeit. Mitte Januar 1816 feierte man in St. Petersburg die Hochzeit, im April 1816 trafen die Neuvermählten in Stuttgart ein. Fast drei Jahre danach, am 9. Januar 1819, starb Katharina an einer Gehirnblutung, als deren Ursache eine Gesichtsrose genannt wurde. In dieser kurzen Zeit erwarb sich Katharina durch ihre zupackende Art bei der Bekämpfung der großen Not im ganzen Land so viel Sympathie wie keine andere Fürstin in der Geschichte Württembergs. König Wilhelm trauerte lange Zeit um die verlorene Gefährtin. Wenn man zeitgenössischen Darstellungen vertrauen darf, war es eine überaus glückliche Ehe gewesen. In Katharinas später bekannt gewordener Korrespondenz mit Verwandten in Rußland finden sich allerdings Hinweise, die die positiven Urteile etwas einschränken. Angeblich hat es Königin Katharina »gekränkt«, daß ihr Gemahl nach der Heirat noch immer ein Auge für andere junge Damen hatte.

Den beiden kleinen Töchtern Katharinas, Marie und Sophie, wollte König Wilhelm wieder eine Mutter geben, als er nach dem Ende des Trauerjahres seine 19 Jahre alte Cousine Pauline – aus der zweiten Ehe Herzogs Ludwigs, seines Onkels, mit Prinzessin Henriette von Nassau-Weilburg – heiratete. Königin Pauline besaß starke religiöse Bindungen und setzte das Engagement fort, das Katharina durch die Gründung sozialer Einrichtungen begonnen hatte. Katharinas Töchtern war sie eine gute Mutter. Aus Wilhelms Ehe mit Pauline stammten drei Kinder: Katharina Friederike Charlotte, 1821 geboren, der künftige Thronerbe Karl Friedrich Alexander, 1823 geboren, und Auguste Wilhelmine Henriette, die 1826 auf die Welt kam. Das Verhältnis König Wilhelms zu seinen fünf Kindern galt als nicht besonders eng. Er war zwar, anders als König Friedrich, kein strenger oder gar harter Vater, aber es fehlte ihm an der Gabe der natürlichen Herzlichkeit. Auch den nächsten Angehörigen gegenüber blieb er stets ein wenig distanziert. Wieweit dies eine Folge der eigenen, schwierigen, mutterlosen Jugend gewesen ist, kann nur vermutet werden.

Eine wirklich enge, persönliche Bindung wird erst dem bereits über sechzigjährigen König nachgesagt. In den letzten 20 Jahren seines Lebens hatte die Hofschauspielerin Amalie von Stubenrauch, Darstellerin großer Frauengestalten in klassischen Dramen, großen Einfluß auf den Monarchen. Seit 1828 war die bayerische Offizierstochter – 1805 in München geboren – am Hoftheater in Stuttgart engagiert. Sie sei als Schauspielerin hoch begabt gewesen, habe über ein klangreiches Organ verfügt und sich durch eine klare Redeweise ausgezeichnet, die sie mit »plastischer Körperbewegung unterstützte«, schrieb später der Literaturhistoriker Rudolf Krauß.

Amalie von Stubenrauch, eine aus München stammende Schauspielerin des Stuttgarter Hoftheaters, war in König Wilhelms letzten Lebensjahren seine Vertraute.

König Wilhelm I. im Alter von 70 Jahren.

Freunde von Verschwörertheorien hätten aus dieser Liaison gerne eine Staatsaffäre gemacht. Die Katholikin Stubenrauch übe auf das Oberhaupt der evangelischen Kirche Württembergs einen unheilvollen Einfluß aus, wurde beim Streit um das ursprünglich vorgesehene Konkordat mit dem Vatikan kolportiert. Diese Unterstellung, als deren Urheber württembergische Antiklerikale vermutet werden müssen, hat König Wilhelm schwer gekränkt. Die Beziehung zu Amalie von Stubenrauch bedeutete ihm viel. In Wilhelm von Württembergs Leben sei dies wahrscheinlich die einzige wirklich feste Bindung gewesen, urteilte Otto-Heinrich Elias in einem Beitrag zur Geschichte des Hauses Württemberg. Manches spricht für diese These, doch jene eindeutigen Beweise fehlen, die man in Briefen oder persönlichen Notizen vielleicht hätte finden können. Einige der Rätsel in der Biographie dieses Monarchen sind deshalb nicht lösbar.

Ein aufgeklärter Konservativer

Keinen Anlaß zum Rätseln bietet indes der Zeitpunkt des Todes von König Wilhelm im Sommer des Jahres 1864: Blickt man in den historischen Kalender, dann erkennt man, daß es Wilhelm I. erspart geblieben ist, Zeuge der tiefgreifenden Veränderungen zu werden, die in seinem Todesjahr begonnen haben, als Preußen und Österreich zunächst im Schleswig-Holsteinischen Krieg noch Seite an Seite gegen Dänemark kämpften, bald darauf aber in der Schlacht von Königgrätz – und, was Württemberg vor allem anging, im Kampf bei Tauberbischofsheim – ihren von König Wilhelm immer schon erwarteten und befürchteten Kampf um die Führung in der Gruppe der deutschen Staaten ausfochten und so das Ende des Deutschen Bundes besiegelten.

Über das Schicksal des Königreichs Württemberg und über dessen Armee bestimmte von da an im »Ausnahmefall« der König von Preußen. Dieses Zugeständnis hatte König Karl von Württemberg beim Friedensschluß machen müssen. Nach der militärischen Niederlage blieb keine andere Wahl, wollte Wilhelms Thronerbe Gebietsabtretungen vermeiden. Hat Wilhelm I. vielleicht doch manches falsch beurteilt, fragte man deshalb nach dem Bekanntwerden des vom preußischen Ministerpräsidenten Otto von Bismarck initiierten geheimen preußisch-württembergischen Zusatzvertrags.

Die Frage hätte sich weder damals noch später befriedigend beantworten lassen. König Wilhelm I. war ein Mann seiner Zeit wie jeder andere regierende Fürst oder verantwortliche Politiker auch. Er handelte im Interesse seines Landes und betrachtete sich selbst als Württemberger und zugleich als Deutschen. Verantwortlich fühlte er sich aber in erster Linie für das Erbe, das er 1816 angetreten hatte: das Königreich Württemberg. Dessen Staatsfinanzen, die beim Tod König Friedrichs als Folge der langen Kriegs- und Notzeit dringend der Sanierung bedurften, stellte er durch rasch getroffene, aber dennoch wohldurchdachte Entscheidungen auf eine solide Grundlage. Er sorgte mit kühler Überlegung für ein Zusammenwachsen der alt- und neuwürttembergischen Gebiete und bemühte sich, eher behutsam als stürmisch, um eine Modernisierung des Landes. Am Ende seines Lebens begann auch Württemberg den Anschluß an das Industriezeitalter zu finden.

Politisch handelte König Wilhelm als ein machtbewußter Monarch und beanspruchte, soweit es die Verhältnisse erlaubten, stets die volle Entscheidungsgewalt. Ihn deshalb einen »Selbstherrscher« zu nennen, ist berechtigt. An Intelligenz überragte er die meisten seiner fürstlichen Zeitgenossen. Seine Ideen, auch sein politischer Ehrgeiz, entsprachen nicht der relativ bescheidenen Größe des Königreichs Württemberg. Das war, wenn man das große Wort hier gebrauchen darf, die Tragik seines Lebens. Seine Grundüberzeugung, daß nur ein Bund gleichberechtigter Staaten eine sichere Zukunft gewährleisten könne, machte ihn zum entschiedenen Gegner aller Führungsansprüche der Großmächte. Die aus solchen Überlegungen entwickelte sogenannte »Trias-Politik«, mit der Wilhelm I. dem »dritten Deutschland« neben Österreich und Preußen Gewicht verschaffen wollte, ist bis in unsere Zeit von manchem Historiker mit Ironie geschildert worden. Zu Unrecht – wie die verhängnisvollen Konsequenzen einer nationalen und nationalistischen Machtpolitik seitdem gezeigt haben.

Mit seinen Grundüberzeugungen hat sich König Wilhelm zu Lebzeiten nicht durchgesetzt, aber deshalb waren diese Grundüberzeugungen nicht utopisch oder falsch. Wenn dieser Monarch *etwas* nicht verstanden hat, dann war es das Streben seiner oft schwierigen, ja sperrigen Landsleute nach Demokratie und Mitentscheidung. Zwischen König Wilhelm und den Anwälten der Demokratie in Württemberg existierte in den 48 Jahren seiner Regentschaft eine unüberwindbare Barriere.

Vielleicht hatte dies auch damit zu tun, daß der Sohn König Friedrichs nicht in der Lage war, wie David Friedrich Strauß meinte, »mit dem Volke volkstümlich zu verkehren«. »Das war«, so Strauß in einem Nachruf, »dem Verewigten nicht gegeben.« Demokratie bedeutete für König Wilhelm stets die Gefahr der Anarchie; da wollte er kein Risiko eingehen. So war dieser König denn, um noch einmal Strauß zu zitieren, zwar nicht unbeliebt, aber »doch nie eigentlich populär«. Er selbst hätte wohl nicht widersprochen, hätte man ihn einen »aufgeklärten Konservativen« genannt.

Die Lithographie aus dem Jahr 1850 zeigt das von Giovanni Salucci entworfene »Königliche Landhaus« Rosenstein. Hier starb Wilhelm I. von Württemberg am 25. Juni 1864.

Literaturverzeichnis

Adam, Albert Eugen: Ein Jahrhundert Württembergische Verfassung. Stuttgart 1819.

Albrecht, Curt: Die Triaspolitik des Freiherrn K. August von Wangenheim. Stuttgart 1914.

Bausinger, Hermann (Hrsg.): Ludwig Uhland – Dichter, Gelehrter, Politiker. Tübingen 1988.

Benz, Lina: Eduard Süskind (1807–1874). Frankfurt a. M. 1995.

Boelcke, Willi A.: »Glück für das Land«. Stuttgart 1992.

Boelcke, Willi A.: Sozialgeschichte Baden-Württembergs 1800–1989. Stuttgart 1989.

Borst, Otto (Hrsg.): Aufruhr und Entsagung. Stuttgart 1992

Borst, Otto: Die heimlichen Rebellen. Stuttgart 1980.

Brandt, Hartwig: Parlamentarismus in Württemberg 1819–1870. Düsseldorf 1987.

Dieterich, Susanne: Württemberg und Rußland. Leinfelden-Echterdingen 1994.

Elben, Otto: Lebenserinnerungen 1823–1899. Stuttgart 1931.

Fritz, Eberhard: Die Verbesserung des Weinbaus in Württemberg. Stuttgart 1994.

Göz, Karl: Das Staatsrecht des Königreichs Württemberg. Tübingen 1908.

Gollwitzer, Helmut: Die Standesherren. O.O. 1957.

Golther, L.: Der Staat und die katholische Kirche im Königreich Württemberg. Stuttgart 1874.

Grauer, Karl Johannes: König Wilhelm I. Stuttgart 1960.

Grube, Walter: Der Stuttgarter Landtag 1457–1957. Stuttgart 1957.

Grube, Walter: Vogteien, Ämter, Landkreise in der Geschichte Südwestdeutschlands. Stuttgart 1960.

Haering, Hermann (Hrsg.): Schwäbische Lebensbilder, Bd. 1–5. Stuttgart 1940–1950.

Henning, Friedrich: Die Haussmänner. Gerlingen 1988.

Hermelink, Heinrich: Geschichte der evangelischen Kirche in Württemberg von der Reformation bis zur Gegenwart. Stuttgart/Tübingen 1949.

Jens, Walter: Eine deutsche Universität. München 1977.

Kapff, Carl: Lebensbild von Sixt Carl von Kapff. Stuttgart 1881.

Königl.-Statistisch-Topographisches Bureau (Hrsg.): Das Königreich Württemberg. Stuttgart 1863.

Köstlin, Chr. R.: Wilhelm I., König von Württemberg. Stuttgart 1839.

Krauß, Rudolf: Schwäbische Literaturgeschichte. Stuttgart 1857–1899.

Langewiesche, Dieter: Liberalismus und Demokratie in Württemberg zwischen Revolution und Reichsgründung. Düsseldorf 1974.

Leibbrandt: G.: Die Auswanderung der Schwaben nach Rußland, 1816–1823. Stuttgart 1928.

Mann, Bernhard: Die Württemberger und die deutsche Nationalversammlung 1848–1849. Düsseldorf 1975.

Mästle, Theodor: Württemberg und die Großmächte vom Wiener Kongreß bis zum Tode Wilhelms I. Tübingen 1951.

Meissinger, K.A.: Friedrich List. Leipzig 1930.

Moersch, Karl: Bei uns im Staate Beutelsbach. Pfullingen 1984.

Moersch, Karl (Hrsg.): »Ein Unterthan, das ist ein Tropf«. Pfullingen 1985.

Müller, Ernst: Kleine Geschichte Württembergs. Stuttgart 1963.

Nick, F.: Wilhelm I., König von Württemberg. Stuttgart 1864.

Rapp, Adolf: Friedrich Theodor Vischer und die Politik. Tübingen 1911.
Rieg, Gisbert: Die württembergische Außenpolitik und Diplomatie in der vormärzlichen Zeit. München 1955.
Ritschel, H.: Leben und Lehre Friedrich Lists. Frankfurt a. M. 1947.
Sauer, Paul: Der schwäbische Zar. Friedrich – Württembergs erster König. Stuttgart 1984.
Schäfer, Gerhard: Zu erbauen und zu erhalten das rechte Heil der Kirche. Stuttgart 1984.
Schmid, Eugen: Geschichte des württ. evangelischen Volksschulwesens. Stuttgart 1927.
Schmidt-Buhl, K.: Schwäbische Volksmänner. Vaihingen a. d. Enz o. J.
Schneider, Eugen: Württembergische Geschichte. Stuttgart 1896.
Schnerring, C. A.: Die Teuerungs- und Hungerjahre von 1816–1817. Stuttgart 1916.
Schumacher, Tony: »Was ich als Kind erlebt«. Stuttgart 1901.
Schweitzer, Albert: Geschichte der Leben-Jesu-Forschung. Tübingen 1951.
Siebertz, Paul: Ferdinand von Steinbeis. Stuttgart 1952.
Seybold, Gerhard: Württembergs Industrie und Außenhandel vom Ende der napoleonischen Kriege bis zum Deutschen Zollverein. Stuttgart 1974.
Simon, Klaus: Die württembergischen Demokraten. Stuttgart 1969.
Srbik, Heinrich von: Deutsche Einheit, Idee und Wirklichkeit. München 1935.
Steiff, Karl und Gebhard Mehring (Hrsg.): Geschichtliche Lieder und Sprüche Württembergs. Stuttgart 1912.
Strauß, David Friedrich: Gesammelte Schriften. Bonn 1876.
Treitschke, Heinrich von: Deutsche Geschichte im 19. Jahrhundert. Leipzig 1928.
Tüchle, Hermann: Geschichte der katholischen Kirche in Württemberg. Rottenburg 1954.
Uhland, Robert (Hrsg.): 900 Jahre Haus Württemberg. Stuttgart 1984.
Vogt, W.: Württemberg im Deutschen Bund und im Bismarckschen Reich. Esslingen 1953.
Weller, Karl und Arnold Weller: Württembergische Geschichte im südwestdeutschen Raum. Stuttgart/ Aachen 1972.
Württ. Landesbibliothek (Hrsg.): Von der Preßfreiheit zur Pressefreiheit. Stuttgart 1983.

Orts- und Personenregister

Abel, Therese 252–255
Abel, Konradin 252
Adam, Albert Eugen 83, 136
Aichholz, Margarete 28
Alexander I., Zar von Rußland 13, 80, 109, 111, 114–116, 259
Alexander II., Zar von Rußland 236, 238, 239, 241–244
Altshausen 36
Andreä, Johann Valentin 31, 175, 189, 192, 194
Aristophanes 220
Arndt, Ernst Moritz 168
Autenrieth, J. H. F. 20

Bad Boll 136
Bahnmaier, Jonathan Friedrich 168, 182, 183
Barth, Christian G. 178
Baur-Breitenfeld, Fidel Karl von 242, 244
Beauharnais, Stephanie de 241, 255
Beauharnais, Eugène de 256
Beauharnais, Joséphine de 255, 256
Becher, August 229, 231, 233, 234
Bengel, Johann Albrecht 24, 30, 165, 168, 169, 181
Benningen a. N. 23
Benz, Lina 174
Beroldingen, Joseph Ignatz von 114, 121, 122, 128
Beutelsbach 145, 265
Biberach 217
Bieberstein, Marschall von 78
Bilfinger, Georg 124, 125, 129
Binder, Gustav 170, 174
Birkach 48
Bismarck, Otto von 160, 224, 262
Bittenfeld 35
Blaubeuren 84, 125, 170, 174, 206, 210, 212, 229
Blum, Robert 216
Bolley, Heinrich 69, 70
Brenz, Johannes 192, 194, 212
Bub, Conrad 27, 28
Bultmann, Rudolf 166

Calw 53, 55, 56, 170, 178, 192
Cannstatt 58
Clemens Wenzelslaus von Sachsen 147
Cleversulzbach 166
Cotta, Johann Heinrich 21, 41, 56, 60, 62, 67, 94, 121, 135
Cuvier, Georges 185

Dalberg, Karl Theodor von 151, 154
Dettingen/Erms 214
Dornfeld, I. A. 45, 46
Dumas, Alexandre 236
Dursch, A. v. 197, 198

Ebingen 55
Ehingen 113, 136, 149, 157, 160
Elben, Otto 174
Ellwangen 68, 75, 144, 146, 147, 149, 150, 152
Eschenmayer, A. K. Eugen 101, 167, 168
Esslingen 26, 38, 53, 57, 58, 75, 81, 92, 188, 189, 195, 229, 230, 234, 244
Eugenie de Montijo 239
Feuerbach 182, 183, 242
Franck, J. H. 64–66
Franz I., Kaiser von Österreich 257
Frick, Johann Georg 26
Friedrich Wilhelm IV., König von Preußen 224
Friedrich, J. J. 25
Friedrich II., König von Preußen 247
Friedrichshafen 245
Fuchs, Friedrich 25

Gagern, H. von 228
Gaisburg 182
Gehring, Paul 58
Geifertshofen 219
Geislingen 174
Gentz, Friedrich 123
Goethe, J. W. von 169
Goldoni 248
Göppingen 174, 229
Gortschakow 239
Grabenstetten 35–37
Gregor XVI., Papst 154
Griesinger, L. 93, 94, 96
Grüneisen, Karl von 165, 179, 181–184
Gutzkow, Karl 169

Hahn, Philipp Matthäus 24, 25
Hardenberg, Fürst von 69, 85
Hartmann, Karl Ludwig 54
Hartmann, Johann August 41, 50, 51, 54
Hase, Karl August von 161, 209, 210
Hauff, Wilhelm 114
Hausen/Zaber 24
Hecker, Fr. 227, 233
Hegel, Georg Wilhelm Friedrich 56, 170

Heidenheim 53, 54, 170, 206
Heilbronn 33, 59, 68, 75, 82, 85, 94, 170, 198, 199, 222, 224, 225
Heine, Heinrich 169
Herdegen, Chr. von 121
Hermelink, Heinrich 152, 161, 172, 178
Herrenberg 36, 185–187
Herwegh, Georg 211, 212, 227
Heudorf 20
Heuss, Theodor 223
Hofacker, Ludwig 183
Hofacker, Wilhelm 170
Hoffmann, Christoph 169, 170, 186
Hoffmann, G. W. 30–32
Hohenheim 31, 40, 41, 43
Horb 187
Hornstein, A. von 200, 201
Hugo, Victor 220
Hülben 23

Ilsfeld 203

Jaumann, I. von 155, 156
Jérôme Bonaparte 240, 249, 255
Jung-Stilling, J. H. 25
Junghans, Eberhard 50

Kapff, Sixt Karl von 162, 170, 171, 173–176, 185–187, 265
Katharina II., Zarin von Rußland 26, 247
Kehl 241
Keller, Johann Baptist von 146, 147, 150, 152, 153, 155–157, 160, 200, 201, 257
Kerner, Justinus 67, 68, 74, 186, 203, 225, 228, 234
Kerner, Th. 186, 234
Kerner, Georg 203
Kerner, K. von 67, 202
Keßler, Heinrich 93, 96
Kessler, Emil 57, 58
Kindermann, F. 48
Kirchheim 174, 182
Klüpfel, Karl 180
Knapp, Albert 168, 180, 182, 183, 186
Knaus, Friedrich 143
Koch, J. Ph. 26
Koch, Johann Jakob 26
Kohler, F. W. 48
Königsfeld 30
Korntal 25, 31, 32, 170, 171, 173, 184, 186
Koseritz, E. L. von 142
Kotzebue, A. 79, 182
Kurz, H. 133, 227, 228

Laichingen 18–20, 174–176, 206
Lauffen 36, 46
Leo XII., Papst 152
Leonberg 30, 31, 64
Lerchenfeld, M. von 104
Leutkirch 217
Linden, J. von 129, 130
Lindner, F. L. 105–109
Lipp, J. 154, 157, 158, 160
List, Friedrich 28, 60, 84–98, 118, 122, 133, 138, 209, 210, 220, 224, 265
Lohbauer, R. 124–126, 130–133, 138, 218
Lohbauer, Karl von 124
Löwenstein 19
Ludwig XIV., König von Frankreich 98, 100
Ludwig I., König von Bayern 59, 61, 120, 256, 258
Ludwigsburg 27, 37, 40, 53, 63, 66, 68, 75, 77, 78, 125, 142, 165, 167, 170, 182, 186, 208, 229, 234, 235, 242, 247, 248, 254, 257
Mägerkingen 23
Marbach/Lauter 38
Marbach a. N. 26
Maria Feodorowna, Zarin von Rußland 13, 247, 259
Maria Alexandrowna, Zarin von Rußland 236
Mathilde, Gräfin Montfort 240
Maucler, Paul von 69, 87, 116
Maulbronn 207, 211
Max Joseph I., König von Bayern 256
Mayer, Karl 133, 134, 143, 186, 222, 229, 230, 232, 233
Menzel, Wolfgang 135
Merklingen 30
Metternich, Clemens von 14, 78, 81–83, 96, 98, 99, 102, 104, 109, 111–114, 116, 123, 141, 151
Metzingen 55
Mohl, Moriz 56–58
Mörike, Eduard 125, 126, 166–168
Mundelsheim 46
Munder, J. G. 123, 124
Münsingen 173–175, 181, 185

Naegele, Ferdinand 234
Napoleon I. 9, 18, 24, 27, 30, 67, 100, 108, 112, 211, 239–241, 249, 253–258
Napoleon III. 236, 238–244
Napoleon (Plon-Plon), Graf Montfort 240, 241
Nassau-Weilburg, Henriette von 260
Nefflen, Johannes 135
Neipperg, Grafen von 76
Neuenbürg 53
Nikolaus I., Zar von Rußland 238, 239

Nürtingen 27, 35

Oberndorf a.N. 53
Oberstenfeld 182
Oelbronn 207
Oldenburg, G. von 259
Ostelsheim 30

Pahl, J. G. von 201
Paul, Zar von Rußland 247
Pestalozzi, J. H. 36, 189
Pfau, Ludwig 133, 186, 221–227, 229, 232, 233
Pfizer, Paul 134–141, 157, 158, 208
Pleidelsheim a.N. 135

Radetzky, J. von 258
Rauschenplatt, Jakob von 142
Ravensburg 155, 229
Reuer, Johannes 26
Reutlingen 28, 60, 68, 75, 84–86, 89–92, 94–96, 186, 187, 201, 206, 229, 231, 232, 234
Reyscher, Ludwig 159
Riedlingen 20
Ritz, Thaddäus von 158
Römer, Friedrich 135, 140, 141, 143, 153, 177, 185, 208, 209, 232
Rommelshausen 50
Rottenburg 147, 149–157, 162, 187, 200, 257, 265
Rottweil 197
Ruge, Arnold 170, 216
Rümelin, Gustav 132, 144, 158, 159, 216

Salucci, Giovanni 264
Sand, K. L. 79, 182
Schaesberg, R. von 156
Scharnhausen 36, 38, 244
Schiller, Friedrich 169, 179, 180
Schlayer, Johannes 155, 159, 164, 177, 184, 198–200, 202
Schluchtern 26
Schmid, Egon 192, 266
Schmid, Chr. G. 175, 177
Schmidlin, Chr. F. 69
Schmidt, Fr. 52, 53, 265
Schnaitheim/Brenz 218
Schneider, E. 73, 116
Schott, Albert 76, 78, 93, 96, 135, 136, 140, 141, 201
Schramberg 50
Schubart, Chr. F. D. 27, 117, 211
Schumacher, Tony 242
Schwab, Gustav 60, 74, 82, 134, 135, 179, 180, 182, 183
Schwäbisch Hall 192, 194, 214, 217
Schwaikheim 2, 265
Schweindorf 213
Schweitzer, Albert 172
Schwerz, J. N. 41
Seeger, Ludwig 210–212, 218–222
Seybold, Wilhelm 123
Shakespeare 220, 244
Stadion, Grafen von 76
Stalin, Josef 29
Stalin, Swetlana 28
Stammheim 36
Steeb, Johann Gottlob 35–37
Stein, Frhr. von 69, 85
Steinbeis, F. 202–207, 265
Stephanie, Großherzogin von Baden 241, 255
Stetten i. R. 36, 46, 50
Steudel 167, 168
Strauß, David Friedrich 125, 165–174, 186, 187, 198, 211, 246, 264, 265
Stubenrauch, Amalie von 159, 260–262
Sulz a.N. 53, 85
Suppingen 174, 175
Süskind, Eduard 174, 175, 181, 210, 265

Tafel, Gottlob 124, 214
Talleyrand 256
Tauberbischofsheim 262
Tettnang 154
Treitschke, H. von 12, 14, 105–107, 266
Tübingen 20, 29, 52, 60, 73, 76, 84–88, 96, 101, 124, 125, 132, 134, 138, 142, 143, 150, 155, 161, 165, 168, 170, 172–174, 179, 182, 185, 210, 212, 213, 219, 226, 229, 249, 255, 265
Tuttlingen 53, 175, 177

Uhland, Ludwig 69, 70, 74–76, 82, 83, 86, 93, 94, 96, 129, 133–137, 140, 141, 143, 211, 212, 214, 221, 224, 227, 265
Ulm 25, 68, 75, 84, 100, 131, 174, 220
Untertürkheim 46, 58
Urach 66, 68, 174

Vaihingen/Enz 64–66, 265
Valentin, Veit 12–14
Varnbüler, Ferdinand von 114, 115, 141
Veiel, Christian 86
Vellnagel, Chr. 108
Vischer, Friedrich Theodor 63, 125, 170, 172–174, 186, 201, 211, 265
Voltaire 144

Waiblingen 25, 35, 143
Waiblinger, W. 125
Waldburg-Zeil, Konstantin Maximilian von 156, 217
Walewski, A. von 240, 241
Wangenheim, Karl August von 69, 85–87,

101–105, 113, 136, 138, 265
Wasseralfingen 53
Watt, James 52
Weckherlin, F. H. A. 58
Weil der Stadt 145
Weil 38, 244
Weinsberg 203, 225
Wessenberg, I. H. von 145, 150–154, 191
Wiederhold, K. 242
Wildbad 210, 222
Wilhelmsdorf 31, 184
Winnenden 36
Wintzingerode, E. von 102, 104, 107, 111, 114
Winzerhausen 25
Wolfsölden 28
Wrede, Karl Philipp 259
Württemberg, von (Herzöge/Herzoginnen, Könige/Königinnen)
- Auguste Karoline Friederike von Braunschweig-Wolfenbüttel 247
- Auguste Wilhelmine Henriette 260
- Charlotte Auguste von Bayern 249, 256–258
- Charlotte Mathilde von England 249, 254
- Christoph 82, 192, 193
- Eberhard Ludwig 77
- Eberhard im Bart 82, 145
- Friedrich 9, 13, 16, 17, 23–25, 30, 39, 47, 68, 82, 101, 120, 145, 147, 156, 173, 188–190, 195, 199, 211, 240, 246–249, 252–255, 260, 263, 264
- Friedrich Eugen 247, 248
- Karl Eugen 117, 180, 185, 203, 247, 248
- Karl Friedrich Alexander 119, 178, 208, 218, 242, 260, 262
- Katharina, Großfürstin von Rußland 11, 13, 21, 35, 37, 41, 48, 49, 148, 238, 240, 246, 259, 260
- Katharina Friederike Charlotte 260
- Katharina 240, 249, 256
- Ludwig Eugen 247, 248
- Marie 11, 260
- Olga, Großfürstin von Rußland 242
- Paul 248, 249, 254
- Pauline 236, 260
- Sophie 11, 260
- Sophie Dorothea (vgl. Maria Feodorowna, Zarin von Rußland) 13, 247, 259
- Ulrich 39, 134

Zahn, Chr. J. 56
Zimmermann, W. 125, 174, 212–21

Bildnachweis

»Die Hauptstadt der Cichoria«. Katalog zur Ausstellung des Städtischen Museums Ludwigsburg 1989, mit freundlicher Genehmigung der Firma Nestlé: 66
Deutsches Literaturarchiv, Marbach: 221 (unten)
Frontispiz: Rainer Fieselmann
Karte auf S. 8 mit freundlicher Genehmigung des Kohlhammer Verlags entnommen aus: Robert Uhland (Hg.): 900 Jahre Haus Württemberg. Stuttgart 1984
Landesbildstelle Württemberg: Titelbild, 11, 15, 43, 51, 57 (oben), 74, 77, 103 (rechts), 127, 139, 149 (unten), 153 (unten), 171 (oben), 207, 209, 221 (oben), 243, 250, 261 (oben), 264
Schloßverwaltung Ludwigsburg: 37 (unten)
Städt. Museum Ludwigsburg: 37 (oben)
Württembergische Landesbibliothek, Graphische Sammlungen: 32, 83, 89, 97, 103 (links), 116, 149 (oben), 153 (oben), 160, 171 (unten), 181, 215, 251, 261 (unten), Umschlag Rückseite

DRW-Bücher – eine Auswahl

WÜRTTEMBERG UND RUSSLAND. Geschichte einer Beziehung. Von Susanne Dieterich. 216 Seiten mit 58 Abb. Vielgestaltig waren und sind die Verbindungen zwischen Württemberg und Rußland, spannend die Geschichten, die sich dahinter verbergen.

AUF SPURENSUCHE. Der Bauernkrieg in Südwestdeutschland. Von Klaus Hermann. 220 Seiten mit 77 Fotos und historischen Abb. Die spannende Spurensuche nach Zeugnissen des Bauernaufstandes in Südwestdeutschland. Dem Leser eröffnet sich ein denkwürdiges Kapitel Landesgeschichte.

EIN MANN NAMENS ULRICH. Württembergs verehrter und gehaßter Herzog in seiner Zeit. Von Werner Frasch. 288 Seiten mit 60 Abb. Eine mit gründlicher Sachkenntnis und Liebe zum Detail geschriebene Biographie.

WÜRTTEMBERGER WEIN. Landschaft, Geschichte, Kultur. Von Carlheinz Gräter. 324 Seiten mit 100 Abb. Eine einzigartige Gesamtdarstellung von Weinbau und Weinkultur in Württemberg: Über rund zwei Jahrtausende verfolgt der Autor die Wirkungsgeschichte des »Württembergers« im Hauptteil des Werkes.

DER GELERNTE KÖNIG. Wilhelm II. von Württemberg – ein Porträt in Geschichten von Anni Willmann. 160 Seiten, zeitgenössisch illustriert.

SCHWÄBISCHE TÜFTLER UND ERFINDER. Von Jörg Baldenhofer (Hrsg.). 174 Seiten mit über 150 meist farbigen Abb. Eine Technikgeschichte im Querschnitt schwäbischer Lebensbilder.

SCHWÄBISCHE FORSCHER UND GELEHRTE. Lebensbilder aus sechs Jahrhunderten. Hrsg. von Helmut Albrecht. 136 Seiten mit 144 teilweise farbigen Abb. Fachkundige Autoren beschreiben in Wort und Bild Leben und Werk von 22 schwäbischen Naturforschern.

WIE DIE SCHWABEN SCHWABEN WURDEN. Wer und wie und was sie sind. Von Heinz Rainer Reinhardt. 192 Seiten mit 54 Abbildungen.

DRW-Bücher – eine Auswahl

ENGELE UND TEUFELE. Eine himmlische Karriere.
Von Hans-Frieder Willmann. 96 Seiten mit Illustrationen von Thomas F. Naegele.

UNTERGANG UND NEUBEGINN. Menschen und Schicksale. Von Hans-Frieder Willmann. 62 Geschichten aus den Jahren 1933–50, persönlich erlebt oder als Zeitzeuge notiert, auf 248 Seiten.

STUTTGART IM JAHR NULL. Tagebuchnotizen aus der Stuttgarter Zeitung. Von Martin Hohnecker. 200 Seiten mit 54 Abbildungen.

HOMMA OND DOMMA. Gereimtes und Ungereimtes über Land und Leute von Ulrich Strobel. 96 Seiten mit 12 Zeichnungen des Autors.

SCHMUNZELN BREMST RUNZELN. Schwäbische Witze von Herbert Huber. 96 Seiten mit Illustrationen von Bernd Bürkle.

BLOSS A BISSLE NOCHDENKT. Satirisches auf schwäbisch:
30 kurze Geschichten von Albin Braig. 96 Seiten mit Illustrationen von Rainer Simon.

MERK DR'S NO. Schwäbische Sprüche und Redensarten.
Von Norbert Feinäugle und Hermann Fischer. 96 Seiten mit Illustrationen von Christoph Brudi.

HOND ABSCHAFFE, SELBER BELLE. Heiteres und Liebenswertes über sparsame Schwaben. Von Dorothea Kallenberg.

GELIEBTES SCHWABEN. Unterwegs im Ländle mit 45 Wandervorschlägen. Von Gottlob Eisenhardt. 96 Seiten mit 45 ganzseitigen Farbfotos.

EBBES ZOM LACHA. Das schwäbische Witzbuch. Von Götz Schwäble. 94 Seiten, illustriert. Bisher sind 3 Bände erschienen.

DER SCHWÄBISCHE HERRGOTT. Eine ganz weltliche Betrachtung. Von Kurt Gayer. 64 Seiten mit 18 Zeichnungen.